Más allá
de los
niños índigo

"Toma a los nuevos niños, que a menudo se les llama 'niños índigo', y los coloca en un contexto de un alcance casi incomprensible. Al entretejer aspectos de la metafísica, las leyendas, las nuevas teorías de la física, la sociología, el desarrollo infantil, la educación de niños talentosos, las experiencias cercanas a la muerte y la transformación, *Más allá de los niños índigo* explica por qué estos jóvenes están haciendo olas a nivel planetario y por qué sucede esto ahora".

BETTY MAXWELL, EDITORA ASOCIADA,
REVISTA *ADVANCED DEVELOPMENT*
[DESAROLLO AVANZADO]

"La labor pionera de P. M. H. Atwater ha allanado el camino a una nueva manera de ser y de vivir. Ahora, en *Más allá de los niños índigo,* la autora nos incita a deshacernos de nuestros temores y dogmas y a convertirnos en los seres conscientes y espirituales que somos. Ciertamente la conciencia tiene un plan, y esta escritora es nuestra guía".

WINTER ROBINSON, AUTOR DE
A HIDDEN ORDER [UN ORDEN OCULTO]

"Un libro fascinante e instructivo que constituye una magnífica y centrada 'voz de la razón' entre toda la información errónea que se maneja acerca de los niños actuales".

"Valiéndose de sus muchas décadas de investigación y de sus múltiples fuentes, Atwater explica el fenómeno de los nuevos niños: quiénes son, por qué están aquí y cómo reconocerlos. Explica además la manera en que la evolución humana está dando saltos cuánticos cada vez más grandes con cada nueva generación, particularmente en lo que se refiere a su nivel de inteligencia, que es muy superior a lo que cualquiera pudiera imaginarse. Presenta sugerencias prácticas y muy útiles para reconocer y criar a estos nuevos niños, y para ayudarlos a adaptarse a su entorno y hacer frente a las dificultades que éste les plantea".

Más allá
de los
niños
índigo

Los nuevos niños y
la llegada del
quinto mundo

P. M. H. Atwater,
Doctora en Humanidades

Traducción por Ramon Soto

Inner Traditions en Español
Rochester, Vermont

Inner Traditions en Español
One Park Street
Rochester, Vermont 05767 USA
www.InnerTraditions.com

Inner Traditions en Español es una división de Inner Traditions International

Titulo original: *Beyond the Indigo Children: The New Children and the Coming of the Fifth World* publicado por Bear & Company, sección de Inner Traditions International

ISBN-13: 978-1-59477-215-3
ISBN-10: 1-59477-215-0

Impreso y encuadernado en Estados Unidos por Lake Book Manufacturing

10 9 8 7 6 5 4 3 2 1

Diseño del texto por Virginia Scott Bowman y diagramación por Priscilla Baker
Este libro ha sido compuesto con la tipografía Sabon y la presentación, con las tipografías Garamond y Avenir

*Dedico este libro con cariño
a mis nietos:
Richard Balin Coiner
Sara Ann Coiner
Micaela Annie DeGennaro
Aaron Stone Huffman
Myriam Renee Huffman (en espíritu)*

*y a todos los nuevos niños que nacen ahora, quienes
vienen a ayudar a nuestro mundo a trascender su
propia "infancia" y dar paso a una era de mayor
madurez, tolerancia y raciocinio.*

*Me siento eternamente honrada y agradecida por
las innumerables oportunidades que he tenido de
estudiar a los niños, y de compartir y jugar con ellos.
Al dejarme llevar por sus flujos de conciencia he
podido concentrarme en lo que
es y lo que no es importante en el
gran plan del universo.*

⤳

*Agradezco también la contribución de las personas
siguientes a la escritura de este libro:*
Terry Young. Atwater
William G. y Jeanie Reimer
Robert Silverstein
Joan Brannigan
Joseph Chilton Pearce
Tobin y Mary Hart
Linda Silverman
John Van Auken
Carol Parrish-Harra
Susan G. Keavney
Glenn Mingo
Stephanie Wiltse

*y muchos padres y profesionales que amablemente
soportaron lo que parecían ser
infinitas preguntas e indagaciones.*

Contenido

~

Introducción

*La vida es lo que acontece mientras estamos
ocupados haciendo otros planes.*

JOHN LENNON

He estudiado a los niños desde mi propia infancia, cuando me preguntaba de qué manera las palabras que se decían tenían determinados efectos, observaba movimientos, intenciones, sentimientos y tomaba nota de los cambios que se suscitaban cuando entraba en juego el amor. Este "laboratorio de la vida" cobró mayor significación para mí cuando di a luz a tres niños y cuando, en mi mediana edad, perdí tres embarazos. Yo era una madre activa en las organizaciones de niñas y niños exploradores (*Girl Scouts* y *Boy Scouts*) y como maestra de escuela dominical; repostera de dulces galardonados, instigadora de aventuras espontáneas, objetora frente a las absurdidades políticas. En esa época trabajaba a tiempo completo durante el día y luego me esperaba en casa otro trabajo a tiempo completo, además de atender un huerto que suministraba alimentos imposibles de conseguir de otra manera. Al ser intensamente curiosa, busqué cuanta fuente de información pude encontrar acerca de la razón y el propósito de la existencia humana, nuestro lugar en el universo y el alma. Esto me hizo organizar *Inner Forum,* la primera corporación metafísico-espiritual sin fines de lucro en Idaho dedicada a explorar los hechos y fantasías de los mundos interiores y exteriores del ser. Las indagaciones que hice en mi infancia y que seguí en mi vida adulta se tradujeron en programas en los que participaron miles de

1

personas en todo el noroeste del país. Mientras más experiencias acumulaba, más aprendía y mayor era mi curiosidad . . . hasta que me sobrevino la muerte.

Mis tres primeros roces con la muerte, cada vez que tuve experiencias cercanas a la muerte, dieron a mi vida un giro de 180 grados. Después de eso, y durante más de un cuarto de siglo, realicé investigaciones de primera mano sobre todos los aspectos de los estados cercanos a la muerte. Documenté mis conclusiones en siete libros, y luego algunas de mis observaciones han sido verificadas clínicamente en estudios prospectivos. Durante mi trabajo de campo, observé una y otra vez no sólo la manera en que ese fenómeno cambiaba a los niños que lo habían experimentado, sino que noté la gran similitud que había entre estos jóvenes "alterados" y los niños que han nacido desde comienzos de los ochenta, especialmente los que llegaban al mundo alrededor del comienzo del nuevo milenio. En mi libro *Children of the New Millennium* [Niños del nuevo milenio],[1] que luego amplié y titulé *The New Children and Near-Death Experiences* [Los nuevos niños y las experiencias cercanas a la muerte],[2] hice una comparación entre los nuevos niños y los que habían tenido experiencias cercanas a la muerte. Entre estos dos grupos había coincidencias en cuanto a la sensibilidad inusual a los sabores, texturas, tacto y olfato, y a la luz y el sonido. También compartían una mayor capacidad intuitiva, un intelecto más desarrollado y un mayor sentido del conocimiento, y eran menos competitivos y más orientados a la colectividad, con una capacidad casi empática de comprender los sentimientos y necesidades de otros niños. Se han convertido en buscadores de soluciones creativas a problemas, y están más armonizados con el porvenir y con la espiritualidad que con sueldos y cuentas bancarias.

En este libro profundizaré mucho más que en el anterior . . . porque los nuevos niños, ésos que de cierta manera son "distintos" desde el momento de su nacimiento, presentan todos los indicios de una transformación evolutiva en la especie humana, ese salto cuántico de fábula que se piensa será nuestro destino en este momento de la historia en que nuestra galaxia va a terminar una rotación completa de 25.920 años en torno a lo que se considera como el Gran Sol Central del universo. Los puntos de vista subjetivos y objetivos recibirán igual trato a lo largo de las páginas siguientes, pues tanto tenemos que aprender de nuestros místicos y chamanes como de nuestros científicos y educadores. Y compartiré algunas de mis propias visiones y revelaciones que me han llegado en oración. La voz que surge de este libro pretende ser un poco atrevida, pues así son los nuevos niños. Aparte de su inteligencia, los nuevos niños son un tanto irreverentes.

Para los padres abrumados y los empleadores confundidos, este libro debería ser una bendición del cielo que los ayudará a lidiar con los jóvenes de hoy. En cuanto a otros lectores, espero que encuentren aquí una nueva perspectiva, un contexto para entender nuestros tiempos rápidamente cambiantes en el marco de la intensificación de la conciencia en toda la familia humana.

～

Se acelera la evolución, aunque no el
 tiempo.
La conciencia evoluciona y se percata
de su propia función como mentora de
 la creación.

Los niños son la avanzadilla de la
 evolución.
Empujan los límites, desafían
el orden establecido, irritan a los
 convencionales.

Ésa es su función . . . deshacerse de
 todo
lo que mancilla el corazón humano
y ciega la mente ante la relación
entre el Creador y lo Creado.

La puerta de acceso maya

La conciencia de cada uno de nosotros es la propia
evolución, que se percibe y reflexiona sobre sí misma.

TEILHARD DE CHARDIN

Tengo algo que contarle, algo verdaderamente importante. Aunque tiene que ver con los nuevos niños (los que han nacido desde 1982 y siguen naciendo en la actualidad), también tiene que ver con la creación y la conciencia y los desafíos que hoy se nos presentan a nivel de raza humana. Se está iniciando una nueva era, una época en que la ciencia y la espiritualidad se complementan entre sí, en que las predicciones coinciden con las profecías, en que al final se reconoce la verdad como las dos caras de un punto de vista. Con ánimo de narradora, comenzaré por el principio. Pero le advierto que tengo toda intención de lanzarle alguna que otra curva.

Para empezar, se cree que nuestro cosmos surgió cuando un minúsculo punto de potencialidad comprimida se precipitó hacia su exterior con una velocidad inimaginable. Si esta explosión hubiese sido un tanto menos intensa, la expansión del universo habría sido demasiado lenta para sostenerse a sí misma. Si hubiese sido un tanto más intensa, el universo se habría dispersado como un caldo aguado. Si la proporción de materia y energía frente al volumen del espacio en ese momento de la "gran explosión" hubiese sido una cuatrimillonésima de un uno por ciento inferior a lo ideal, la creación no habría tenido lugar. No estaríamos aquí. Es como si el universo hubiese ambicionado conscientemente la vida que un día llegaría a abrigar.

La génesis de los astros comenzó en una suerte de viveros compuestos por inmensos volúmenes de polvo y gases. La vida tal como se conoce surgió de una especie de "guiso de cocinero", nutrido por un experimento tras otro hasta que se obtuvieron las combinaciones adecuadas para producir las formas que, a través del proceso de encarnación, permitirían la expansión de la inteligencia. Los humanos coronaron la lista, con sus cuerpos esculpidos con exquisitez comparable a la del propio universo. El eminente científico francés LeComte du Noüy observó: "Desde el mismo inicio, la vida ha evolucionado como si hubiera una meta que alcanzar, y como si esta meta fuera el advenimiento de la conciencia humana".[1]

Esta meta, el plan maestro sobre el que se erige la historia de la creación, fue definida y delineada por pueblos nativos de muchas partes del mundo, que sabían cuál era la meta y transmitieron este conocimiento por medio de las profecías, rituales y reliquias que dejaron a su paso. El más famoso de estos legados sagrados se encuentra tallado en la piedra del sol maya y azteca, terminada en 1479 D.C. por sacerdotes-astrónomos. Entre los distintos sistemas de calendarios que idearon se encontraba el de la cuenta larga, concebido específicamente para calcular inmensas extensiones de tiempo, que representaba literalmente el transcurso de la creación desde la gran explosión hasta el año 2012 D.C. Esta obra maestra de la matemática, conocida comúnmente por el nombre de "Calendario Maya", es tan precisa que los astrónomos modernos no tienen la menor idea de cómo fue hecha. Está compuesta por imágenes y una clave importante para descodificar la simbología de sus glifos es la manera en que se usa el número trece en conexión con la órbita del planeta Venus. Ciertas cifras que figuran en el Libro de las Revelaciones (Apocalipsis) también aparecen en el calendario, como el número 144.000 (que en este caso representa los días de un ciclo baktún, no el número bíblico de almas salvadas).

Dediquemos unos momentos a investigar esta maravilla. La sorpresa principal que contiene, al menos según lo que podemos inferir, es su finalidad: rastrear el desarrollo de la conciencia a medida que evoluciona la creación. Lo consigue a través de la representación de nueve etapas o niveles progresivos de crecimiento.

A continuación presentamos en forma resumida la manera en que los eruditos interpretan los nueve niveles del calendario:[2]

Celular: Desde la gran explosión hasta los orígenes de los organismos unicelulares, comienza hace 16.400 millones de años (conciencia de la acción y la reacción).

Mamífero: Abarca el surgimiento de formas de vida más grandes y complejas, comienza hace 820 millones de años (conciencia del estímulo y la respuesta).

Familiar: Interrelaciones, independencia y progreso de los primeros humanos, comienza hace 41 millones de años (conciencia del estímulo y la respuesta individuales).

Tribal: Uso del fuego, herramientas y refugios, y proliferación de grupos sociales, comienza hace dos millones de años (conciencia del conocimiento, las semejanzas y las diferencias).

Cultural: Invención creativa, arte y magia, agricultura, domesticación de animales, estructuras y sociedades más grandes, comienza hace 102.000 años (conciencia de la razón).

Nacional: Surgimiento de la escritura, los registros de información, la metalurgia, las manufacturas, los oficios, la banca, las ciudades, la religión como institución, comienza en el año 3115 A.C. (conciencia de la ley).

Planetario: Industrialización, maquinarias, enseñanza obligatoria, estudios superiores, entretenimiento, inmensas redes de distribución, comunicaciones mundiales, tecnología digital e Internet, comienza en el año 1755 D.C. (conciencia del poder).

Galáctico: Física fotónica, nanosegundos, formas especiales de multitareas, plagas apocalípticas y cambios planetarios, dominio de la luz, fuentes alternativas de energía, cuestiones ecológicas, comienza en 1999 D.C. (conciencia de la ética).

Universal: Reconocimiento de la conciencia y la intención como fuerzas motrices, énfasis en cuestiones religiosas y espirituales, despertar ante las interconexiones entre formas de vida, gestión empresarial responsable, la aldea global, difuminación de fronteras y límites, comienza en 2011 D.C. (conciencia de la cocreación).

La cuenta larga cesa el 21 de diciembre de 2012. (La fecha final es en realidad el 28 de octubre de 2011 pero, debido a complicaciones aritméticas, se usa la fecha del 2012.)

Fíjese en que la evolución se acelera con el paso de cada etapa. ¡No el tiempo, sino la evolución! Pese a la abrumadora sensación de prisa que todos hemos sentido en los últimos tiempos, la medición científica del tiempo no indica una aceleración suficiente para explicar lo que estamos experimentando. Lo que se está acelerando no es tanto el tiempo sino la propia creación, que cambia una y otra vez para dar cabida a frecuencias más sutiles de vibración atraídas por la expansión de estados de conciencia más elevados. La diferencia es de percepción: la evolución juega a adelantarse a nuestras mentes.

La reserva de tiempo y las protecciones de que antes disponíamos gracias a ella (amplia oportunidad para corregir nuestras insensateces, ajustarnos a las condiciones cambiantes y asimilar lo aprendido) casi ha desaparecido, al acortarse radicalmente la distancia entre los acontecimientos y sus consecuencias. Hoy tenemos Internet, mensajes de texto, teléfonos celulares, computadoras, cámaras digitales, televisión, fax, rayos láser, fibras ópticas y robótica, que en un instante traen el mundo entero a nuestro umbral. La pregunta de "¿cómo puedo desacelerar, encontrar sentido a todo esto?" nos toca a todos en lo más hondo. Sentimos como si el planeta entero estuviera sufriendo una crisis de nervios.

Sea como sea, el 21 de diciembre de 2012, el centro de nuestra galaxia se alzará junto con el sol de la mañana y habrá completado otro ciclo de 25.920 años alrededor de la gran rueda del zodíaco (lo que se conoce en astrología como "año cósmico"). En esa fecha, se cerrará más que un simple año astrológico en preparación para que comience el siguiente.

Según la concepción maya, la creación consiste en cinco mundos o "soles" (eras). Se indica que cada sol termina en catástrofe, en un período transitorio de crisis y perturbación que, gracias a la moderna teoría del caos, hoy reconocemos como necesario para que surjan nuevas formas y nuevas oportunidades de crecimiento. Esta "muerte de lo viejo y nacimiento de lo nuevo" evoca la idea del fénix que resurge entre las cenizas de la destrucción y trae con su vuelo no sólo un nuevo comienzo, sino un mundo mejor que el anterior. El quinto sol o quinto mundo maya deberá llegar a su fin en 2012.

¿Su fin?

Aquí habría que considerar además que los niveles espirituales de la cábala judía, los ciclos denominados yugas en el hinduismo y las tradiciones de registro del tiempo de los indios Hopi presentan misteriosas semejanzas con los soles del calendario maya y predicen también que pronto vendrá el quinto mundo. Esta alineación galáctica que presagia el comienzo del quinto mundo puede encontrarse en la mayoría de las tradiciones sagradas, incluidos el mitraísmo, la astrología védica, la astrología islámica, la geografía sagrada europea, la arquitectura religiosa cristiana del medioevo y varias tradiciones herméticas, por nombras algunas.[3] Los maestros de la tradición inca llamaron al período que vendrá *pachacuti*, que significa "momento más allá del tiempo, cuando la Tierra sufre un vuelco". Los antiguos egipcios lo conocían como el comienzo del "vuelo del quinto fénix". Según una predicción Hopi, la estrella azul Kachina (un ser celestial) danzará por vez primera en las plazas de sus pueblos cuando llegue el quinto mundo.

Otra predicción que habla de una estrella azul como heraldo de la ascensión de un quinto mundo fue hecha por Gordon-Michael Scallion, futurista de la era actual y persona intuitiva. En su boletín *Intuitive Flash,* declaró que la estrella azul era el cometa Hale-Bopp, el espectáculo cósmico que surcó los cielos del planeta Tierra en 1997.[4] El cometa Hale-Bopp fue realmente impresionante. La última vez que los ojos humanos pudieron contemplarlo fue durante la era de la construcción, cuando las grandes pirámides de Giza estaban casi terminadas. A lo largo de la historia, los fenómenos celestiales como éste han sido vistos como presagios de maravillas o calamidades por venir. Lo siguen siendo en la actualidad.

Nadie puede poner en duda que el momento en que estamos viviendo es verdaderamente distinto de cualquier otro que se haya conocido, y no sólo debido a los increíbles "juguetes" de que disponemos, que se supone que nos faciliten la vida, o al progreso que hemos logrado como sociedad. Eso está claro. A pesar de todo lo anterior, la era en que vivimos, en la que los rápidos cambios se han convertido en la norma, fue prevista, delineada, detallada y descrita hace miles de años por nuestros antepasados, personas que comprendían la diferencia entre la evolución de la creación y la conciencia y el paso de las horas y los días. Reconocieron que había un *propósito*, que la familia humana no fue un accidente en esta Tierra, que había un plan creado por una Fuente que trasciende a todo lo visible y lo invisible.

No queda suficiente información de estas culturas antiguas, especialmente de la cultura maya, que nos revele más sobre lo que ellos conocían. Pero sí podemos estar absolutamente seguros de que la fecha de cierre representada en el calendario maya no se refiere al día del fin del mundo. Representa una puerta de acceso que atravesaremos, como un portal espacio-temporal hacia nuevas formas de vivir, nuevos mundos de oportunidades. Considere que nuestra transición es, por así decirlo, un alumbramiento; al igual que en todos los alumbramientos, hay y seguirá habiendo dolor e incomodidad, pérdida de la inocencia, retos que nos levantan en vilo y acto seguido nos lanzan contra el suelo. Cambiaremos porque tenemos que hacerlo. El año 2004, año en que se está escribiendo este libro, ha sido un momento decisivo para todos. El mundo que nos rodea ha quedado patas arriba mientras que un nuevo mundo se aproxima inexorablemente. Y, ¿no le parece maravilloso?, hay otro detalle en esta situación.

Las tradiciones antiguas revelan que el alumbramiento por el que estamos atravesando ahora mismo producirá también el nacimiento de otra corriente vital o "raza raíz". No será necesariamente una raza en lo que se refiere a tonos de piel y características físicas, aunque también eso podría ocurrir, sino una raza raíz en el sentido de un nuevo aporte al patrimonio genético humano. Los psíquicos y místicos que predijeron esto aseguran además que los seres humanos que ahora están viniendo al mundo son "tipos de la quinta raza raíz".

¿La quinta?

Para intentar responder a esta interrogante, tenemos que abrir la caja de Pandora, ese receptáculo de fábula que contiene cosas maravillosas y extrañas y que, una vez abierto, no se puede volver a cerrar. Esa caja es nuestra mente, que se abre lo más posible para dar cabida a la novedad de la quinta raza raíz, el quinto mundo, la quinta dimensión, el quinto chakra. Todo esto es necesario saberlo, es realmente como la preparación del terreno antes de que podamos siquiera comenzar a entender las presiones que todos sentimos en la actualidad y los inmensos retos con que nos enfrentamos para criar y educar a la nueva generación más reciente, compuesta por chicos que desafían toda clasificación . . . nuevos niños para un mundo nuevo.

La quinta raza raíz

*Nacerán muchos niños que entenderán de
electrónica y energía atómica y de otras formas de
energía. Llegarán a ser los científicos e ingenieros
de una nueva era que tendrá el poder de destruir la
civilización si la humanidad no aprende a vivir según
las leyes espirituales.*

EDGAR CAYCE

Reconozcámoslo. Los libros de texto que se usan en nuestras escuelas son, en su mayor parte, irremediablemente anticuados, sobre todo en lo que se refiere a los conocimientos sobre nuestro pasado primordial y nuestro posible futuro. Los científicos de hoy están en realidad reinterpretando el reloj de la historia y, al hacerlo, establecen cronologías y panoramas muy distintos de lo que se nos había enseñado antes. Los nuevos descubrimientos se suceden unos a otros con tal rapidez que hasta nuestras mentes mejor dotadas tienen dificultad para mantenerse al día, para no hablar ya de la jerarquía académica cuya función es proteger lo que se considera "aceptable".

Por ejemplo, se ha comprobado que las fechas arrojadas por las pruebas de radiocarbono de los sitios paleoindígenas de las Américas estaban erradas. En realidad, estos sitios podrían ser decenas de miles de años más antiguos que lo que se pensaba. La última edad de hielo en nuestro planeta no fue una era de congelación profunda e ininterrumpida que cedió gradualmente al deshielo. Nuevas pruebas demuestran que en ese entonces el clima sufría bruscos cambios de un extremo a otro, entre calor-humedad y frío-sequedad-viento, y que el tiempo de transición de un entorno al otro *¡era sólo de tres a doce años!*[1]

Hay otras nuevas evidencias que sugieren que el tipo corporal que hoy tenemos no evolucionó a partir de los primeros protohumanos. Nuestro antepasado de Cro-Magnon "surgió" tal cual: los varones tenían casi dos metros de estatura y las hembras llegaban a los hombros de los varones.[2] Eran comunicativos, inteligentes, esbeltos e inmensamente creativos. Una de sus invenciones fue la aguja de coser con agujero para ensartar, con la cual se hacían vestimentas a la medida, acompañadas con decoradas túnicas y polainas, camperas, camisas de cuello y mangas con puño y botas y mocasines. Construían la mayoría de sus moradas de cara al sur para aprovechar el calor solar, hacían ingeniosos pisos de guijarros que resultaban resistentes y secos, guardaban alimentos durante el año en frías grutas, llevaban dietas tan sanas que el hombre moderno haría bien en imitarlos, elaboraban herramientas ingeniosas, separaban los espacios vitales para lograr una mayor eficiencia y llegaron a usar botes para mejorar los resultados de la pesca.

Su arte rupestre cautiva a quien tenga la fortuna de verlo, en especial las pinturas recientemente descubiertas en cavernas cercanas a Combe d'Arc, unos 420 kilómetros al sur de París, Francia. Estas impresionantes galerías de roca muestran representaciones de figuras mitad humanas, mitad animales y de fieras europeas extintas emparentadas con la fauna africana. Esto ha dado credibilidad a la teoría de que un puente de tierra debió haber conectado alguna vez a ambos continentes y que por ello la población del mundo entero descendería en efecto de uno de los primeros grupos que vinieron de África.

Sin embargo, aún nos queda por descubrir cómo ocurrió esto; la manera en que la humanidad pasó de ser virtualmente un grupo de simios desnudos a convertirse en personas que dieron los primeros pasos en un ulterior "despunte" o desarrollo súbito de la civilización sigue siendo un eslabón perdido que podría revelarnos los sucesos más extraordinarios en la historia de la evolución. No sabemos qué sucedió. Tal vez nuestra simiente provino de las estrellas u otros planetas; tal vez fuimos concebidos y creados por una raza divina para ser sus abejas obreras; quizás éramos almas aún en espíritu, que ayudaron a crear los cuerpos que un día habitaríamos a partir de lo que había disponible en la Tierra, para que pudiéramos descender del mundo espiritual y materializarnos como cocreadores junto al Creador, dedicados al "experimento humano", como se conoce en las tradiciones esotéricas. Esta interpretación reconoce a la forma humana como vehículo de transformación, suficiente para refinar el poder del alma mientras ésta contribuye a su vez al desdoblamiento continuo de la creación.

Tal vez nunca lleguemos a saber toda la verdad, pero sí podemos reflexionar sobre algunos otros indicios sugerentes acerca de nuestro origen que son tan válidos como los que nos aporta la ciencia.

Indicio número uno. Quedan ausentes del discurso general las enseñanzas de las "escuelas del misterio" . . . un acervo de revelaciones provenientes de sueños, recuerdos, canalizaciones, orientación psíquica y encuentros ultramundanos. Estas fuentes de sabiduría interior acerca del comienzo del universo y del propósito sobre el que se erige la existencia se ha transmitido de generación en generación mediante tradiciones históricas orales, narraciones, rituales, búsquedas de visiones e iniciaciones de estilo chamánico. Todo el pensamiento religioso y todos los conocimientos místicos se basan, en esencia, en la validez de estos misterios como verdades espirituales.

Indicio número dos. Cuando uno tiene en cuenta este contrapunto místico al conocimiento, el eslabón perdido en la historia de la evolución pasa a ser *un caso de involución:* el descenso del alma de los reinos del espíritu hasta implicarse y enmarañarse con la materia.

Indudablemente, la vida evoluciona. Incluso pequeñas modificaciones del clima pueden tener un efecto significativo en el medio ambiente y las formas de vida que éste sustenta, incluida la familia humana. Pero la ciencia actual nos dice que la evolución no ocurre cómo nos enseñaban antes; los genes pueden cambiar de un lugar a otro en el genoma y pueden manifestarse rápidamente nuevas formas en configuraciones que nunca antes habíamos imaginado. Estos descubrimientos científicos se parecen mucho a las enseñanzas de la sabiduría antigua (la mitad mística de la ecuación) especialmente en lo que se refiere a las mutaciones que afectan a toda una especie, como las que ocasionaron el avance de la humanidad.

De la sabiduría o las enseñanzas del misterio aprendemos, por ejemplo, acerca de los ires y venires de las "corrientes" u "ondas" de vida". Muchos de los visionarios y profetas de los últimos siglos han utilizado el término de *raza raíz* o *patrón raíz* para referirse a un patrimonio genético fundacional del que se compone la raza humana. Se entiende que es necesaria la sucesión de siete razas raíz (corrientes vitales) a fin de proporcionar al alma suficientes bríos para que desarrolle su potencial y perfeccione la forma humana mientras procura regresar a la Fuente. Se dice además que cada raza raíz da pie con su avance a un período global de reajuste, facilitando así nuevas oportunidades de crecimiento y cambio en todo el planeta.

Una célebre reveladora de este tipo de información fue Helena Petrovna Blavatski, fundadora de la Sociedad Teosófica de América, organización dedicada a fines religiosos, espirituales y sociales, que fue fundada en 1875 y aún tiene arraigo en nuestros días.[3] Otras voces de revelación en la sociedad fueron las de C.W. Leadbeater, quien escribió profusamente sobre los ciclos de desarrollo y refinamiento de la humanidad en su libro *The Masters and the Path* [*Los maestros y el sendero*],[4] y el Coronel Arthur E. Powell, con *The Solar System* [*El sistema solar*].[5]

Powell explica que "cada una de estas razas raíz, o etapas de desarrollo, se divide en siete subrazas, o siete subetapas; y cada subraza se divide a su vez en siete unidades más pequeñas, que se conocen indistintamente como ramificaciones de la raíz, o naciones".

Leadbeater y Powell clasificaron la progresión de las razas raíz de la siguiente manera:

Primera raza raíz: Etérea; comienza hace 18 millones de años (la entrada del espíritu en la materia).

Segunda raza raíz: Hiperbórea; comienza hace 8 millones de años (primeras formas físicas y diferencias de género, concentradas en las regiones ártica y nórdica).

Tercera raza raíz: de Lemuria y Mu; comienza hace un millón de años (pleno florecimiento de géneros y grupos raciales con la aparición de tonos de piel más oscuros, migraciones hacia las regiones meridionales y hacia los océanos Índico y Pacífico).

Cuarta raza raíz: de los Atlantes; comienza hacia 85000 A.C. (en tierras que ahora están en el fondo del Océano Atlántico, en la región de las Azores; es la raza progenitora de la anatomía moderna y, presuntamente, del primer "Adán").

Quinta raza raíz: Aria; comienza hacia 10000 A.C. con las culturas megalíticas desde 10000 hasta 3000 A.C., que propiciaron el desarrollo del hemisferio derecho del cerebro, y las culturas modernas desde 3000 A.C. hasta la actualidad, que favorecieron el desarrollo del hemisferio izquierdo del cerebro (la conciencia, separada en dos hemisferios, oriental y occidental, ahora se fusiona nuevamente y produce un salto global en el refinamiento de la especie).

Sexta raza raíz: Inicialmente no denominada pero ahora conocida como de la Aurora; comenzará entre 2400 y 3000 D.C. (concentrada en América del Norte y Europa; fusionará todos los patrones globales en una única conciencia planetaria).

Séptima raza raíz: No denominada; comenzará entre 7000 y 8000 D.C. (concentrada en América del Sur, paso a una fase superior en la enseñanza, sin que sean necesarias las "escuelas" del plano terrenal; quizás de carácter etéreo y con un modo diferente de reproducción y crecimiento).

Aunque esta interpretación difiere en cierto modo de los nueve niveles de desarrollo de la conciencia y la creación que se detallan en el calendario maya, existen fascinantes correlaciones entre ambos puntos de vista.

Para poder entender mejor el tema de las razas raíz, la Reverenda Carol Parrish-Harra ha hecho algunas observaciones acerca de estos materiales teosóficos iniciales. Es fundadora y directora espiritual de la comunidad Sparrow Hawk Village en Oklahoma y decana del seminario Santa Sofía (una escuela de misterio moderna plenamente acreditada para otorgar títulos académicos).[6] Uno de los objetivos de la Reverenda es devolver a la cristiandad su herencia esotérica, libre de doctrinas u ornamentos. Uno de sus diez libros, la segunda edición de *The New Dictionary of Spiritual Thought* [El nuevo diccionario del pensamiento espiritual] es especialmente útil.[7] Contiene las ilustraciones (que se reproducen vease más abajo, con autorización), de las siete razas raíz representadas como ondas vitales que descienden de los reinos etéreo o espiritual hasta su encarnación física en el plano terrenal (involución), y luego ascienden de regreso a la Fuente tras haber culminado sus ciclos de crecimiento (evolución).

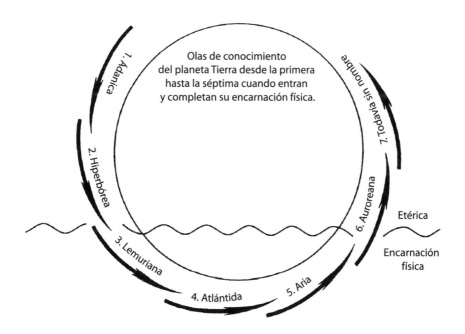

Expongo a continuación algunas observaciones tomadas de una carta que me escribió la Reverenda Parrish-Harra sobre su manera de ver las razas raíz:

"Recordemos que la ciencia espiritual considera que tú y yo pertenecemos a la quinta subraza de la quinta raza raíz de la humanidad, o la quinta etapa de la conciencia humana que se ha desarrollado en el planeta, y veamos a los niños actuales desde esa perspectiva. Teóricamente las enseñanzas dicen que la humanidad pasará por siete grandes etapas. Cada una de ellas se denomina 'raza raíz', porque a partir de cada una se desarrollan a su vez siete grandes floraciones llamadas subrazas. Consideremos que la 'raza' es la raza humana y la 'raíz', un pilar para una oleada de almas que renueva y amplía las capacidades del potencial humano.

"A medida que la humanidad va atravesando por estas etapas consecutivas, la corriente vital humana va evolucionando. Estos períodos progresivos de sistemas culturales o pueblos dominantes se concentran en zonas geográficas donde converge el haz de destellos divinos hasta alcanzar su expresión. Esto es lo que denominamos 'raza raíz'. Si bien la teoría es relativamente compleja, nos proporciona una forma de ver lo que está ocurriendo en el mundo entero.

"Si reconocemos que cada período de tiempo tiene su propio ímpetu y sus propias exigencias, veremos que hubo largos períodos en que la formación del cuerpo físico era de importancia primordial y luego comenzó a predominar la formación gradual de la naturaleza emocional. A su debido tiempo, dimos inicio a las etapas de formación de la mente, tarea en que está enfrascada la humanidad actual".

Otro punto de vista sobre el particular nos llega de las lecturas psíquicas realizadas por Edgar Cayce durante la primera mitad del siglo XX. Cayce vivió de 1877 a 1945. Se crió en una granja en las cercanías de Hopkinsville, Kentucky; luego se casó, se hizo fotógrafo y un día perdió la voz. En un estado alterado, él mismo sirvió de conducto para recibir instrucciones sobre la manera de curar su dolencia. Esa primera lectura psíquica sorprendió a todos, incluso al propio Cayce, y lo llevó a convertirse en uno de los psíquicos más documentados y rigurosos en la historia. La *Association for Research and Enlightenment (A.R.E.)*, organización dedicada a la conservación y el estudio de las lecturas de Cayce, es muy activa en distintas partes del mundo y ofrece muchos servicios a sus miembros.[8]

Una de las muchas publicaciones de A.R.E. es el boletín mensual *Ancient Mysteries* [Misterios de la antigüedad], editado por John Van Auken, Lora Little (Doctora en Educación) y Greg Little (Doctor en Educación). Es una joya para quienes estén interesados en los últimos hallazgos relacionados con arqueología y antropología y su contraste con los estudios y materiales esotéricos de las lecturas de Edgar Cayce.[9] Una edición en particular (la de agosto de 2002) presentaba un artículo titulado "Origin of the Races: Oneness in Diversity" ["El origen de las razas: unidad en la diversidad"]. Este artículo me causó tal impresión que pedí permiso a los autores para reproducirlo aquí (con fines de brevedad, se han suprimido las acotaciones que acompañaban al artículo). Creo que leer esta pieza le producirá la misma fascinación que me produjo a mí.

EL ORIGEN DE LAS RAZAS: UNIDAD EN LA DIVERSIDAD

La Biblia nos dice que todos descendemos de Noé, quien a su vez descendía de Set, uno de los hijos de la primera pareja, Adán y Eva. La cronología bíblica tradicional sitúa a esta primera pareja aproximadamente en el año 4004 A.C. Se supone que posteriormente los tres hijos de Noé dieron origen a las distintas razas humanas que hoy conocemos. No obstante, según estudios genéticos recientes, es posible determinar que todos los seres humanos que viven en la actualidad provenimos de una sola mujer. Denominada "Eva mitocondrial", esta mujer habría vivido en África hace aproximadamente 200.000 años. ¿Significa esto que la narración bíblica del libro del Génesis no es más que un relato alegórico? Por otra parte, si se puede determinar que todo el género humano proviene de una misma madre, ¿por qué estamos divididos en grupos o razas de apariencia tan disímil? ¿Además, con quién se unió esta primera mujer?

Los científicos tienen varias teorías, en su mayor parte conflic-
tivas entre sí, como la del descubrimiento del "Adán Cromosoma Y", que al parecer se habría originado muchos miles de
años después que su contraparte femenina, la Eva mitocondrial. Para complicar aún más las cosas, en análisis recientes
de muestras de ADN antiguo extraídas de una osamenta de
hace 60.000 años descubierta en Australia no se pudo establecer ningún tipo de vínculo con la Eva mitocondrial. Afortu-
nadamente para nosotros, la historia de la humanidad que se
perfila en las lecturas de Edgar Cayce no sólo se corresponde
con la narración bíblica, sino que puede incluso aclarar aspectos que parecen incompatibles con las pruebas científicas.
Pero, si queremos explicar las diferencias (y la unidad) de las
razas de la humanidad, debemos remontarnos al inicio de la
creación.

En el comienzo: lo que nos dice la Biblia

La mayoría de los eruditos bíblicos coinciden en que el Génesis nos presenta dos narraciones diferentes acerca de la creación. La primera, con la que comienza la Biblia, nos cuenta
que el mundo fue creado en seis días por un Dios plural a
quien los hebreos llaman Elohim (Gén. 1:1–4). En el sexto día
de este primer relato de la creación fue creado el hombre: "Y
dijo Dios: Hagamos al hombre a nuestra imagen, conforme a
nuestra semejanza . . . Creó, pues, Dios al hombre a imagen
suya, a imagen de Dios lo creó; varón y hembra los creó"
(Gén. 1:26–27).

El segundo relato de la creación comienza con el capítulo
2 del Génesis y nos cuenta la conocida historia de Adán y Eva
en el Jardín del Edén. En esta versión Adán es formado a partir
"del polvo de la tierra" ya no por un Dios plural, como el de
la primera creación, sino por "Dios el Señor", individualizado
(Gén. 2:7).

El arco de la evolución ascendente y descendente

Según las lecturas de Cayce, estos relatos en aparente conflicto figuran en la Biblia por una razón. Representan una versión muy condensada de la historia de la creación en su totalidad, que comenzó hace muchos miles de millones de años y todavía está desenvolviéndose. Las lecturas describen un arco de involución espiritual y física seguido por un retorno evolutivo a un estado de unidad con el Padre ([Cayce] Lectura 3003–1). Como expresa la lectura: "A la postre toda vibración, al plasmarse en materia, debe pasar por una fase de evolución y salir de ella. Esto se debe a que asciende en sus emanaciones y luego también desciende. De ahí el ciclo, círculo o arco que representa una descripción de todas las influencias en la experiencia humana" (Lectura 699–1).

A lo largo de este arco, han existido puntos de inflexión decisivos que han entrañado cambios en los cuerpos espiritual y físico de la raza humana. En teosofía estos puntos se denominan "las siete razas raíz", que W. H. Church (*Edgar Cayce's Story of the Soul* [La historia del alma según Edgar Cayce]) cree que corresponden a las "siete etapas del desarrollo del hombre" de Cayce (Lectura 281–25). El término *raza raíz* en realidad sólo se menciona en tres lecturas. En una de ellas se nos dice que el próximo paso evolutivo de la humanidad, la quinta raza raíz, coincidirá con la futura apertura de los Archivos de la Atlántida (Lectura 5748–6). Tanto esta lectura como la 5750–1 indican que esta apertura, y con ello la llegada de la próxima raza raíz, ¡pueden ser inminentes!

Cayce habla de múltiples creaciones y razas raíz

Entonces, según las lecturas, el primer relato bíblico de la creación se refiere a una creación inicial del género humano como acompañantes espirituales del Padre que gozaban del libre albedrío. Hasta ese momento el hombre era un ser espiritual andrógino ("varón y hembra los creó") que se encontraba en total comunicación y unidad con el Creador. Un tiempo después, muchas de las entidades comenzaron a sentir curiosidad acerca del funcionamiento del resto de la creación. Entonces hicieron uso de su libre albedrío para proyectarse a sí mismas hacia el mundo de la materia, de mayor densidad. Este punto de inflexión es lo que la Iglesia y John Van Auken (*The Lost Hall of Records* [Los archivos perdidos]) denominan la primera raza raíz de Cayce.

La idea inicial era observar y aprender, pero llegó el momento en que estos seres tan fluidos y etéreos decidieron acercarse más a la forma material, con cuyo fin crearon y ocuparon formas de vida humanoides de inferiores vibraciones. Esta fue la segunda raza raíz. Hasta este punto seguían siendo andróginas y podían entrar en sus cuerpos terrenales y salir de ellos. Comenzaron a formar comunidades en la tierra y muchos se establecieron en territorios alrededor del Océano Pacífico, los que Cayce denominó Mu o Lemuria.

En una de las lecturas una persona recibió el mensaje de que sus dibujos rupestres, hechos hace 10 millones de años en Lemuria, pueden encontrarse aún en el suroeste de Estados Unidos (Lectura 2665–2).

En el transcurso de millones de años, este grupo fue prestando cada vez mayor atención a sus creaciones terrenales hasta que se debilitó cada vez más su conexión con el Creador. No pudieron seguir saliendo de la materia y volviendo a entrar en ella a voluntad. Aún andróginos, mantenían algunos de sus poderes espirituales y podían vivir miles de años. Sin embargo, usaban sus capacidades básicamente por razones egoístas. Uno de los peores ejemplos fue cuando decidieron crear "objetos" que les sirvieran como esclavos. Estas criaturas eran proyecciones de pensamiento materializadas en forma de híbridos de animales o vegetales con seres humanos. Este

período coincide con los orígenes de la Atlántida, aproximadamente hacia 200000 A.C., y se considera que es el de la tercera raza raíz.

Ante esta continua involución, el Espíritu del Cristo elaboró
un plan para rescatar a estas almas y permitirles recuperar su
legítimo patrimonio espiritual. Aproximadamente en 108000
A.C., Amilius, la encarnación del Cristo en la Atlántida, y otros
seres espirituales encarnaron en dicho continente, donde también ellos quedaron atrapados en la materia. Amilius fue uno
de los primeros en separarse en dos sexos, cuando su mitad
femenina se proyectó en la persona de Lilith. Poco después,
Amilius determinó que sería necesario desarrollar un nuevo
cuerpo físico para el género humano de modo que la evolución pudiera ocurrir desde el plano terrenal. La forma física
del sacerdote Ra-Ta, una anterior encarnación de Edgar Cayce
en la Atlántida (hacia 50000 A.C.), fue una de las precursoras
de esta nueva manifestación corporal (Lectura 294–19). Sin
embargo, la versión final perfeccionada (la cuarta raza raíz) no
surgió hasta aproximadamente 12000 A.C. (Lectura 294–150).

La cuarta raza raíz y los cinco Adanes y Evas

Y es aquí donde encontramos por primera vez el relato de
Cayce sobre el origen de las razas, la etapa que él también
identifica con el segundo relato de la creación del Génesis (Lectura 364–7). Una vez que estuvo lista la cuarta raza raíz, el espíritu del Cristo encarnó como Adán y Eva *simultáneamente* en
cinco razas distintas y en cinco regiones separadas de la tierra.
La raza roja encarnó en la Atlántida (y en América del Norte),
entre los atlantes de la tercera raza raíz, quienes poseían cierto
mimetismo racial. La raza blanca encarnó cerca del monte Ara-
rat, los Cárpatos e Irán. Las otras tres razas encarnaron en la
región china de Gobi (la amarilla), el Sudán africano y Egipto
(la negra), y en la región andina de América del Sur (la marrón)

(Lectura 364–13). Es interesante señalar que Cayce insistió en que el color de la piel no era una diferenciación importante entre estos cinco grupos: "De una sangre ha hecho todo el linaje de los hombres" (Lectura 3976–24 y Hechos 17:26). En lugar de ello, Cayce afirmó que los colores simbolizaban en realidad una ley interior o un patrón de pensamiento relacionado con uno de los cinco sentidos. A la raza amarilla la describió como "afín al oído", en tanto la blanca y la roja tenían, respectivamente, una conexión concreta con la visión/vista y el sentimiento/tacto. En el caso de las razas negra y marrón no estableció una relación tan clara con un sentido específico, pero algunos expertos en Cayce, como el propio Church, han interpretado que las lecturas asignan el sentido del gusto a la raza negra y el del olfato a la raza marrón (Lectura 364–13). Las almas podrían encarnar en cualquiera de las razas y, al hacerlo, centrarían su atención en asuntos espirituales vinculados con su correspondiente sentido.

La unidad de todas las razas

Cayce indicó que, desde el momento de la proyección de estas cinco razas, ha habido muchas mezclas entre ellas. Por otra parte, sus lecturas parecen confirmar una reciente determinación científica acerca de la influencia del entorno en la concentración del pigmento que produce el color de la piel, o sea, la melanina.

"Porque todas son una; no existen las razas, son todas una. Unas veces se han unido y otras se han separado, y como se ha indicado, desde tiempos inmemoriales la influencia del entorno ha dado lugar a cambios en el color, o esta diversidad ha sido resultado de la alimentación o la actividad . . ." (Lectura 1260-1).

"¿Podrían las regiones nevadas ser el sitio para la raza negra? ¿O las soleadas para la blanca? ¿O podrían el desierto y las dunas ser el lugar para la raza blanca o la negra? Todas compartieron los elementos que produjeron las variaciones en los factores que se convierten en la presentación externa, o la piel, o el pigmento que se encuentra en ella" (Lectura 364–9).

¿Era atlante la Eva mitocondrial?

Teniendo en cuenta que se cree que la Eva mitocondrial vivió hacia 200000 A.C., ¿habría sido ella tal vez uno de los atlantes andróginos, o incluso el alma aún sin separar de Amilius/Lilith? Según las lecturas, el lado femenino era a menudo dominante, lo cual habría hecho que el cuerpo terrenal proyectado contuviera únicamente características femeninas. De haber sido así, esto explicaría porqué "Adán Cromosoma Y" aparece posteriormente en nuestro patrimonio genético, pues en el relato de Cayce la separación en distintos sexos ocurre más adelante. ¿Y qué decir del ADN de 60.000 años de antigüedad hallado en Australia que no ha sido posible vincular con la Eva mitocondrial?

Cayce indica que, al evolucionar cada nueva raza raíz, la anterior no se extingue de inmediato. Los científicos han descubierto este mismo patrón en la coexistencia de los hombres de Neandertal y de Cro-Magnon.

¿Estamos evolucionando aún?

En 1939 le formularon a Cayce la pregunta siguiente: "¿Qué significará para el género humano la Era de Acuario en cuanto a desarrollo físico, mental y espiritual?" Respondió que obtendríamos "la plena conciencia de la capacidad de comunicarnos o de tener conciencia de las relaciones con las Fuerzas Creativas y los usos de éstas en los entornos materiales".

Cayce advierte además que "¡SÓLO aquellos que lo aceptan [el efecto de las influencias vibratorias] podrán percatarse de lo que sucede en torno a ellos mismos!" (Lectura 1602–3).

Parecería, por tanto, que estamos avanzando hacia la recuperación de las capacidades que teníamos en la tercera raza raíz.
De ser así, las divisiones raciales pasarían a ser menos importantes, dado que el color de la piel correspondiente a una raza
raíz podría modificarse a voluntad según el entorno.

Así pues, Cayce confirma efectivamente que nos encontramos en la parte ascendente o más espiritual del arco de la
evolución y que nuestras elecciones influyen en el rumbo de
ésta. Evolucionamos mediante "el sufrimiento, la paciencia y el
entendimiento", como se nos hace ver en el modelo que representa el Cristo a lo largo de sus muchas encarnaciones desde
Adán hasta Jesús (Lectura 5749–14). Como a menudo afirman
las lecturas: "El espíritu es la vida; la mente es el constructor; el
resultado es lo físico" (Lectura 349–4).

Si bien Cayce tenía poco que decir en concreto sobre las razas raíz,
este estudio realizado por Van Auken, Little y Little sitúa su legado en
contexto con la ciencia moderna. Las implicaciones acerca de la manera
en que comenzó la raza humana y la manera en que hemos podido evolucionar como especie resultan sorprendentes.

El quinto mundo

Apenas a finales del siglo XX es que los descubrimientos científicos han hecho avanzar nuestra comprensión de la naturaleza hasta el punto de que ahora, por primera vez, somos capaces de ver perfilarse en los mitos una apreciación de la física extraordinariamente similar a las hipótesis que los físicos teóricos están apenas comenzando a desarrollar. Lejos de ser relatos poco elaborados provenientes de hombres primitivos, algunos mitos de la antigüedad dan cuenta de un sofisticado cosmologismo que revela un increíble talento, una ciencia que rivaliza con la teoría contemporánea de la gran explosión en cuanto a la exactitud de sus predicciones, y que en muchas sentidos es más satisfactoria desde el punto de vista estético.

PAUL A. LAVIOLETTE (DOCTOR EN FILOSOFÍA)

Si usted se mantiene al tanto de los más recientes descubrimientos científicos, habrá notado algo a lo que yo sólo he aludido brevemente: que, si bien las formas de vida tempranas eran primitivas y de un nivel inferior de conciencia, la intervención de otras fuerzas (eslabones perdidos en la cadena que llevó al surgimiento de seres humanos "modernos" similares a nosotros en aspecto y conducta) se remonta a tiempos muy antiguos.

Por cierto, ¿se percató en los dos capítulos anteriores de las partes referentes a los seres mitad humanos, mitad animales?

Cayce habló en detalle sobre esto, la forma en que las almas terminaron por enmarañarse cuando se pusieron a experimentar con formas de vida tempranas al tratar de contribuir al proceso de cocreación de un cuerpo físico perfeccionado. Los placeres del sexo, por ejemplo, les trajeron sorpresas al producir descendientes en los que se mezclaban formas animales y humanas en configuraciones singulares y a veces grotescas. Las pinturas rupestres en distintas partes del mundo muestran esta "desviación" en la descendencia. Hace apenas dos años se hallaron en el suroeste de Alemania unas tallas esculturales hechas en colmillos de mastodonte. Entre las figuras descubiertas, que datan de entre 30000 y 35000 A.C., se encuentran las de un caballo, un pájaro, y una figura mitad hombre, mitad león a la que se ha dado en llamar "hombre león". Esto ha entusiasmado a los científicos, quienes dicen que representa el ejemplo más antiguo que se pueda autenticar de imágenes simbólicas. O, por lo menos, creen ellos que es una imagen simbólica.

Las leyendas mayas hablan de "moldeadores" que crearon al género humano a partir de formas de vida ya existentes, que hoy en día llamaríamos protohumanas. Resulta interesante saber que unas osamentas de homínidos desenterradas recientemente en Etiopía datan de hace 6 millones de años; de modo similar, se estima que un cráneo hallado en el Chad debe tener entre 7 y 8 millones de años de antigüedad.

La mayoría de los relatos antiguos sobre la creación que aún subsisten, de los cuales hay miles alrededor del mundo, describen eras o edades de cambios radicales que modificaron significativamente el paisaje y la habitabilidad del entorno, y que produjeron cambios climáticos y la dispersión de seres y fieras. En cada una de estas eras se destaca la existencia de "Noés": sobrevivientes que pondrían la simiente para el nuevo ciclo que comenzaba. En el cuadro que se reproduce en la página 27, John Van Auken compara las versiones de dos grupos de aborígenes norteamericanos y sus descripciones simbólicas con la información proporcionada por Cayce (algunos detalles fueron suprimidos con fines de brevedad).[1]

LEYENDAS DE LA ANTIGÜEDAD

HOPI	ALGONQUIN	EDGAR CAYCE
PRIMER PUEBLO/MUNDO Vivían en la infinidad del espacio, olvidaron el mandamiento original, se dejaron llevar por las palabras y la belleza física; los elegidos fueron llamados	*PRIMERA ERA* El Gran Espíritu crea la vida	*PRIMERA ERA* MU: etérea, semifísica
SEGUNDO PUEBLO/ MUNDO Salida del refugio; obediencia al plan/ desean objetos innecesarios, termina la conexión	*SEGUNDA ERA* Vientos de cambio, un Espíritu superior se comunica con otros espíritus	*SEGUNDA ERA* MU: material; dos grupos; físico/semifísico; culto egoísta a Belial en lugar de seguir la Ley Única, de donde nace la esperanza.
TERCER PUEBLO/MUNDO Rápido avance: Escudos voladores, Mujer Araña, canto en sus corazones, se hacen al mar en embarcaciones.	*TERCERA ERA* La serpiente en el Paraíso, secretamente se alza un maligno en el paraíso; Gran Inundación, Isla Tortuga: la Tierra se seca, abundan el miedo y las dificultades.	*TERCERA ERA* Atlántida: alta cultura, prototipos, aparición del logos/razonamiento, alejamiento gradual de las verdades espirituales, inundaciones/temblores, migraciones a nuevas tierras en pequeños grupos que llevan consigo archivos, algunos conocimientos y poder.
CUARTO PUEBLO/MUNDO Se exalta la parte más alta de la cabeza; migración de isla en isla a un nuevo mundo, queda formado el mundo que conocemos.	*BUSCANDO LA CUARTA ERA* Una era de migración cruzando Beringia, encuentran una tierra de abetos, entran en las Tierras de las Serpientes: primero paz, luego guerra, reciben ayuda del pueblo blanco, que regresará (incas, mayas y aztecas tienen la misma leyenda).	*CUARTA ERA* Repoblar la Tierra; grandes migraciones a Egipto, las tierras de los maya, los inca, China, la India, etc.

Reparemos ahora en la representación de los cinco mundos o soles del calendario maya (ver página 31), junto con algunos de los aspectos mitológicos que se les atribuyen. La versión que aquí presento es un compendio de numerosas leyendas e investigaciones. Estos mundos transcurren con un ritmo, una pulsación, que va más allá de lo que la ciencia puede confirmar u objetar. Este tipo de movimiento rítmico y el "motivo" que se le atribuye (inspirado por la Fuente) son típicos de los calendarios antiguos. A propósito, en el diseño de estos calendarios no se previó la posibilidad de añadir nuevas eras para ir dando cabida a la progresión que representa el desplazamiento de una época a otra (enfoque lineal). Fueron ideados de forma que sus ciclos se repitieran una y otra vez mientras que la creación terrenal y el desarrollo de la conciencia sigan interactuando entre sí (enfoque abstracto).

Según la tradición, después del año 2012 comenzará un período de 5.200 años durante el cual volverá el orden natural: un tiempo de sabiduría, paz, armonía, amor y diversos estados de conciencia superior. Algunas voces modernas interpretan que esto quiere decir que el sexto sol ya se vislumbra en el horizonte.

¿El sexto sol?

Ningún elemento de la piedra del sol azteca o maya indica la existencia de un sexto sol en estas cosmologías. Ni siquiera una insinuación. En cambio, sí se aprecian todos los indicios de que, en una de sus rondas, el calendario maya se reciclará, se repetirá a sí mismo en una nueva vuelta de la rueda después que hayan ocurrido los ciclos que predice. En otras palabras, nada termina. El relato de la creación sigue en ascenso y descenso, en consonancia con las corrientes de energía cambiantes.

Casi todas las formas que conozco de medir el tiempo, sean basadas en mitos, en relatos o en tradiciones, o sean verdaderos cálculos calendarios, indican que la era actual en la historia de la familia humana es el principio del quinto mundo. Y en ello coinciden las leyendas de los soles mayas, que predicen que el 21 de diciembre de 2012, terminará la vibración original del quinto sol *al comenzar el mismo sol en una octava superior,* a otro nivel de existencia, otro plano de potencialidad. De lo que no nos hemos dado cuenta aún, lo que el calendario maya siempre

LAS CINCO ÉPOCAS DE LA COSMOGONÍA DEL CALENDARIO MAYA

PRIMER MUNDO *Sol del Jaguar/Ocelote*

Elemento Tierra, energía femenina

La época de los gigantes (creados por los dioses). Habitaban en cavernas, comían lo que pudieran encontrar, eran atacados y devorados por los jaguares [se han encontrado osamentas de animales antediluvianos bajo gruesas capas de estratos en hondas cañadas]. Vientos devastadores y largos períodos de tinieblas. Fuego.

SEGUNDO MUNDO *Sol del Viento**

Elemento Aire, energía masculina

La raza humana estaba en peligro de destrucción por huracanes; los dioses transforman a los humanos en simios para que puedan sujetarse mejor sin que los arrastre el viento [a esto se debe que los humanos y los simios se parezcan entre sí]. Grandes bosques arrasados por ciclones. Viento. Huracanes. Oscuridad.

TERCER MUNDO *Sol de la Lluvia de Fuego*

Elemento Fuego, energía femenina

Destrucción por lluvias de lava y fuego. Los seres humanos se transforman en aves y se salvan así del cataclismo [evidencia de restos humanos enterrados bajo capas de lava y cenizas]. Erupciones volcánicas. Oscuridad. Hielo.

CUARTO MUNDO *Sol del Agua**

Elemento Agua, energía masculina

Todo perece debido a terribles tormentas, lluvias torrenciales, inundaciones que casi alcanzan las cimas de las montañas [los dioses convierten a las personas en peces para salvarlos]. Es la época de los ancianos. Materialismo. El lado oscuro es muy poderoso.

QUINTO MUNDO *Sol de los Terremotos o del Movimiento*

Elemento Éter, fusión de las energías masculina y femenina

El mundo termina con enormes cambios, movimientos, sismos, quizás un cambio de polos (magnéticos/geofísicos). Es la era de la humanidad moderna. Comienza en 3114 A.C. y termina en 2012 D.C.

---

*Existe desacuerdo en cuanto a los soles segundo y cuarto: Muchos escritores metafísicos y místicos aseguran que el segundo sol es del agua y el cuarto es del viento. Sin embargo, otros especialistas en la materia, en especial los folcloristas, suelen decir exactamente lo contrario. En este libro me acojo al criterio de estos últimos.[2]

ha indicado sin que muchos se percaten de ello, es que en este viraje particular entre distintas eras después del fin del quinto sol (fiel al designio), la creación-conciencia se recogerá sobre sí misma, retrotrayéndose hacia ese mismo sol pero con un mayor coeficiente de vibración de energía que antes. Durante el primer y último ciclos de *cualquiera* de los calendarios antiguos, el recogimiento de la energía modifica la percepción del tiempo. Esto refrenaría o aceleraría el potencial disponible.

Adivinemos entonces: ¿qué está pasando en este recogimiento transitorio entre ciclos?

> *¡El quinto mundo asciende en espiral!*
> *¡La potencialidad se eleva así a niveles*
> *estratosféricos!*

Quienes no pueden mantenerse al día con la aceleración de los procesos de cambio, quienes se niegan a madurar, increpan a los que sí pueden, clamando por su atención y amor de la única forma que saben hacerlo: con ira. La conciencia está realmente comenzando a percatarse de sí misma . . . se ha formado una mente global. El académico ruso Vladimir I. Vernadski y el teólogo francés Teilhard de Chardin predijeron este fenómeno, que denominaron *noosfera*, vislumbrando la existencia de una envoltura mental que un día abarcará toda la Tierra como un grueso hilado, que conectará a todas las mentes y a todas las conciencias en una red de luminiscencia. Esta red espiritual o etérea de luz destellante es percibida a menudo por los meditadores, tanto en oración como en estados contemplativos, y por personas que han tenido experiencias cercanas a la muerte, o que han experimentado transformaciones de conciencia.

Muchos aseguran que el calendario maya refleja el fin de la historia como actualmente la concebimos, el fin de un mundo basado en la dualidad y la separación, y supone el nacimiento de una edad dorada de iluminación en la que será posible lograr la conjunción de la conciencia, la unidad. Se predice un retorno al orden natural, en el sentido de que el respeto, el honor, la cooperación, la tolerancia, el entendimiento y la paz son reflejos instintivos en la familia humana y pueden resurgir si se les da la oportunidad. (Las reacciones agresivas representan conductas *adquiridas*.)

Las diferentes tradiciones cosmológicas sobre el quinto mundo portan en esencia el mismo mensaje y contienen la misma revelación básica: el retorno de un ser como Cristo, bien en forma de alma singular o bien mediante un estado de conciencia "de Cristo" que todo el mundo podrá alcanzar. (La "conciencia de Cristo" es la comprensión de que estamos ungido por el amor y la gracia al entregarnos a la Divinidad o la Fuente. Es un estado de indulgencia y bienaventuranza en una vida dedicada al servicio de una vocación superior o espiritual.)

Un aspecto importante, pero poco mencionado sobre los mitos de la creación, es que invariablemente cada sol o mundo descrito en ellos trae consigo a su propio Adán, su propio Mesías y su propio Noé. Los tiempos modernos en que vivimos no son la excepción. La versión del quinto mundo que ahora termina tendrá su Noé, una especie de sobreviviente con la conciencia necesaria para constituirse en la simiente del próximo nivel, como mismo sucedió al final de las otras eras. Y la nueva versión exaltada del quinto mundo que pronto llegará tendrá su propio Adán; su propio Mesías (quizás la segunda venida de Jesucristo, o el retorno de Quetzalcóatl, o alguna otra figura de talla equivalente); y, en su momento, su propio Noé, a medida que el quinto mundo ascendido se entremezcle con el próximo nivel evolutivo en la Tierra y con la plena expresión de la sexta raza raíz.

Adanes, Mesías, Noés . . . cada nuevo mundo es un microcosmos del macrocosmos, otro paso ascendente en la escala de un plan mayor encaminado a un propósito superior.

4

El quinto chakra

El universo es un sistema que se organiza a sí mismo;
dedicado al descubrimiento y realización de sus posibilidades
por medio de un continuo proceso de trascendencia.

DAVID KORTEN

He notado que el Mesías de cada era establece el tipo corporal y el estado de conciencia de dicha era. Este individuo (en realidad, una serie de individuos, nacidos en distintos lugares del mundo, pero basados en el mismo modelo) es progenitor del porvenir. Estas personas santas tienen discípulo o estudiantes con quienes comparten sus conocimientos acerca de los misterios de la vida y la muerte y la Divinidad (revelados como el saber sagrado, o "conocimientos santísimos"). Inspiran, motivan y elevan, y luego se marchan; algunas veces, mueren como mártires, otras, desaparecen misteriosamente. A las personas que han recibido la influencia de estos maestros se les advierte que sigan obrando como se les ha enseñado "y a dar aún más de sí".

La idea de un progenitor, un primogénito, forma parte de los mitos de todas las culturas en nuestro planeta. Muchos profetas y eruditos creen que Jesucristo fue la figura mesiánica del quinto mundo. Buda, Mahoma y Bahá'u'lláh también suelen ser incluidos en ese modelo.[1] Ahora que la etapa inferior del quinto mundo va desapareciendo rápidamente y que una versión superior de la misma era está próxima a comenzar, no podemos menos que preguntarnos: ¿Será que ya viene el Mesías? Mi respuesta es: ¡claro que sí! Sólo que, esta vez, espero que esa segunda llegada sea grandiosa.

¿Por que diría yo algo así? Porque en los estados ascendentes todo se expande, se agranda y se acelera, todo alcanza una magnitud mayor. Existen varios ejemplos modernos de este principio. Piense en la cantidad de espectadores que llenaron las salas de cine para ver la película de Mel Gibson *La pasión de Cristo;* y luego piense en el efecto que esta película tuvo sobre la gente en el mundo entero. Se pudiera decir que, en cierto sentido, la Segunda Llegada de Cristo está sucediendo en estos momentos, no sólo en su cine local y en cines del mundo entero sino en la manera en que la película conmovió a los espectadores personalmente. Observe a los feligreses en las iglesias y a personas de fe en todo el mundo, quienes finalmente están aceptando el precepto bíblico de que cada uno de nosotros somos "dioses en formación", que seremos capaces de mucho más de lo que nos enseñaron una vez que nos espiritualicemos (cuando nuestra conciencia ascienda y se expanda) y vivamos de forma acorde a ello. Este precepto pone a los pies de cada uno de nosotros la posibilidad de la mesianidad, junto con las responsabilidades que ello implica, nos guste o no.

A medida que nos adentremos más en la ascensión del quinto mundo nos encontraremos también con mayores presiones y tensiones. Diríase que son "cargas abrumadoras". Esto se debe a que estamos haciendo frente a todo tipo de problemas en mayor número y frecuencia y que nos asaltan desde todos los puntos. El remedio, la solución infalible, es el regreso al estado natural. Los estados ascendentes son estados naturales. Las cualidades que vienen del alma, como la capacidad de hacer concesiones, la tolerancia, la cooperación y la compasión son instintivas. También lo es el deseo de alcanzar estados de conciencia cada vez más elevados. Nuestras figuras mesiánicas nos presentan este modelo como una manera de dar un primer impulso a nuestro propio potencial. Los Mesías cumplen la función de mostrarnos el camino.

Los desafíos llegan a niveles imprevistos con cada año que pasa. Las tradiciones de distintas escuelas místicas enseñan que, con cada avance de una raza raíz, surgen retos propios de la ola de energía que dicho grupo representa. Las distintas olas de energía se corresponde con diferentes *chakras:* los siete centros de organización en nuestro cuerpo que reciben, asimilan y transmiten las energías vitales. Se dice que cada una de las siete razas raíz tiene el "cometido" de desarrollar plenamente el potencial de su chakra correspondiente en toda la población. De esta manera se energizan las cualidades, actividades, y retos particulares de las estructuras sociales del momento. En consecuencia, cuando las siete razas raíz hayan completado su travesía evolutiva, los siete chakras funcionarán como uno solo, tanto a nivel individual como de la sociedad en general. (Se dice, además, que las razas raíz se reciclan. Todo se recicla a medida que la familia humana sigue avanzando en grandes espirales de desarrollo y experiencia hasta alcanzar su meta de presencia consciente ante el Creador.)

En estos momentos estamos lidiando con un tremendo acontecimiento: las últimas fases del desdoblamiento del quinto chakra, el cual se centra en el poder de la voluntad. *Chakra* es un vocablo del sánscrito que significa "ruedas giratorias de luz". Considero que cada una de estas ruedas es una especie de generador que nos permite funcionar de manera sana (veo la luz dentro de las ruedas y sobre el centro de cada una de ellas). Un chakra bloqueado obstaculiza la energía en esa parte del cuerpo, y esto se manifiesta además en las actitudes, sentimientos y experiencias vitales correspondientes a esa parte. Un chakra abierto permite que la energía en esa parte del cuerpo y del ser fluya fácilmente y sin esfuerzo, lo que nos hace sentir mejor, actuar con mayor confianza y estar en condiciones de obtener más resultados satisfactorios.

En el libro *Anatomía del espíritu,* la Doctora en Filosofía Caroline Myss, explora en detalle los siete chakras del cuerpo humano, la manera en que funcionan y la influencia de cada uno en el desarrollo de nuestro potencial vital.[2] A continuación presento mi interpretación de los chakras, así como sus funciones y asociaciones, sobre la base de mis propias investigaciones y experiencias (algunos de mis descubrimientos son en cierta medida distintos a los de Caroline Myss).

Primer chakra (chakra de raíz): Vinculado con el soporte del cuerpo, la eliminación de desechos, las piernas y los huesos. El poder tribal y la identidad de grupo. Problemas de supervivencia. Mundo material; la Tierra.

Segundo chakra (chakra de las relaciones): Vinculado con los órganos sexuales, las caderas y la pelvis. Necesidad de relaciones, placer y sexo. Cuestiones del deseo. Mundo de la creatividad.

Tercer chakra (chakra del poder personal): Vinculado con el estómago, las glándulas suprarrenales y el páncreas. Autodefensa, decidir si luchar o huir. Cuestiones de personalidad. Mundo energético.

Cuarto chakra (chakra emocional): Vinculado con el corazón, los pulmones, el pecho, el timo. Capacidad de perdonar, compasión, amor. Cuestiones de intimidad. Mundo emocional, sentimientos.

Quinto chakra (chakra de la voluntad): Vinculado con la garganta, tiroides, cuello, boca, nervios. Expresión, comunicación, voluntad. Cuestiones de dominación. Mundo de las ideas.

Sexto chakra (chakra de la mente y la imaginación): Vinculado con el cerebro, las glándulas pineal y pituitaria. Razón, visión y conocimiento. Asuntos mentales. Mundo del discernimiento, el espíritu.

Séptimo chakra (chakra espiritual): Vinculado con los sistemas principales del organismo y la piel. Devoción, inspiración, trascendencia. Cuestiones de confianza. Mundo de la fe.

Reconozcámoslo. La energía del quinto chakra (los temas de la voluntad y la dominación) ha sido desde hace mucho tiempo nuestro principal centro de atención. Y, a medida que la quinta raza raíz avanza hacia sus etapas finales de desarrollo (tenga en cuenta que ha existido por miles de años y sólo ahora está alcanzando una magnitud suficientemente significativa como para ser precursora de un cambio importante en las características de la población mundial), también avanza el quinto chakra. Todo se mueve al ritmo que impone la evolución. Para mantener ese ritmo, las distintas partes del todo deben moverse en sincronía con el todo, o el proceso se ralentizaría o desviaría. Usted y yo contribuimos al proceso o lo obstaculizamos con las decisiones que tomamos a diario. Esto nos hace importantes. He aquí por qué:

Las cuestiones del quinto chakra se centran en el uso de la voluntad. ¿Cómo expresa usted el poder de su voluntad? ¿Busca potenciar a otros o dominarlos? Estas preguntas van a la esencia misma de la necesidad básica de autoexpresión que todos tenemos: la necesidad de ser escuchados y reconocidos, de aportar ideas y pensamientos encaminados a la consecución de objetivos. El reto del quinto chakra se basa precisamente en la dominación. ¿Quién está al mando? ¿Deberían controlarse estrictamente los resultados y los estilos de vida o puede dejarse espacio a la diversidad que se hace posible gracias a la negociación y la capacidad de hacer concesiones?

La disyuntiva que se plantea entre "el poder para dominar" y el "poder para hacer" es la esencia de cada batalla que se está librando actualmente en el plano terrenal, cada abuso de derechos humanos y cada gobierno o religión que se niegan a reconocer su propia miopía. Sólo las elecciones individuales, adoptadas persona por persona, pueden representar una diferencia importante en materia de voluntad personal. Los líderes no tienen nada que ver en esto.

¿Estamos preparados para la sexta raza raíz futurista y el sexto chakra? Quizás sí en lo personal pero no a nivel de sociedad. Aún así, veo claramente que nuestra mezcla actual ya ha sido condimentada con una oleada inicial de tipos de la sexta raza raíz, que son los que presentan una sensibilidad inusual, como si no tuvieran piel, y una perspectiva ultramundana en su forma de ver las cosas, pensar y actuar. Si pudiéramos esperar cuatrocientos o seiscientos años más, veríamos a muchos más de ellos. Quizás incluso usted y yo estaremos entre ellos si llegamos a reencarnar en la era en que ellos proliferarán.

Para que nos llevemos una idea más precisa de la relación existente entre las razas raíces y el desarrollo de los chakras, he preparado un cuadro, que figura en la página 40, en el que se condensan las enseñanzas básicas del tema, a partir de tradiciones místicas (esotéricas). La columna titulada "Nivel de energía" se refiere a las razas raíces y el color de su patrón vibratorio general. La columna "Estados de conciencia" se refiere al desarrollo de los chakras. La columna "Tipos de conciencia" abarca los impulsos básicos y los planos de operación.

La quinta raza raíz (previa, presente y ascendente) es, según todo parece indicar, la raza azul. Es azul en el sentido de la resonancia vibratoria que mantiene y que sigue desarrollando a partir del potencial existente dentro de la conciencia que contiene. El color azul no indica necesariamente que las personas del tipo de la quinta raza raíz han de presentar una coloración azul en su aura (el campo de energía que nos rodea y nos llena, y que emitimos). No se debe dar mucho crédito a las afirmaciones en el sentido de que el color del aura de una persona es el factor que determina la raza raíz específica a la que pertenece.

Con todo, hoy se oye hablar de personas nacidas con un matiz azul en la piel, que tienen ciertas características en común. El futurista Gordon-Michael Scallion se refiere a esto en sus escritos. También se ha dicho que Mata Amritanandamayi, a quien se ha llamado "la madre de la dicha eterna", tenía la piel azulada al nacer.[3] Tales individuos suelen presentar una sensibilidad excepcional, tienen un alto grado de desarrollo intelectual e intuitivo y se sienten cómodos con la ambigüedad y los desafíos complejos. Tienen sistemas digestivos sensibles, susceptibilidad a las alergias, diferencias en la visión y facultades elevadas, una notable sensibilidad a los alimentos, la luz, el sonido y los campos de energía y una sorprendente capacidad de funcionar con muy bajo nivel de estrés en situaciones difíciles.

El conjunto de características que acabo de presentar no son, sin embargo, exclusivas de las personas cuya piel presenta supuestamente un matiz azul. En absoluto. Por otra parte, este modelo coincide *exactamente* con lo que encontré una y otra vez en niños que han tenido experiencias cercanas a la muerte. He hablado de este descubrimiento en mi libro *Children of the New Millennium* [Niños del nuevo milenio][4] y su continuación *The New Children and Near-Death Experiences* [Los nuevos niños y las experiencias cercanas a la muerte].[5] Lo que he podido constatar repetidas veces en más de un cuarto de siglo de investigaciones sobre las experiencias cercanas a la muerte es que, tanto en los adultos como en los niños, esta experiencia parece ampliar, potenciar y acelerar cualquier potencial que estuviera presente en ellos antes del incidente . . . como si estuvieran atrapados en la energía de la ascensión.

ENSEÑANZAS ESOTÉRICAS DE LA EVOLUCIÓN DEL ALMA A TRAVÉS DEL DESPERTAR DE LA MENTE HUMANA

COLOR / NIVEL DE ENERGÍA	ESTADOS DE CONCIENCIA	TIPOS DE CONCIENCIA
Rojo	Físico	Plano físico; manifestaciones terrenales. Cuestiones relativas a la supervivencia, el colectivo, el poder tribal y el surgimiento del poder personal.
Naranja	Astral	Plano etéreo; "diseños" invisibles. La creatividad y el mundo de la imaginación, orientación interna y desarrollo de los sentidos.
Amarillo	Mental, concreto	Plano mental; energía corporal y mental. Capacidad de decisión y voluntad personal, necesidad de reconocimiento. Invención, actividad.
Verde	Mental, abstracto	Plano búdico; despertar ante lo espiritual. Iluminación inicial, visión ampliada del mundo. Reconocimiento de la diversidad de personas y lugares.
Azul	Intuición superior	Plano atómico; el ser propio como individuo. Énfasis en la educación, el conocimiento, la sabiduría y los aspectos más elevados de la intuición.
Índigo	Inspiración	Plano monádico; totalmente individualizado. Se disuelve el sentido de separación del todo indivisible, mayor discernimiento y percepción.
Violeta	Espiritual	Plano de la Divinidad; alineado con el poder del alma. Entrega a la voluntad de Dios, dedicación a oportunidades de servicio más elevadas y más participatorias.

Seré más específica sobre las implicaciones de lo que acabo de decir.

Las características de los tipos de la quinta raza raíz en ascendente son las mismas que las de las personas que sufren algún tipo de transformación trascendental o impactante de la conciencia, sin importar como ha sido causada, sea a través de una experiencia cercana a la muerte, otro acontecimiento importante o incluso por haber nacido de esa manera. El efecto global causado por el cúmulo de todas estas transformaciones individuales puede observarse en grupos enteros de población.

A medida que el quinto mundo comienza a ascender, también lo hacen la quinta raza raíz y la diseminación de energías y desafíos propios del quinto chakra. Estamos experimentando un proceso de expansión, potenciación y aceleración como personas, como sociedad y como conjunto planetario de gobiernos, economías, ideologías y religiones que, en su mayoría, apenas está comenzando a percatarse del valor de lo que significa compartir espacio en una esfera redonda en medio de un cielo lleno de globos luminosos.

También se expanden las funciones de nuestros cinco sentidos. Lo que antes se calificaba de "síquico", ahora se considera normal, a medida que nos vamos acercando a una "ciencia de la intuición". Más aún, estamos trasladándonos a la quinta dimensión. Las tres primeras dimensiones tienen que ver con las leyes del tiempo y espacio; la cuarta, con el plano astral o etéreo. En cuanto a la quinta dimensión, es la que nos libera de la dinámica del tiempo y espacio, a la vez que nos permite introducir nuestras intenciones directamente en la trama de lo que queremos manifestar. En la quinta dimensión no hay nada oculto, todo está revelado. ¿Podremos manejar esto? Sí, podremos . . . a la larga.

Joseph Chilton Pearce, experto en afectaciones al desarrollo del cerebro infantil y en cómo estos factores se manifiestan en nuestra sociedad y en la evolución de la familia humana, ha escrito su trabajo más electrizante e importante, *The Biology of Transcendence: A Blueprint of the Human Spirit* [La biología de la trascendencia: un plano del espíritu humano].[6] En esta obra seminal, el autor afirma que el ser humano posee cinco "cerebros". Según su descripción, el cerebro propiamente dicho consiste en cuatro estructuras principales: el postencéfalo o "cerebro de reptil", el cerebro medio o límbico, el prosencéfalo o neocórtex y los lóbulos prefrontales. Seguidamente afirma que, gracias a la naciente ciencia de la neurocardiología, se puede decir que hay un quinto cerebro: el corazón. Mucho más que una simple bomba de sangre, los investigadores han descubierto que entre el 60 y el 65 por ciento de las células cardíacas, son células neurales, idénticas a las que hay en el cerebro; y que el corazón es de hecho la mayor estructura glandular del cuerpo, pues produce hormonas que influyen profundamente en el funcionamiento del cuerpo, el cerebro y la mente. Han descubierto además que el corazón produce 2,5 vatios de pulsación eléctrica con cada latido, con lo que genera dentro de nuestro cuerpo y en torno a él un campo electromagnético idéntico al de nuestro planeta.

Así es, tenemos un quinto cerebro que, según las pruebas científicas, es más poderoso y extraordinario que lo que nunca hayamos imaginado. No es de sorprender que los receptores de transplantes de corazón digan que han podido captar fragmentos de los recuerdos y la personalidad del donante. ¡No sólo han recibido un órgano donado que posee memoria celular, han recibido un cerebro! (Hay un volumen creciente de investigaciones que respaldan la idea de la memoria celular y la sorprendente inteligencia del corazón. Refiérase a *El código del corazón* del Doctor en Filosofía Paul Pearsall[7], y el trabajo del Instituto HeartMath.[8])

¿No es increíble el hecho de que la nueva ciencia de la intuición nos ha indicado que nuestros cinco sentidos están siendo estimulados para desempeñar funciones superiores, a la vez que la nueva ciencia de la neurocardiología ha establecido que tenemos un quinto cerebro? ¿Y que todo esto está ocurriendo en el momento de la ascensión del quinto mundo, de la quinta raza raíz y del quinto chakra?

Todos estos "cincos" a la vez. Patrones como éstos, la manera en que la naturaleza impone orden y cooperación en lo que parece desorden y caos, se explican por otra ciencia nueva, la ciencia de la sincronía.[9] ¡No es broma! La idea de "Dios los hace y ellos se juntan" puede demostrarse ahora en cada nivel de existencia, desde el tránsito hasta las modas pasajeras, desde los peces hasta las luciérnagas, desde los nacimientos hasta la propia evolución. Todos son patrones. Gracias a los estudios sobre el caos, sabemos que esto es verídico. Al desintegrarse un orden determinado y sucumbir al caos, nace otro orden.[10] La vida usa la imprevisibilidad aleatoria para asegurar la continuidad. No obstante, lo que parece aleatorio es parte intrínseca de un orden subyacente.

¿Le queda estómago para otro "cinco"?

El número cinco en numerología y como símbolo místico significa "cambio". Tiene otros significados, como progreso, crecimiento, comunicación, viajes, educación, disfrute sexual, capacidad de líder, voluntad para lograr y alcanzar, ciencia, descubrimiento, aventura y discernimiento. Todo se invierte y modifica bajo la influencia de la energía del "cinco". El cinco está orientado a la acción y significa movimiento de avance. El cinco también se refiere a la estrella de cinco puntas. La estrella del hombre en relación con Dios, Jesús como el Mesías, la cristiandad.

CINCO . . . la cifra del cambio, el patrón de energía que arroja más luz sobre los aspectos abrumadores de nuestro mundo y que está implantándose en nuestros niños.

Padres, olviden el Ritalin. Den a los niños un mayor campo de acción, más acertijos que resolver y más retos a los que aplicar sus mentes. No podrán hacer que estos jovencitos permanezcan tranquilos, al menos, no por mucho tiempo.

5

La marcha de las generaciones

"La carretera de la vida": Siempre en construcción.

FRANK Y ERNEST

(EN UNA CARICATURA DE BOB THAVES)

Las progresiones de las razas raíz no siempre se corresponden con los comienzos y finales de las eras. Esta vez sí se corresponden. Junto con el entrecruzamiento de razas, ha tenido lugar en nuestra cultura una gran transformación que influye en la marcha de las generaciones. Algunos dicen que esta transformación fue ocasionada por los conflictos que suscitó la guerra de Viet Nam, que nos hicieron pasar del posmodernismo a nuevas formas de pensar; otros aseguran que la transformación ocurrió con la llegada del tercer milenio entre los años 2000 y 2001. Ocurrieron las dos cosas, pero aquí entran en juego muchos más elementos que los que saltan a la vista. Si examinamos esto, podremos llevarnos una idea fugaz de la manera en que los grandes planes de la historia de la creación se expresan en la vida humana, mucho más breve: lo que somos capaces de apreciar cuando miramos al otro lado de la mesa o al otro extremo de la calle.

Después de todo, la evolución no es una idea abstracta. La evolución es usted y yo, nuestros familiares cercanos y lejanos, y la imagen que recibimos reflejada desde vidas aparentemente sin importancia que transcurren en la oscuridad. Ya he dicho que todos somos importantes. Realmente lo somos. El gran plan no funcionaría sin nosotros.

Entonces, ¿qué quiero decir con la marcha de las generaciones? Me refiero a grupos de personas que van y vienen en oleadas de intención y propósito, uno tras otro, dentro de una extensión de tiempo. Cada oleada está marcada por su impronta o su patrón de energía, un tipo de conciencia que distingue a los que componen la oleada de aquéllos que vinieron antes y aquéllos que los seguirán. De forma similar al movimiento de las olas marinas, cada generación llega en masa, dispersándose entre los innumerables litorales de nuestro planeta como resultado de las singulares fuerzas que las impulsan. Estas oleadas, de carácter cíclico, pueden ser estudiadas y sus rumbos se pueden trazar. La información así obtenida es útil en la esfera de los pronósticos predictivos y en la interpretación de las consecuencias que tienen los cambios sobre el espíritu humano. Dos destacados investigadores en materia de estudios generacionales en los Estados Unidos son Neil Howe y William Strauss. Su obra inicial, *Generations: The History of America's Future, 1584 to 2069* [Generaciones: La historia del futuro de Estados Unidos, de 1584 a 2069], constituye un importante y fecundo logro.[1] (En mi propia obra me baso en la tipología establecida por ellos. Otros demógrafos discrepan sobre las fechas, pero he encontrado que Strauss y Howe son los más precisos.)

Si uno busca en un diccionario, comprueba que, desde el punto de vista técnico, una "generación" son los años transcurridos en promedio entre el nacimiento de los padres y el de los hijos de éstos. Un grupo de personas de aproximadamente la misma edad que piensan de un modo similar y que actúan en consonancia entre sí durante un período de tiempo también constituyen una generación. (Por ejemplo, los magistrados que conforman actualmente el Tribunal Supremo de los Estados Unidos se consideran a sí mismos como protectores del federalismo, la soberanía de los estados y la Primera Enmienda. Las actitudes y opiniones del tribunal más elevado, como las que acabo de mencionar, cambian cada vez que pasan unos treinta años, período generalmente equivalente a lo que se considera una generación.)

La tradición es más específica, pues establece que una generación equivale a treinta y tres años, que también se entiende que fue el tiempo que vivió Jesús. Si tenemos en cuenta además la astrología, como sería justo hacerlo, el lapso puede variar (gracias a la órbita elíptica de Plutón, el planeta generacional) de doce años, cuando Plutón se encuentra en el signo de Escorpión, a treinta y dos años, cuando se encuentra en Tauro, el signo opuesto. Me parece fascinante que los actuales expertos en investigaciones generacionales también consideran que los incrementos temporales son variables, de forma similar a lo que dicen los astrólogos. La mayoría de ellos oscilan entre catorce y veinte y seis años para definir las generaciones, según el impacto de los acontecimientos históricos; sin embargo, al hacer proyecciones, tienden a basarse en cifras arbitrarias, como veinte y dos años.

Entonces, ¿qué relación tiene esto con los tipos de la quinta raza raíz y, más específicamente, con los nuevos niños que llegan ahora al mundo? La respuesta le parecerá fascinante. La división en grupos generacionales que nos ofrece la mejor oportunidad de comprender en qué punto se encuentran nuestros hijos y cómo encajan en su época, al menos en los Estados Unidos, se desglosa de la siguiente manera:*

1901–1924, Los guerreros (constructores), aproximadamente el 6 por ciento de la población de los Estados Unidos

1925–1942, Los silenciosos (cuidadores), aprox. el 11 por ciento de la población

1943–1960, Los de la posguerra (rebeldes), aprox. el 27 por ciento de la población

1961–1981, Los de la generación X (sobrevivientes), también aprox. el 27 por ciento

1982–2001, Los del milenio (reparadores), aprox. el 29 por ciento de la población.

Ahora se pueden añadir al conjunto los más nuevos de todos. Los clasifico como:

---

*Los porcentajes de población se basan en estadísticas de 2002.

2002–2024, La generación del 11 de septiembre (adaptadores), porcentaje aún desconocido.

Un examen más a fondo de cada generación en la lista le sorprenderá y fascinará, especialmente por su forma de reflejar la reacción humana ante los virajes en las presiones sociales. Dado que Plutón representa cambios generacionales en la familia humana, incluiré algunos aspectos interpretativos de la astrología como un factor interesante más. Aquí los tiene:

1901–1924, LOS GUERREROS (CONSTRUCTORES)

Éstos han sido calificados como "la generación más grande" en reconocimiento a sus sacrificios y logros a lo largo de todo el siglo XX. Templados por la Gran Depresión y dos guerras mundiales, llegaron a poseer una disciplina práctica y elemental que les permitió abordar cualquier problema con confianza en su propia capacidad. Tenían en común la virtud poco común del valor. Los compromisos a largo plazo, el patriotismo y la firmeza de su fe en Dios motivaron sus acciones y definieron su forma de pensar. Erigieron grandes empresas, grandes gobiernos, grandes iglesias y grandes centros de entretenimiento, y todo esto lo hicieron unidos, como una comunidad de "hacedores" que poseían las cualidades adecuadas. Obstinadamente persistentes, fueron maestros de la invención, el diseño y la construcción. Y eran padres concienzudos, que crearon para sus hijos organizaciones como los *Boy Scouts* y las *Girl Scouts*. Tenían una energía irrefrenable (las historietas de Superman y de los superhéroes vinieron de este grupo) y promovían el poder de la autoridad, de la tradición y del "bien común". Hicieron realidad el sueño americano como ningún otro grupo anterior o posterior. Al hacerlo, obtuvieron alrededor del 70 por ciento de los premios Nobel que se han concedido a norteamericanos, y muchos acumularon increíbles riquezas.

Como puede imaginarse, también eran conocidos por ser "agarrados" y en ocasiones francamente tacaños, acaparaban más de lo que necesitaban e imponían exigencias excesivas en el sentido de que todo se hiciera "como tenía que ser". Su capacidad de inventiva estaba relacionada con lo físico, lo que pudieran ver, oír y tocar. No les interesaban la frivolidad ni los excesos ni desviaciones sexuales o emocionales. La vida era condicional; uno obtenía lo que merecía o lo que ganaba con su esfuerzo. Desde el punto de vista astrológico, esta generación está dividida entre Plutón en Géminis de 1901 a 1913 (el signo de la experimentación, la invención, las ideas, la comunicación, la energía inagotable y el deseo de iniciar nuevos proyectos), y Plutón en Cáncer de 1914 a 1924 (el signo de la maternidad, la alimentación, la protección, la defensa, las tradiciones del trabajo arduo y la lealtad, la propiedad, la sentimentalidad y la necesidad de estabilizar la energía).

1925–1942, LOS SILENCIOSOS (CUIDADORES)

Intercalada entre los héroes de la Segunda Guerra Mundial y los rebeldes que vendrían después de ellos, esta generación es más conocida como la de los sueños rotos; trabajadores fieles que fueron olvidados, poco apreciados, pasados por alto o incluso ignorados. Desde la niñez, su responsabilidad ha sido atender a otros, especialmente a sus padres, como si de algún modo estuvieran destinados a ser asistentes consumados. Dado que carecían de un núcleo cohesivo en torno a líderes capaces de inspirar a sus seguidores (este grupo nunca ha producido un Presidente de los Estados Unidos), desarrollaron una mentalidad de soledad en la multitud que dependía más de la aplicación de un enfoque sistemático a la vida que de la iniciativa individual. No los definía ninguna gran causa o desafío. Daban una impresión general de retraimiento y falta de interés, y llegaron a la madurez desprovistos de toda cualidad que los distinguiera claramente.

No obstante, ésta es la generación que nos aportó el interés por las cuestiones cívicas y sociales. Lograron esto entregándose de lleno a la introspección. Al hacerlo, obtuvieron un claro sentido de cómo y por qué los seres humanos no llegamos a hacer realidad nuestros ideales, y de las transiciones, temporadas y puntos de giro por los que cada persona pasa en la vida. La revolución sexual y la epidemia de divorcios que vino después tuvieron su origen en estas personas, junto con el reconocimiento de la psiquiatría y el psicoanálisis como esferas importantes de estudio. De sus filas salieron algunos de los mejores comediantes y compositores en la historia, así como una larga lista de personas que se destacaron en las profesiones de ayuda. Prácticamente todos los participantes importantes en el movimiento por los derechos civiles provinieron de esta sola generación, y lo mismo sucedió con el surgimiento del Cuerpo de Paz (Peace Corps) y muchos otros movimientos de defensa de derechos. Como a menudo han sido calificados de burócratas o de monigotes empresariales, la organización y la gestión han sido sus puntos fuertes y comúnmente han obtenido a cambio unas buenas cuentas de jubilación.

La influencia de Plutón durante este lapso de tiempo se divide entre dos signos: de 1925 a 1937 bajo la égida de Cáncer (como se ha descrito antes), y de 1938 a 1942 con Leo (el signo de la dirección, la jefatura, el gusto por lo dramático, la visión en grande del mundo, la generosidad, la grandeza de corazón, la preferencia por la buena cocina, el juego y la tendencia a esperar más de lo que se puede dar).

1943–1960, LOS "BOOMERS" DE LA POSGUERRA (REBELDES)

Lo que empezó como un examen de sí mismos con los silenciosos pasó a ser una mentalidad narcisista, de "lo mío primero" con los "Baby Boomers" (los niños de la explosión demográfica de posguerra) que rápidamente desembocó en un cataclismo juvenil de incontrolables proporciones. Ésta es la generación que ha roto todas las reglas. Eran los hijos de la victoria, tantos en número que desbordaron todos los programas sociales imaginables: las escuelas, la vivienda, la atención médica, los programas del gobierno, las oportunidades de empleo y la jubilación (que pronto vislumbrarán en el horizonte). Como eran verdaderos "yuppies" (profesionales jóvenes de clase media que exigían más de lo que podían pagar con sus propios recursos), parecían bendecidos desde el mismo inicio con la magnanimidad, con lo mejor que pudieran proporcionarles sus padres. Al ser idealistas visionarios que seguían su felicidad, ampliaron la revolución sexual a una orgía de amor libre, psicodelia producida por la ingestión de fármacos y *rock and roll*. Hacían enormes conciertos (se dice que "si uno recuerda el concierto de Woodstock, es porque no lo presenció"), enormes protestas ("Paren la guerra en Viet Nam" y "Cierren las centrales nucleares"), enormes concentraciones ("Apoyamos a los trabajadores de Polonia") y enormes movimientos ("Ésta es el alba de la Era de Acuario"). Aportaban una nueva conciencia, con nuevos valores.

Y poseían una euforia espiritual sin igual en ninguna otra generación, que los hacía saltar de los estupefacientes a los renacimientos religiosos, la salvación por Jesús, el evangelismo y la nueva era; de nuevos grupos intelectuales a la mitología, el misticismo oriental, los gurúes, las profecías y los fenómenos psíquicos y una verdadera explosión de terapias populares, libros de autoayuda, yoga y clases de meditación. También dieron origen a la era más activa de formación de iglesias en el siglo XX.

Su arrogancia e independencia creativa dieron pie a una revolución en la industria del entretenimiento y los medios de información, la tecnología y las comunicaciones, la literatura y las modas, así como el desarrollo de transbordadores espaciales y exploraciones de primera línea. Este grupo, que declaró a sus padres emocionalmente insensibles y a sus madres sus mejores amigas, pasó a la postre de la autoabsorción a la autodestrucción. Lo que siguió fue una inmensa colección de males, como la epidemia del SIDA, la drogadicción y el consumo excesivo de bebidas alcohólicas. En sus intentos por no tener que ir a luchar en Viet Nam, algunos se convirtieron en evasores y nómadas, abrumados por expectativas no cumplidas y colosales bancarrotas y liquidaciones forzadas.

Los años 1943 a 1957 (que representan la mayor parte del período abarcado por esta generación) tuvieron a Plutón en el signo de Leo (como se describió antes). No fue hasta los últimos dos años, de 1958 a 1960, que la órbita de Plutón lo llevó al signo de Virgo (el signo de la cosecha, la eficiencia, lo práctico, los asuntos de salud, la virtud, el análisis a fondo, la crítica, la retención de emociones, la cautela, el decoro y una energía nerviosa, excesivamente autocrítica en ocasiones).

1961–1981, LOS DE LA GENERACIÓN X (SOBREVIVIENTES)

Esta generación, la décimo tercera de los Estados Unidos, ha sido calificada como "la generación perdida", un grupo malhadado que se las tenido que ver con la pobreza, las drogas y la falta de atención de sus progenitores. Alienados de la sociedad debido al conflicto de Viet Nam, los índices astronómicos de divorcio, las masivas fusiones empresariales motivadas por la actitud de que "la avaricia es buena", la falta de decoro en el gobierno, la indiferencia ante la religiosidad y un sistema escolar incapaz de cumplir su cometido, se volvieron primitivos y tribales. Si no me cree esta afirmación, eche simplemente una ojeada a las perforaciones y tatuajes de estos jóvenes y fíjese en su inclinación a crear sus propias familias a través de la lealtad a pandillas o clanes cerrados de mentes afines.

Su generación es la más malograda de la historia del país; han quedado con el temor de que los niños no son deseados y que los compromisos son una pérdida de tiempo. Una a esto la gratificación instantánea que ha definido su mundo (comida rápida, copias rápidas, bancos con ventanillas para atender al cliente sin que salga del auto, cientos de canales de televisión para saltar de uno en otro) y comenzará a comprender la poca capacidad de atención, que los lleva a exigir pruebas instantáneas. No es de sorprender que hayan desarrollado un cinismo persistente y sombrío. Se les ha llamado "la generación sin nombre" y han dado origen a los delitos del robo de identidad, los virus informáticos y los ataques pirata a sitios web considerados "seguros".

Aducen que para ellos la música es más importante que el sexo, el dinero o el poder. ¡Pero menuda música que escuchan! Entre sus preferencias populares figuran el rock ácido, el punk, el *rap* y el nacimiento de la vulgaridad como forma artística. Los atraen la anarquía, las desviaciones sexuales y la androginia. Su generación es la única de las mencionadas que tiene menos educación que sus padres. Se hace ver en ellos una "marca distintiva" (rasgo o característica particular que define la energía de la generación) de depresión y suicidio, pero lo que prevalece es un fuerte instinto de supervivencia. Esto se puede notar en su talento empresarial, no específicamente en cuanto al desarrollo de carreras profesionales, sino en cuanto a la habilidad de formar nuevas empresas y negocios independientes basados en el enfoque de redes, y de acumular luego un sinnúmero de horas de trabajo a niveles de adicción. Poseen una disposición casi religiosa a no aceptar la retórica, filtrar el ruido y establecer verdades prácticas. Las alianzas demostradas y las relaciones puestas a prueba significan más para ellos que la abundancia económica. Algunos de ellos viven como "adultolescentes" (personas que, después de los veinte y los treinta, siguen viviendo con sus padres y son mantenidos por éstos) o comparten obligaciones y deudas en proyectos de viviendas comunes. En este caso, el tránsito de Plutón se divide casi equitativamente entre Virgo (ya descrito) de 1961 a 1971, y Libra de 1972 a 1981 (el signo del matrimonio, las relaciones, las asociaciones, la diplomacia, el sistema judicial, la justicia, las perversiones ocurrentes, la vanidad, el arte y la "máscara" de sonreír ante la duda, de modo que parezcan tener todo bajo control aunque por dentro estén llorando).

1982–2001, LOS DEL MILENIO (REPARADORES)

La sociedad exhaló colectivamente un suspiro de alivio ante el surgimiento de este dinámico grupo de nuevos tradicionalistas, quienes se ven a sí mismos como la "generación de reparadores", que han venido a componer los excesos de sus antecesores de la generación de posguerra y el cinismo de los de la generación X. Su capacidad de pensamiento innovador, abstracción, conocimiento intuitivo y razonamiento espacial, sus elevados coeficientes intelectuales y su sabiduría superior a su edad se contraponen fuertemente con la realidad de una clase media en declive, en la que predominan los hogares donde faltan el padre o la madre. (Véase *Millenials Rising: The Next Great Generation* [Ascenso de la próxima gran generación: la del milenio], de Neil Howe y William Strauss.[2]) Interesados en el voluntariado y dedicados a reinstaurar la ética incluso desde edades muy tempranas, apoyan causas como las de Hábitat para la Humanidad, la diversidad biológica, los movimientos por el desarrollo sostenible, los recursos renovables y la excelencia en la educación.

Aunque son leales a las pocas personas que integran sus familias, se toman su tiempo para asumir compromisos, son pragmáticos y se valen por sí mismos. Es común ver a muchachos y muchachas recibiendo entrenamiento de judo y kárate y participando en muy diversos deportes y pruebas de resistencia. Los nacidos en etapas iniciales del ciclo favorecen la moderación radical en la política y ensalzan la democracia electrónica y la reforma fiscal. A estos representantes de mayor edad de la generación del milenio los entusiasman los proyectos de negocios y la acumulación de riquezas. Prosperan con los retos, pero funcionan mejor en pequeños grupos y "pandillas" y coaliciones de personas inteligentes. No los impresionan las figuras de autoridad. Hasta el momento, los representantes de menor edad de la generación del milenio parecen estar siguiendo la misma tendencia.

En general, transpiran una fuerte confianza en sí mismos que tiene todos los elementos de una ira subyacente, dirigida específicamente contra cualquier cosa que resulte inauténtica, falsa o engañosa. Las mujeres tienden a ser agresivas; los hombres están dispuestos a compartir obligaciones y placeres de manera más equitativa que en generaciones anteriores. Muchos de los mayores entre ellos son bisexuales y practican el sexo oral. Pese a que en general llegan pronto a la madurez, no tienen mucho sentido de la ortografía y la gramática, quizás porque las multitareas electrónicas no requieren esas habilidades. Están tan habituados a intercambiar música, copiar vídeos y bajar imágenes de Internet que les parece ajena la idea de remunerar a alguien por el trabajo necesario para perfeccionar sus talentos. A pesar de la gran energía que poseen, los aqueja cada vez más el problema de la obesidad, así como una plétora de problemas de atención y dificultades para encarar la vida. La cobertura televisiva en tiempo real del ataque del 11 de septiembre en suelo estadounidense despertó en ellos un nuevo patriotismo y una firme resolución, similar a la de la generación de los guerreros después de Pearl Harbor.

Plutón pasó por tres signos durante la generación del milenio. De 1982 a 1983, Libra concluyó su influencia (como se ha descrito antes). Luego, de 1984 a 1995, Plutón pasó rápidamente a través de Escorpión (el signo de la transformación, la "muerte de lo viejo y nacimiento de lo nuevo", los legados, la fiscalidad, el dinero de otros, los extremos en la vida, la sexualidad y la natalidad como cuestiones políticas, lo sagrado, lo mágico, los secretos y la oscilación entre el ego y el alma). De 1996 a 2001, Plutón estuvo en el signo de Sagitario (el signo del humanitarismo, la filosofía, la religión, la ley, los países extranjeros y el interés en ellos, los viajes, la enseñanza superior, la ciencia, los deportes, los temperamentos volátiles y el sarcasmo, la honradez y el entusiasmo contagioso por el progreso).

2002–2024, LA GENERACIÓN DEL 11 DE SEPTIEMBRE (ADAPTADORES)

Acerca de esta generación sólo se pueden hacer conjeturas por ahora, pues los más nuevos de todos están apenas comenzando a llegar. Este grupo tiene la marca distintiva del temor, aunque de entrada parezcan intrépidos. Tengo la impresión, por deducción intuitiva y a través de mis estudios de astrología, de que la seguridad, la política monetaria, la responsabilidad fiscal y la reestructuración serán cuestiones muy importantes para ellos. No obstante, al principio centrarán su atención en el choque de culturas resultante del desasosiego que aqueja a nuestro planeta. Estarán preparados para afrontar ese desafío, pues las habilidades necesarias para ello les serán innatas, vendrán impresas en sus propias almas. El mundo que conocemos quedará transformado al tomar ellos las riendas. También cambiarán las fronteras y límites, los servicios sociales, los intercambios comerciales, los gobiernos y las oportunidades de progreso individual. Su entusiasmo ante la tarea que tienen por delante podría disminuir un poco cuando se percaten de la enormidad de ésta. Pero lo más seguro es que tendrán brotes espontáneos de creatividad y espiritualidad, aunque esto podría volverse contra ellos si olvidan protegerse y establecer firmes medidas de defensa. Debido a esto, necesitarán tener una veta de conservadurismo y cautela, así como grandes dosis de paciencia.

Muchos psíquicos, canalizadores y visionarios han hecho muchas predicciones acerca de los años en que surgirían estas generaciones; yo misma también he hecho las mías. Pongo algunas a su consideración:

2004: Importantes desafíos en el funcionamiento del Banco Mundial y el Fondo Monetario Internacional.

2004 y 2012: Venus en tránsito entre la Tierra y el Sol. Este insólito acontecimiento celeste es precursor del período preparatorio final antes de nuestro paso a través de la puerta de acceso maya.

2007: Se supone que comience la guerra del Armagedón, como han predicho los fundamentalistas cristianos.

2012 a 2013: Comienza la ascensión del quinto mundo como han predicho varias tradiciones espirituales.

2017: Ocurre un "renacimiento" de los Estados Unidos con nuevos pensamientos y nuevo vigor después de una serie de grandes errores de cálculo en política exterior, reforma económica y dirección política.

También en 2017: Algunos astrónomos piensan que tendrá lugar el último eclipse total de sol, debido a que nuestra luna se está alejando gradualmente de la Tierra. A partir de ese año podría estar ya demasiado distante para ocultar por completo al Sol.

Desde el punto de vista astrológico, Plutón se mantendrá en Sagitario de 2002 a 2008 (como ya se ha descrito). Durante la mayor parte de este período, de 2009 a 2024, Plutón se encontrará en Capricornio (el signo de los gobiernos, los gobernantes, las figuras de autoridad, el conservadurismo, los servicios sociales, el nivel social, las inversiones, las profesiones, el control y la manipulación, los galardones, las proezas, la dedicación, lo práctico, la austeridad, el perfeccionismo, el proteccionismo y el control de las emociones).

La mayoría de los astrólogos consideran que la Era de Acuario se inicia al fin en el año 2025, cuando Plutón entre en ese signo y marque a la generación que nacerá bajo su influencia. Es común la predicción de que el próximo gran avatar o Mesías nacerá el 18 de febrero de 2080, cuando en el signo de Acuario se agruparán siete planetas, especialmente Júpiter y Saturno (con lo que se repetirá la singular alineación de estos dos planetas que tuvo lugar en el momento del nacimiento de Jesús). No me caben dudas de que ese nacimiento vendrá seguido de acontecimientos espectaculares. En los años 2133 y 2134 el cometa Halley efectuará su trigésimo tercer acercamiento a la Tierra, como precursor de la ascendencia de la energía acuariana. El mundo que hoy conocemos dejará de existir en ese entonces. Los cambios serán así de extraordinarios.

Lo más probable es que la generación que da paso a la Era de Acuario (un "mes" de 2.160 años en el año cósmico) vendrá al mundo entre los años 2025 y 2043. Los denomino "acuarianos", porque esos años se corresponden con todo el paso de Plutón por Acuario. La energía acuariana sorprende por su capacidad de visión y creatividad, y es tan innovadora, librepensante, excéntrica, abierta y amante de la libertad que dudo que alguna otra energía pueda coexistir con ella. Por eso añado a la marcha de generaciones la de 2025 a 2043, la generación de los acuarianos (universalistas).

En varias ocasiones he hecho referencia a *marcas distintivas* al analizar las características propias de cada generación. Permítame explicarme. Las marcas distintivas son rasgos o características particulares de un patrón de energía que define un ciclo. Las marcas positivas y negativas correspondientes a las generaciones a las que me he referido en este capítulo están resumidas en el cuadro de la página 57.

Los modificadores de la energía que inclinan a la familia humana hacia una conciencia radicalmente diferente, más igualitaria y espiritual por naturaleza, son los del milenio. En el curso de su ciclo generacional, Plutón cambia de signo en tres ocasiones. Al estar funcionando tres energías vibratorias muy distintas en una sola generación, puede haber "juegos de tira y afloja" y de hecho ya están ocurriendo, en que los optimistas orientados a la solución de problemas se verán cara a cara con personas amorales o resentidas de carácter controlador que reaccionarán negativamente. Esta situación, de extremos muy opuestos en conducta e intención, refleja los impulsos concomitantes de la evolución y la involución. En sentido histórico, la presencia de estos patrones acelera la energía disponible a una escala casi inimaginable y, al mismo tiempo, hace que los grupos de población se diversifiquen de maneras impredecibles. (Por ejemplo, la gran masa demográfica de jóvenes predominante en los países musulmanes, donde más de la mitad de la población tiene menos de veinte y cinco años, amenaza con destruir tanto su cultura como la nuestra con el fuego del terrorismo. Jóvenes y muchachos que carecen de formación en pensamiento crítico, muchos abrumados por la pobreza, están cayendo en manos de clérigos maniáticos que predican la intolerancia y el odio. La reacción ante todo esto podría desembocar en la Tercera Guerra Mundial. El fenómeno podría calificarse de "sismo demográfico", en vista de su tendencia a desvincular a la última parte de la generación X y a todos los del milenio de la sabia orientación de sus ancianos y educadores. La presión producida por los contrastes entre evolución e involución [construcción y destrucción, progresión y regresión] podría dejar sin utilidad a la diplomacia).

MARCAS DISTINTIVAS GENERACIONALES

GENERACIÓN	MARCA POSITIVA	MARCA NEGATIVA
Guerreros (1901–1924)	Perseverancia	Terquedad
Silenciosos (1925–1942)	Compasión	Desilusión
Los de la posguerra (1943–1960)	Entusiasmo	Egoísmo
Los de la generación X (1961–1981)	Ingeniosidad	Suicidio y depresión (autocondena)
Los del milenio (1982–2001)	Tolerancia	Ira (una impaciencia peculiar)
Los del 11 de septiembre (2002–2024)	Adaptabilidad	Temor (inseguridad)
Acuarianos (2025–2043)	Humanitarismo	Inestabilidad (crisis)

En los Estados Unidos, las escuelas ya han recibido un duro golpe económico debido a las exigencias de una población estudiantil diversa. Los presupuestos están aproximándose a su punto de ruptura debido a la necesidad de modificar los planes de estudio y los estilos de enseñanza para dar cabida a un abanico casi increíble de inmigrantes que están llegando al país. Las transiciones históricas entre generaciones se ven en peligro ante esto: es demasiado estrés en un tiempo muy corto.

En esta situación, el grupo del milenio constituye el punto de giro. Sin embargo, ninguno de los estudios realizados sobre ellos en ningún país define acertadamente el rango de potencialidad que poseen. Como cada generación debe reinterpretar la verdad a su propia manera, ésta nos desafiará una y otra vez. Su función como punto de giro consiste en reinventar y redistribuir la energía y los recursos. Rediseñan el escenario en el que se desenvuelve el drama humano para que los de la generación del 11 de septiembre y los acuarianos puedan "escribir" un libreto mejor. *Son la generación del viraje en la era del viraje. Al ser la décimo cuarta generación en los Estados Unidos, ¡también representan el número cinco!* En numerología, se añaden los dígitos que componen una cifra para obtener significados simbólicos. Así pues, el catorce (uno más cuatro) es igual a cinco. ¡Se repite el fenómeno!

¿Ve lo que digo acerca de los nuevos niños? Para bien o para mal, nos están llevando a lugares donde nunca antes hemos estado.

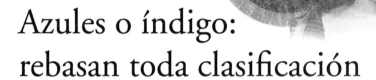

Azules o índigo:
rebasan toda clasificación

*Reflexionemos una vez más sobre lo que estamos haciendo
al poner etiquetas a estos "nuevos niños". Creo que ésta
es la nueva subraza de seres humanos para la que se ha
estado preparando nuestro quinto colectivo. Son una nueva
ramificación en un árbol antiguo: el árbol genealógico.*

REV. CAROL PARRISH-HARRA, DOCTORA EN FILOSOFÍA

He notado que al cambiar los ciclos y entrar en juego nuevos comunicadores de conciencia, hay invariablemente una proliferación de "avistamientos" (revelaciones de psíquicos y visionarios, afirmaciones y contraafirmaciones de sensacionalistas, escépticos e investigadores), siempre con la intención de poner ante la luz pública la veracidad o falsedad del fenómeno de que se trate. Esta racha de actividad sirve para despertarnos. Para ser una de las que hace sonar la campana, quiero sumar mi voz al coro cada vez mayor que habla de los nuevos niños. La pregunta que debemos hacernos es: ¿A cuál de las razas raíz pertenecen los nuevos? ¿Son azules o índigo (quinta o sexta raza raíz)?

Para describir a los nuevos niños se han utilizado en distintas ocasiones calificativos como índigo (debido al supuesto color de sus auras), niños de las estrellas (debido a su supuesto origen en otros mundos), niños "cristal" (porque algunos consideran que son altamente evolucionados), y así sucesivamente. Ninguna de estas aseveraciones es sostenible frente a las investigaciones, sea mediante la observación científica o mediante el estudio de las tradiciones místicas o esotéricas o de revelaciones visionarias. Las etiquetas como "índigo" y otras se ven ahora seriamente en duda.

Los profesionales en la esfera del desarrollo y la educación infantil, los padres, e incluso los propios hijos, no están del todo convencidos de que determinados rasgos del carácter son exclusivos de los muchachos denominados "índigo" (o "cristal", "estelares" o "celestiales") cuando, de hecho, la mayoría de los niños actuales presentan esos mismos rasgos, sin evidenciar auras púrpuras y sin tener que ser híbridos provenientes de otros planetas ni poseer sabiduría "divina". El hecho de que sean ultrasensibles, confiados en sí mismos, ultrainteligentes, creativos, inconformistas, extraordinariamente despiertos desde los puntos de vista psíquico y espiritual, impacientes, capaces de mostrar empatía, excelentes solucionadores de problemas, pero difíciles de criar o educar, son características típicas de la energía cada vez más intensa de la quinta raza raíz.

Los niños nacidos aproximadamente desde 1982 son verdaderamente distintos, como ninguna otra generación que se conozca. Si esto es lo único que se logra señalar con todo el bombo acerca de los niños índigo, se habrá hecho de todas formas un favor al mundo y es de esperar que contribuya a una transformación global en la manera en que vemos a los niños y en que los educamos. De seguro inspirará la creación de algún foro en el que los propios niños puedan hablar y ser escuchados . . . pues nuestros ciudadanos más jóvenes realmente tienen algo importante que decir, algo que vale la pena escuchar.

Lo que está pasando ahora con nuestros niños, dentro de nosotros mismos y en el mundo que nos rodea, forma parte de una serie de movimientos sincronizados y vinculados entre sí en un mismo salto evolutivo. A fin de ayudarle a entender esto y a aprender cómo reconocer lo que tiene valor y lo que quizás no lo tenga dentro del discurso general acerca de los nuevos niños, quisiera explorar algunas de las otras interpretaciones sobre el tema.

CONCEPTOS POPULARES
QUE TENER EN CUENTA

En su popular libro titulado *Homenaje a los niños índigo,* Lee Carroll y Jan Tober afirman que los nuevos niños son índigo (de la sexta raza raíz) porque sus auras son púrpura.[1] Describen lo orientados a la tecnología que son los nuevos jóvenes, lo altamente intuitivos y creativos, confiados en sí mismos, fuertes y desapegados que son, con su gran rapidez y agudeza mental. Gran parte de la información utilizada en ese libro proviene de fuentes canalizadas a través de un médium, con comentarios adicionales de algunos profesionales y padres.

Otra persona que comenta sobre los nuevos niños es Drunvalo Melquizedec, un místico por inspiración propia. En una entrevista que Diane Cooper le hizo y luego publicó en un artículo que tituló "Niños del nuevo sueño", Drunvalo explica que hay tres tipos distintos de niños que están surgiendo ahora: los supersíquicos en China, los niños índigo y los niños nacidos con SIDA.[2] Asegura que los niños chinos son "increíblemente psíquicos". Dice que han obtenido calificaciones del 100 por ciento en todas las pruebas que se les han aplicado, independientemente del tipo de prueba o de su nivel de dificultad. Esto ha dejado perplejos a sus padres, quienes a menudo se lamentan: "Tengo un hijo que lo sabe todo, ¿qué me hago ahora?" Drunvalo señala que esos niños están surgiendo también en Rusia y en los Estados Unidos y que estos supersíquicos son similares los niños índigo. (Uno de los que escriben profusamente sobre los niños chinos es Paul Dong en su libro titulado *China's Super Psychics* [Los supersíquicos de China].[3])

No obstante, lo que Drunvalo encuentra más emocionante es el caso de los niños nacidos con SIDA. Presenta un ejemplo:

Hace unos 10 u 11 años en los Estados Unidos, nació un bebé con SIDA. Le hicieron una prueba en el momento del nacimiento y a los 6 meses y resultó seropositivo de VIH. Le hicieron otra prueba un año después y seguía siendo seropositivo. Entonces dejaron de hacerle pruebas hasta que cumplió los 6 años e, increíblemente, esta prueba mostró que el niño estaba completamente libre de SIDA. De hecho, ¡no quedaba traza alguna de que en algún momento hubiera tenido SIDA o VIH!

Drunvalo afirma seguidamente que, gracias a la minuciosa supervisión de los investigadores médicos de la Universidad de California en Los Angeles, se hizo el descubrimiento de que algunos jóvenes como este niño en particular exhiben un singular patrón de ADN que nadie más tiene: veinte y cuatro codones activos. (En el ADN humano en el mundo entero, veinte de las sesenta y cuatro distintas configuraciones posibles de ácidos nucleicos llamadas "codones" están "activadas", tres funcionan como códigos de inicio y terminación similares a los de una computadora, y el resto permanece inactivo.) Drunvalo afirma que los niños que tienen veinte y cuatro codones activos en lugar de los veinte usuales han mostrado una extraordinaria resistencia a las enfermedades. Parecen ser inmunes a todo. Drunvalo cree que este avance en materia de ADN anuncia el fin de las enfermedades en el sentido de que cualquiera, al optar por alinearse con la unidad y la interconexión, como hacen estos chicos, podría lograr el mismo resultado.

Calificado como "el trovador de la paz", el cantautor James Twyman viaja por el mundo dando conciertos musicales que él llama "misiones de paz". En su libro *Emisario de amor* relata su propia experiencia personal cuando conoció a un niño inusual en Bulgaria y luego descubrió que él (Twyman) repentinamente tenía poderes psíquicos.[4] Encontró que podía modificar la forma de la materia, leer los pensamientos de otras personas e incluso transmitir imágenes a otros a través de la pura intención. Cuatro meses después viajó a Bulgaria y, a través de la interacción con el mismo niño y otros como él, aprendió que con sólo abrirse a la conciencia de estos niños, podía oírlos telepáticamente, dondequiera que estuviera, y podía manifestar aptitudes que dichos niños le aseguraron que estaban latentes en él y en todos los demás. Sus misiones de paz a Bulgaria y a Bosnia y otras zonas devastadas por la guerra lo han puesto de cara a cara con muchos de los que él llama "niños psíquicos". Sus sensacionales afirmaciones acerca de estos niños han dado lugar a la publicación de muchos libros acerca de los niños índigo, música compuesta específicamente para ellos y campamentos, escuelas, literatura, clases, juguetes, sitios web y logotipos empresariales diseñados para los niños índigo.

Este muestrario de puntos de vista acerca de extraordinarios jóvenes que nacen hoy exige que nos hagamos otra pregunta: ¿Hasta qué punto lo que se dice acerca de los nuevos niños tiene realmente algún rigor? Si bien no hay manera de comprobar cada elemento, puedo presentar observaciones sobre algunos de ellos.

Niños con auras de color índigo
o púrpura, una tendencia predominante

Es muy exagerada la idea de que en la actualidad son muy comunes los niños que tienen auras de color índigo o púrpura. Los precursores de la sexta raza raíz comenzaron a llegar, que yo sepa, desde finales del siglo XIX. Ahora están llegando en mayor número, pero no son ni remotamente tantos como se afirma. Si bien los rasgos como la intuición superior, el dominio de la materia con la mente, diversas aptitudes psíquicas y los conocimientos mentales y tecnológicos son característicos de la quinta raza raíz, y lo serán en mayor medida cuando esa raza termine su ciclo evolutivo, durante los próximos 400 años o más será difícil distinguir a una raza raíz de otra debido a que las características de las distintas razas se van a entremezclar durante el entrecruzamiento de nuestro estado presente de conciencia y el siguiente. Lo que es común, y aumentará en los próximos años, es el aumento de la densidad de los colores de las auras que rodean a los adultos jóvenes y los niños, particularmente los tonos de azul. Este aumento es una señal de la intensificación de la energía. A medida que el quinto mundo entra en ascensión, también lo hace la quinta raza raíz. La mayoría de los "azules" que ya están aquí y que siguen naciendo son en realidad "azules ascendidos". Aparte de los colores de las auras, es importante tomar nota de los tipos corporales, los rasgos de conducta y la agudeza mental e intuitiva para hacer distinciones legítimas.

Los verdaderos índigo, y hasta el momento sólo he conocido a unos pocos, no tienen el mismo vigor físico que prevalece en las razas raíz quinta y quinta ascendida. A lo que me refiero con "verdaderos índigo" es a los muchachos que traen los estados de conciencia más desarrollados en relación con la sexta raza raíz. Rara vez se encuentran personas evolucionadas en las oleadas iniciales de cualquier cruce evolutivo. Cada raza raíz perfecciona el tipo corporal y la conciencia de la raza que la precedió. La sexta será mucho más refinada que las que se están manifestando actualmente, y perfectamente capaz de prosperar en estados mucho más elevados de realidades mentales y espirituales. En breve, los verdaderos índigo tienen cierta dificultad para apreciar las diferencias entre sexos, no parecen ser conscientes de los límites interpersonales y tienden a no prestar atención a las tareas relacionadas con la higiene y la atención de salud, como si se tratara de cosas aplicables a otros pero no a ellos. Su fundamentación no es en el plano físico, sino en el mental. Los azules ascendidos son los que están hechos a la medida para hacer frente a la inmensidad de los problemas actuales. Son muy hábiles para reparar cosas, son de mente amplia y son prácticamente irrefrenables una vez que se comprometen a cumplir un objetivo. Nunca estarán satisfechos con nada menos que un reacondicionamiento total de la sociedad misma, a nivel global. Clasificar a nuestros niños, como se está haciendo popularmente, con etiquetas como "héroes índigo", cristalinos, psíquicos, estelares, híbridos alienígenas, niños del rayo azul, chicos maravilla y otros apelativos similares no favorece a nadie . . . y hacen más daño que bien.

Ahora hay muchos niños inusualmente psíquicos, algunos con poderes psíquicos tan grandes que parecen increíbles

Últimamente se están haciendo afirmaciones de que algunos niños pueden mover objetos físicos con sus mentes, levitar, vaticinar el futuro, curar enfermedades y realizar otras proezas milagrosas. Muchas de estas aseveraciones son ciertas. En distintas partes del mundo han surgido cientos de escuelas para niños psíquicos en las que se trabaja con niños que tienen esos dones, y ha habido múltiples conferencias, artículos y revistas sobre el tema. Lo que también es cierto, aunque no se le presta mucha atención, es que los niños, por derecho de nacimiento, son psíquicos y muestran algunas o la mayoría de las mismas aptitudes que ahora se les adjudican a los que parecen "especiales". Me pregunto si la tendencia actual a acoger favorablemente los fenómenos "paranormales" (y la disposición mucho mayor que tienen ahora los padres a permitir que sus hijos se expresen) es lo que explica realmente el número insólito de demostraciones exitosas de dotes psíquicas en los niños. Valga reconocer además que, al seguir cambiando nuestro entorno (al haber menos oxígeno, campos magnéticos más débiles, más tormentas), veremos que personas de todas las edades tendrán una mayor conciencia psíquica, como forma de autoprotección, quizás, y como un tipo de adaptación. En lo que respecta a los niños supersíquicos de China, los investigadores han encontrado que, después de la pubertad, la mayoría de ellos pierden sus rasgos clarividentes, telepáticos y de dominio de la materia con la mente. Esta conclusión es compatible con lo que se ha visto en otros países y se ha establecido con un sinnúmero de informes sobre investigaciones parapsicológicas realizadas durante más de un siglo en Inglaterra y Europa (y posteriormente en los Estados Unidos). Las habilidades psíquicas se ven afectadas por estados mentales, equilibrios hormonales e influencias del medio ambiente. Son reales y válidas, y merecen una aceptación que trascienda los vínculos con la superstición o las condenas religiosas.

Niños nacidos con SIDA que se recuperan sin que les quede siquiera un rastro de VIH

Las pruebas originales realizadas en bebés con SIDA que hicieron noticia hace aproximadamente una década han sido posteriormente desmentidas. Al volver a revisar los protocolos, los médicos descubrieron que ninguno de esos niños tuvo nunca SIDA ni VIH, sino más bien otras afectaciones que fueron diagnosticadas erróneamente.[5] En el año 2000, los Institutos Nacionales de Salud informaron que, en veinte años de seguimiento de casos de VIH a nivel mundial, sólo cinco adultos y veinte y siete niños han vuelto misteriosamente a ser negativos. Mídase como se mida, esto difícilmente representa una tendencia.

Niños con modificaciones de la estructura helicoidal del ADN, codones adicionales (patrones de ácidos nucleicos), mutaciones

No hay nada en la bibliografía médica que indique ningún descubrimiento o hallazgo acerca de la activación de codones adicionales en el ser humano, lo cual resulta curioso si se tiene en cuenta la importancia que debería tener semejante noticia. No obstante, lo que sí está llamando la atención, al menos en la prensa alternativa, son los relatos sobre mutaciones en las espirales helicoidales del ADN y sobre la formación de hebras adicionales. Algunas de estas afirmaciones han recibido preliminarmente el respaldo de investigadores médicos tras un estudio riguroso. Otras son más cuestionables. Una doctora holística llamada Berrenda Fox (con doctorados en fisiología y naturopatía) ha declarado públicamente que ya tiene pruebas sólidas que demuestran esas mutaciones. Poco tiempo después de su anuncio, cerró su clínica, diciendo que se había visto obligada a hacerlo "después de una horripilante batalla con la Asociación Estadounidense de Medicina". Aún circulan rumores acerca de su paradero y de si alguna de sus afirmaciones era realmente verídica. Casi todo el mundo desestima con razón todo el asunto, pues Fox antes había sido guionista de programas de televisión como *Los expedientes secretos X* y *Avistamientos (Sightings)*.[6] Sin embargo, numerosos psíquicos y canalizadores han hecho afirmaciones similares. Una en particular, Susanna Thorpe-Clark de Australia, afirma:

> Estamos siendo modificados físicamente de seres basados en carbono con dos hebras de ADN hasta que ulteriormente seamos seres cristalinos con 1.024 hebras de ADN, porque sólo las sustancias cristalinas pueden existir en niveles dimensionales más elevados. De hecho en nuestros organismos se están fusionando hebras de ADN "sirianas", pues este formato es suficientemente cercano al nuestro como para poder integrarse con relativamente pocos efectos secundarios.[7]

Susana es muy conocida y goza de gran prestigio; al igual que otros como ella. Sin embargo, siguen siendo escasas las pruebas que puedan respaldar estas revelaciones, sea a través de canalizaciones, o informes de médicos u otros profesionales de la salud.

Niños de países asolados por la guerra que exhiben aptitudes psíquicas inusuales

Se sabe bien en los círculos de la psicología y la medicina establecidos hace más de cien años que la mayoría de los niños que han sido víctimas de abusos o de infortunios, que son excesivamente tímidos, o que padecen de neurosis provocada por la guerra, de otros traumas similares o que sufren el descuido de sus padres desarrollan mucho sus facultades psíquicas. Son típicos los informes de experiencias extracorporales y telepatía, así como la capacidad de influir en la materia física con los pensamientos, vaticinar el futuro y ver y comunicarse con ángeles, espíritus desencarnados y demonios. La facultad intuitiva natural de un niño tiende a ampliarse automáticamente durante épocas de crisis, para servir como mecanismo de supervivencia.

Muchos de estos niños han sido lanzados al estrellato por adultos muy conocidos, incluido el Sr. James Twyman, como se ha mencionado antes. Es increíble lo que él ha conseguido al organizar conciertos por la paz en distintas partes del mundo; su presentación en 2004 en Bagdad, la capital de Irak, con explosiones de mortero a sólo unas cuadras, es ya legendaria, y un orfanato establecido allí por miembros de su "querida comunidad" ha contribuido a salvar vidas. Pero últimamente ha sido muy criticado por aprovecharse de los temores acerca de la guerra y los deseos de paz para sacar provecho a sus afirmaciones acerca de los niños psíquicos. Twyman reconoció que ha exagerado en sus aseveraciones acerca de estos niños en su libro titulado *Emisario de amor*. Dice que lo hizo "para lograr un efecto".[8]

Niños que poseen una sabiduría superior a sus años

Actualmente los adultos están pidiendo consejo a los niños sobre muchísimas cuestiones y están recibiendo aportes de sabiduría que, según ellos mismos, han cambiado sus vidas. Cuando uno examina lo que han dicho los niños, son mayormente simples verdades que todos conocemos pero damos por sentado, como: amarse unos a otros, a veces basta con fingir para que sea cierto, mantener la fe, nunca nadie está solo, cada persona es preciosa, Dios es real y Dios nos ama. Tenga en cuenta que todos los niños modernos tienen muchas formas de comunicarse. Algunos tienen sus propios sitios web, publican libros de inspiración, son invitados a programas de radio y televisión, e incluso producen revistas de Internet o boletines que envían por correo electrónico. O tienen familiares que lo hacen por ellos. No hace tanto que las personas acudían a los lechos de niños enfermos o moribundos para escuchar lo que pudieran decir, pues creían que "de las bocas de los pequeñines" salían grandes verdades. Valga señalar que varios de los jovencitos más excepcionales sufren grandes enfermedades o discapacidades, sufren de parálisis (algunos usan pizarras para comunicarse, pues han perdido la voz) o se encuentran ante la muerte inminente. Lo que es distinto en estos niños es su reconocimiento de que "decidí nacer de esta manera para que ustedes me escucharan" o "estoy aquí para propagar el amor". Uno de ellos es Marshall Stewart Ball, un brillante adolescente de quince años de Austin, Texas: tiene una grave discapacidad desde niño, pero es una fuente constante de inspiración y guía para otros. Su sitio web bien merece visitarlo, sus libros son tesoros.[9] Lo mismo sucede con Mattie J. T. Stepanek, de once años, residente en Upper Marlboro, Maryland, quien, a pesar de presentar una forma poco común de distrofia muscular, triunfó con inspiradores libros de poesía antes de morir en 2004.[10]

Los niños parecen inusualmente calmados y amorosos sean cuales sean las circunstancias

Muchos de los ciudadanos más jóvenes de hoy tienen cierto aire de calma que hace sentir bien a los adultos y trae al recuerdo una época en que los niños eran educados y corteses. Sin embargo, esa apariencia de calma suele ocultar confusión, indiferencia y una impaciencia inquieta. Los periódicos actuales lanzan titulares como "Los estudiantes más jóvenes se tornan violentos" ("tengo miedo incluso de ir a la escuela", dice una estudiante de quinto grado) y hablan de la "rabia de los pequeñines" (refiriéndose a una epidemia de irascibilidad que al parecer comienza tan pronto los niños están un poco más crecidos). En marzo de 2003, un periodista que investigaba el caso de un padre que había matado a sus tres hijos y luego se había suicidado, habló con un niño que conocía a la víctima más pequeña. El niño le preguntó como si nada: "¿Usted cree que todos los padres deben matar a sus hijos?" Esta indiferencia sorprendió al periodista. No cabe duda de que los nuevos niños son amorosos y excepcionalmente generosos, pero justo debajo de la superficie puede acechar otra cara muy distinta. Estos niños son respondones y cuestionan la autoridad en un grado que resulta sorprendente y desconcertante.

La genialidad y la inteligencia infantiles van en aumento

Los resultados en pruebas estandarizadas de coeficiente intelectual están aumentando a grandes saltos. Antes pensábamos que la inteligencia era hereditaria, que estaba "en los genes" y que el entorno tenía muy poca influencia. Pero lo que está pasando en la actualidad desafía tanto a la naturaleza como al entorno. El sicólogo Ulrich Neisser de la Universidad de Cornell se suma a un coro cada vez mayor al reconocer: "Esto echa por tierra nuestra fe en la rigidez de los coeficientes intelectuales. Es una prueba contundente de que realmente se pueden modificar". La revista especializada en psicología *Psychological Review* publicó un interesante artículo de William T. Dickens de la Institución Brookings que al menos aborda el rompecabezas del coeficiente intelectual de una manera que tiene algún sentido.[11] El Sr. Dickens promovió la idea del "efecto Flynn", basándose en la observación formulada por James Flynn en 1987 de que "en los coeficientes intelectuales de las personas influyen tanto el entorno como los genes, pero sus entornos están hechos a la medida de sus coeficientes intelectuales". (Por cierto, Flynn fue coautor del documento de Dickens.) Continúa: "Un coeficiente intelectual más elevado hace que el individuo pase a mejores entornos, lo que a su vez hace que el coeficiente intelectual sea aún mayor".

Con todo, el detalle distintivo del trabajo de Flynn es que examina a los niños en grupo, no como personas aisladas. En este caso puede presentarse el efecto multiplicador, o sea, que los coeficientes intelectuales de los niños aumentan cuando éstos se ven expuestos a tarjetas didácticas, "trabacerebros" y "hurgacerebros". Sin embargo, parece ser que la inteligencia siempre aumenta, independientemente de que las personas estén en realidad motivadas por otros o que la exposición sea incidental (como hacer juegos sobre el dorso de las cajas de cereal o resolver crucigramas a solas). Dedique solamente un momento para reflexionar sobre la información a la que se ven expuestos los nuevos niños . . . y luego respire profundamente y dése cuenta de que incluso los que no han tenido esa exposición a la información también están evidenciando insólitos aumentos en sus coeficientes intelectuales. (Advertencia: Los genios superestelares son a veces falsos. Se ha comprobado que sus madres los ayudaban. Esto no cambia el fenómeno de la inteligencia, pero sí cambia nuestra manera de ver la inocencia de nuestros niños.)

Niños que tienen una apariencia distinta, como "alienígenas", con lóbulos prefrontales agrandados

Es absolutamente cierto. Se cuentan historias de niños con estructuras cerebrales modificadas, sistemas nerviosos y digestivos que parecen funcionar de una manera distinta, y una inusual sensibilidad en la piel, los oídos y los ojos. Los que he investigado en la población general se parecen mucho a los niños que han experimentado un episodio cercano a la muerte. He escrito abundantemente de cambios fisiológicos y psicológicos que pueden ocurrir después de estos episodios, más recientemente en mi libro *The New Children and Near-Death Experiences* [Los nuevos niños y las experiencias cercanas a la muerte].[12] El patrón de efectos suscitados por una experiencia cercana a la muerte se asemeja mucho a los rasgos con que nacen ahora los niños, como una mayor inteligencia, creatividad y capacidad psíquica, conciencia de fenómenos "futuros", dones de sanación, conocimiento interior, etc.

Esto no quiere decir que cada niño que presente estas características ha tenido un episodio cercano a la muerte, pero sí confirma mi idea de que podemos usar el fenómeno cercano a la muerte como "modelo" para entender mejor lo que parece estar sucediendo con la familia humana en general. Lo que reconozco es la mano de la evolución. A la misma conclusión están llegando otros investigadores, entre ellos Joseph Chilton Pearce. En su libro, *The Biology of Transcendence: A Blueprint of the Human Spirit* [La biología de la trascendencia: un plano del espíritu humano], y específicamente en la página 251, hay fotografías de pequeñines que presentan cortezas (lóbulos) prefrontales protuberantes.[13] Esta protuberancia sale en una curva desde la parte superior de la nariz hasta el comienzo del cabello, lo que hace que la frente sea muy grande y curvada. Una de mis nietas es así, y he visto a cientos de niños más que presentan la misma característica. Pearce me mostró algunas de las otras fotografías, de pequeñines que parecían como si llevaran cascos o cuyas cabezas tenían formas oblongas (sorprendentes extensiones de la corteza prefrontal y desde la parte trasera de la cabeza).

Como parte del seguimiento, Pearce obtuvo fotos actuales que muestran cómo, al crecerles el cabello, la anomalía dejaba de ser visible, a excepción de sus singulares cabezas. Encontró que estos niños eran tan avanzados y tan inteligentes que parecían ser "de otros mundos". Pearce explica:

> Las madres de estos niños con las que he tenido la oportunidad de conversar han tenido una formación sorprendentemente similar entre ellas. Son mujeres dueñas de sí, fuertes y confiadas en sí mismas y son profundamente espirituales, en un sentido más personal que formal. Muchas están entradas en los treinta o a principios de los cuarenta.

Como usted puede concluir de esta breve exposición, algunas de las afirmaciones que se han hecho acerca de los nuevos niños tienen fundamento, algunas son en broma, otras son revelaciones de visionarios, y otras actualmente rebasan nuestra capacidad de verificarlas o desmentirlas. Una cosa es cierta, eso sí. Estamos cambiando como especie, incluso a nivel celular. Nuestros niños son prueba de ello y, ¡hay que ver lo increíbles que son!

Una mezcolanza de voces

Dios desempeña un importantísimo papel en mi vida. Yo no
hubiera durado ni cinco minutos en la Tierra. Tan pronto
nací, sufrí un paro. Ya he muerto dos veces y Dios realmente
me ha ayudado a sobrevivir y creo que es porque tengo un
buen motivo para estar aquí.

MATTIE J. T. STEPANEK

Nunca podremos apreciar el inmenso alcance de los nuevos niños y sus muy diversas aptitudes si no los escuchamos. Basta oírlos hablar. A veces parecen ser muy sabios, espirituales y compasivos. Otras veces se expresan en la manera caótica en que siempre se han expresado los niños, ni mejor ni peor. Sea como sea, tenemos que escuchar, y eso es exactamente lo que vamos a hacer en las próximas páginas gracias a los muchos padres, adultos interesados y especialistas que han accedido a compartir sus relatos de interacción con los jóvenes, y a los diversos niños que también quisieron aportar sus ideas. Este puñado de voces abre el camino a un análisis más profundo del tema en su conjunto: nuestras más recientes generaciones y los vientos de cambio que los traen, en un momento en que el mundo gira sobre sí mismo y pasa a una frecuencia de vibración más elevada.

Comenzamos el coro con el testimonio de Susan, de Texas, quien presta servicios de guardería, y nos habla no sólo de los "singulares" niños que atendía sino de las igualmente "singulares" madres de éstos.

"Yo administraba una guardería para recién nacidos y lactantes. Tuve el privilegio de cuidar alrededor de 15 lactantes que habían nacido entre 1989 y 1992, algunos de ellos, hasta que aprendieron a caminar. Eran tan inusuales que aún hoy hablamos de ellos. Todos, sin excepción, eran muy inteligentes, no seguían al pie de la letra ninguna de las fases de desarrollo establecidas; y en general compartían las mismas características aunque se podían dividir en dos grupos distintos:

"Unos estaban fascinados con todo lo que veían por encima y alrededor de mi cabeza (las madres explicaban que sus bebés estaban mirando mi peinado o mi cabellera); necesitaban un contacto visual directo; exploraban con la vista cualquier cosa nueva; eran muy calmados y obedientes; se aferraban a mí y a sus mamás; no se inquietaban por las cosas que sucedían a su alrededor como el ruido del timbre de la puerta o el llanto; disfrutaban de las suaves rimas infantiles, las canciones de cuna, y la conversación (un infante producía suavemente con sus dedos una clara melodía); cuando eran lactantes querían ser cargados pero, al crecer un poco más, a menudo se ponían rígidos cuando alguien los tocaba; no les interesaba gatear, aprendían tardíamente a andar; les gustaban los vegetales (a una bebé le gustaba tanto comer papilla de guisantes colados que el olor de los guisantes todavía me produce náuseas).

"Los otros se caracterizaban por su curiosidad extrema y la necesidad de tocarlo todo; aprendían rápidamente a gatear y a caminar; al comenzar el día cuando ya sabían andar, siempre daban primeramente una vuelta al área de la guardería; gustaban de los juegos y la música, mientras más alto el volumen, mejor; eran físicamente fuertes y activos; producían sonidos (un bebé de 3 meses de edad se hizo impopular porque sus gritos se oían más alto que el canto de los feligreses en la iglesia donde lo llevaba su

madre); evitaban casi todo contacto con la piel de otras personas; tomaban siestas irregularmente; se apegaban a quienquiera
que les gustase; pasaban muy rápidamente a comer alimentos
sólidos que les daban sus padres, como pizza, hamburguesas y
frituras(!)".

Los padres de trece de estos quince lactantes de la guardería de Susan
eran personas indiferentes.

"Me especializaba en el cuidado de recién nacidos y lactantes y daba
servicio las 24 horas. La mayoría de las madres trabajan en turnos de
noche en hospitales, o en la policía, la seguridad y los servicios. Estas
madres tenían circunstancias y actitudes que iban desde ser solteras o
infelices ("el niño fue un accidente, si a usted le agrada tanto, se lo puede
quedar"), hasta tener problemas nerviosos (una cargaba al bebé de una
forma tan incómoda, que un vecino me preguntó quién era ella), o la
madre estilo "Nueva Era" ("vestí al bebé de púrpura, el color cura-
tivo, porque se estaba resfriando"; o "no le agrada estar amarrado a su
asiento del automóvil, y por eso lo rodeé de un resplandor dorado). Sólo
había dos madres que parecían aceptar por completo a sus bebés".

Valga señalar aquí que no todas las mujeres son buenas para la maternidad, a veces los hombres lo hacen mejor; no todos los niños nacen con
las mismas oportunidades de acceder a lo que la vida les podría ofrecer.
Pero todos los niños son regalos, dispuestos y deseosos de mostrarse
fuera de su envoltura si se les da la oportunidad.

Al escuchar el coro de voces que presento a continuación, recuerde
que ahora están ocurriendo simultáneamente tanto la evolución como la
involución, de maneras que divierten, pero que también a veces horro-
rizan y sorprenden. Debemos adaptarnos, como hacen los niños, a las
grandes oscilaciones entre lo negativo y lo positivo.

Comencemos con citas de algunos profesionales:

De Anna Quindlen, comentarista social, Nueva York:[1] "Son cientos
de miles de niños que tienen el doble de probabilidades de repetir un

grado o de ser hospitalizados y cuatro veces más probabilidades de pasar hambre en comparación con los que tienen un techo sobre sus cabezas. Veinte años atrás el ayuntamiento de la ciudad de Nueva York proporcionaba albergue de emergencia a poco menos de mil familias al día; el mes pasado [febrero de 2001] tuvieron que buscar lugar para 10.000 niños en una sola noche. Desde la Gran Depresión no ha habido tantos bebés, niños pequeños y muchachos sin hogar".

De Barrie Drazen, administrador de un hogar de tránsito en Connecticut para hombres recién salidos de prisión: "El grupo de los más jóvenes [hombres en sus últimas etapas de adolescencia, de veinte años o un poco más] parece presentar las siguientes diferencias con sus predecesores: no muestran interés por ningún trabajo, pasan el tiempo viendo MTV, quieren que se los hagan todo y sienten como si 'todo lo que les pasó fuese inevitable' y, por lo tanto, en términos generales, creen que 'la sociedad tiene una deuda con ellos'".

De Mary L. Salomon, coordinadora de orientación profesional, Washington: "He tenido el privilegio de reunirme y entrevistarme con un grupo de jóvenes absolutamente brillantes que tienen una gran confianza en sí mismos, están bien adaptados y desafían toda descripción. Eran de octavo a duodécimo grado, tenían altas metas e irradiaban luminosidad. Nunca más he vuelto a coincidir con jóvenes que disfruten tanto del aprendizaje. Cada uno tomaba por sí mismo toda la iniciativa con respecto a su propia instrucción, estaba abierto a todo tipo de experiencias y tenía un optimismo contagioso".

Veamos ahora algunas citas de padres de niños en edad preescolar:

Lori Lite, de Georgia:[2] Lori reflexiona sobre lo que le dijo un día su hija de 4 años: "Mamá, ¿te acuerdas de cómo yo te miraba antes de nacer?" Otro día, cuenta Lori, "mi esposo y yo estábamos en la terraza conversando con mi suegra. Mi hija estaba acomodada en el regazo de mi esposo. Comentábamos sobre el dolor que aún sentíamos por el fallecimiento de mi suegro. En un momento de tristeza, mi hija de pronto le dijo a mi esposo: '¡Tu papá es un ángel! Está allá arriba'. Señaló hacia un punto por encima de la cabeza de mi suegra. Nos miramos unos a otros con incredulidad. Nunca le habíamos enseñado nada así. A todos nos embargó una sensación de paz".

Dora, de Texas: "La parte más interesante de criar a Jacqueline ha sido guiarla en su crecimiento espiritual y metafísico. Después de su segundo cumpleaños, me decía a cada rato cosas como 'recuerdo cuando nací; fue como si se abriera una gran ventana' (abriendo muy grande sus brazos). El parto de ella había sido una cesárea de urgencia. Luego me decía: 'yo era antes una señora mayor' (se había puesto un viejo collar, su antiguo sombrero de Pascuas, y mis tacones altos usados)".

Tim, de Illinois: "El otro día cuando Sandy entró en la guardería para recoger a Erik, encontró todo más tranquilo de lo común. Al entrar, vio que Erik estaba sentado en la esquina opuesta en la alfombra de lectura junto a otro pequeño (ambos tienen tres años), con un libro sobre animales abierto. Todos los demás niños y maestros estaban en la otra parte de la sala observando en silencio. A primera vista, cualquiera pensaría que no sucedía nada extraordinario. Erik iba buscando los nombres de los animales y los decía en voz alta, y su pequeño compañero de juegos luego repetía la palabra. Es un niño autista que se llama Amika; su familia provenía de África. Hasta ese día, Amika sólo había dicho la palabra 'pato'. ¡Solamente! Ni un simple 'hola' ni el nombre de otro niño. En verdad, Erik era el único niño que jugaba con él en otras actividades, quizás porque de esa manera podía tomarse para sí todo el tiempo de conversación. ¡Ja! Los niños son verdaderamente increíbles; Dios nos ha bendecido con un niño que tiene un pequeño don que esperamos que siempre mantenga".

Victoria, de New Jersey: "Mi hija no puede dormir en su habitación con las luces apagadas. En algunas ocasiones he encontrado cuatro luces encendidas a la vez. De veras le molesta estar en la oscuridad. Creo que todo comenzó cuando tenía unos cinco años. Gritaba y quería irse a dormir conmigo; el médico me dijo que cerrara la puerta y no la dejara entrar, que se trataba de una fase normal de la infancia. Pero me hacía mucho daño oírla llorar de miedo, y al final la dejaba dormir conmigo.

Nunca me decía por qué no podía dormir en su habitación, hasta que un día me dijo que las personas que la visitaban por la noche no la dejaban dormir. Quedé muy sorprendida de no haberme dado cuenta antes de lo que estaba pasando. Le pregunté sobre esas personas y me dijo que se pasaban el tiempo hablándole e interrogándola. A veces, pasaba por su habitación en la noche y la oía responder a las supuestas preguntas. Consulté a una sicóloga infantil de la localidad y llevé a la niña a verla haciéndole creer que íbamos a visitar a una amiga. Millie se portó maravillosamente con ella y se pusieron a charlar sobre las personas que la visitaban por la noche. Debo reconocer que pensé que mi hija tenía algún problema. Millie conversó con Jamie como por media hora, hasta que finalmente le dijo: 'Jamie, ¿dormirías en tu habitación si tu mamá te dejara encendido el televisor o el radio?' Negó con la cabeza. 'Tu mamá te deja la luz encendida, pero así no puedes dormir. ¿Y si tu mamá cierra las ventanas y la puerta para que nadie pueda visitarte más? ¿Te sentirías mejor?' En ese momento mi hija de sólo cinco años se puso las manos en las caderas, caminó hacia la terapeuta y le dijo: '¡¿De qué serviría cerrar las ventanas y la puerta, si ellos pueden atravesar las paredes!?'"

Lynn, de Virginia: "Uno de los más claros ejemplos de lo que he aprendido con Sara ocurrió cuando ella tenía unos cinco años. Yo había tenido un día muy pesado en el trabajo por una discusión con una empleada. Prácticamente había decidido que era hora de despedirla. Esa noche, al hablar con Sara, me di cuenta de que estaba siendo cortante, dejando salir todas las frustraciones que había acumulado durante el día. Tomé a la niña en mi regazo y me disculpé con ella, explicándole que me sentía mal por una empleada que no hacía lo que yo quería que hiciera. Entonces Sara me dijo: '¿Se lo pediste en buena forma?' Cuando afirmé con la cabeza, dijo: 'Bueno, ¿se lo dijiste con firmeza?' Le dije que me parecía que así lo había hecho. Hubo una muy breve pausa antes de que Sara volviera a la carga: '¿Has tratado de comunicarle amor?' Esa pregunta ciertamente me dejó sin saber qué decir. No, no había tratado de comunicarle amor a esa empleada. Más bien, todo lo contrario. Esa noche, antes de irme a la cama, busqué conscientemente el amor al prójimo en mi corazón e hice que ese amor se irradiara hacia la empleada que me causaba problemas. Sin falta, cuando llegué al trabajo a la mañana siguiente, mi relación con esa empleada dio un gran salto de avance, y no fue despedida".

Escuchemos ahora las voces de niños de escuelas primarias:

Trish Alley, Presidenta de la Junta de Dirección de la Escuela Wonder & Wisdom *en Greensboro, Vermont, me contó lo que había dicho una niña llamada Alicia sobre las discusiones:*[3]

"Discutir es como estar en una escalera mecánica. Cuando estás peleando o discutiendo con un amigo, los dos dirán cosas que los harán seguir subiendo y subiendo en la escalera mecánica. Pelear te hace ir siempre hacia arriba, y la intensidad de la discusión sube y sube. La situación se torna cada vez peor porque los dos están rompiendo y perdiendo la amistad. Con tal de seguir discutiendo, y no solucionar el problema, sigues yendo hacia arriba en la escalera. Y pierdes. Luego quieres ir hacia abajo en la escalera mecánica, y dices cosas bonitas y amables que te ayuden a recuperar la amistad, pero es difícil sanar los sentimientos heridos y solucionar el problema. Cuando estás en esa escalera mecánica, pasas todo el tiempo subiendo y bajando. Para no subir en la escalera, lo mejor sería evitar llegar a ella. Para mantenerte así, tienes que cultivar la amistad y buscar solución a los problemas. Pero no lo haces. Quien tenga que recuperar amistades, es porque no ha sabido mantenerlas. Una vez que las personas saben que las harás subir por la escalera mecánica, les será difícil volver a confiar verdaderamente en ti. Un verdadero amigo siempre evitaría subir por esa escalera".

Lori Lite, de Georgia, nos cuenta este relato: "Llevé a mi hijo de seis años a dormir. Mi esposo y yo terminamos de recoger en la cocina y nos pusimos a hablar de la salud de nuestro hijo, que llevaba un año bajo tratamiento antifúngico. Había tenido grandes mejoras en su salud y se había vuelto menos hiperactivo. El médico quería que siguiera el tratamiento. Mi esposo y yo no estábamos convencidos de que ésa fuera la mejor decisión. Nos fuimos a dormir sin saber aún qué hacer. A la mañana siguiente, en el desayuno, mi hijo vino a la cocina y me dijo que un ángel lo había visitado en su cuarto la noche anterior y le había dicho que ya estaba curado. Huelga decir que inmediatamente dejamos de darle la medicina sin temor. Quedé muy agradecida por este mensaje".

Algunos comentarios de adolescentes y sobre ellos:

Gary W. Hardin, escritor, conoció a Joey Klein, un adolescente de nuevo tipo:[4] "Sencilla y llanamente, Joey tiene la intención de cambiar el mundo. Conversó conmigo ante la Sociedad de Investigación Psíquica en Fort Collins [Colorado]. Nunca antes habían tenido tanto público para ver una presentación. Yo me comporté de la manera más natural del mundo, pero Joey me tomó completamente por sorpresa con la increíble energía y desenvoltura con que se presentó ante el auditorio. Decidió hacer una sesión curativa ante todo el público. A todos nos embargó la emoción. Uno de los líderes de los seguidores de Sai Ma (parecido a Sai Baba) conoció a Joey en Nueva York y le dijo que tal vez tuviera la capacidad de llamar a los delfines. Pues bien. Lo que hizo fue volar a San Diego para ir a Sea World y dar un paseo en barco por la bahía de San Diego. Una vez en Sea World, dos delfines nadaron hacia él y pusieron sus cabezas en su regazo. Luego Joey visitó uno de los estanques que tienen paredes de vidrio por debajo del nivel del agua y colocó una mano en el vidrio. Un manatí que había pasado un buen rato escondiéndose en el extremo opuesto nadó hasta donde estaba la mano de Joey, golpeando el cristal y 'pasando la boca' por su mano hasta que él la bajó, varios minutos después. Muy extraño todo. Entonces Joey se dirigió a la marina para tomar un bote y los empleados de la marina le dijeron que no había delfines en la bahía, que iba a perder su tiempo y su dinero. De todas formas Joey tomó el bote, acompañado por algunos amigos. En cuanto se adentraron en la bahía, una veintena de delfines comenzaron a nadar alrededor del bote. Joey se puso su traje isotérmico y saltó al agua. Los delfines comenzaron a nadar a su alrededor y a acercársele. Entonces apareció un delfín blanco que nadó hacia Joey y se sumergió bajo él. Joey podía oír la 'voz' del delfín, que le hablaba. La energía del delfín blanco le hizo tal efecto que sus amigos tuvieron que sacarlo del agua".

Tori, de dieciséis años, de Virginia: "Los días van y vienen y sólo quedan los recuerdos. Trate de hacer que los recuerdos sean positivos, de no dejarse afectar por pequeñeces. Lo más probable es que no recordará mañana lo que le molestó hoy. Tome todo consejo con un grano de sal y recuerde que nadie puede opinar mejor que usted cuando se trata de su propia vida. Siga sus instintos, haga lo que le parezca correcto. Establezca sus propios valores morales, determine lo que es importante para usted y sea consecuente con esto. Si no puede ser consecuente consigo mismo, no pueden serlo con nadie. No me interesa lo que nos enseñan en la escuela, toda esa información inútil que nos recitan una y otra vez y que regurgitamos en los exámenes. ¡No me interesa nada de eso! Lo que quiero saber es por qué un ser humano no puede entrar en un agujero negro, y si existen o no otras formas de vida. Quiero saber si existe un Dios y cómo se creó la materia originalmente. ¿Qué fue lo que hizo que todo comenzar? ¿De dónde rayos vino la materia? Últimamente hay muchas preguntas que ocupan mi mente y nadie me les da respuesta".

Jennifer, de Texas: "A los quince años tomé conscientemente una decisión que ha definido mi vida de las formas más increíbles. Decidí que quería ser Infante de Marina de los Estados Unidos. Siempre quise ser infante de Marina, pero no había verbalizado ese pensamiento hasta que cumplí los quince. Estoy segura de que en ese momento la idea parecía una locura. Yo estaba muy pasada de peso y era extremadamente sedentaria. Además, como advertían mis amigos, era una muchacha. De todos modos estaba convencida de que mi vocación era ser soldado. Sabía que en mi vida anterior había muerto violentamente como soldado raso en la Primera Guerra Mundial. ¡Pregunten a mi madre, y ella les contará que vine a esta vida a paso de marcha, y luciendo muy sorprendida! Desde los catorce años, he tenido sueños vívidos de haber sido un líder de guerra, con uniforme de cuero, llevando un arma pesada, conviviendo con muchas mujeres distintas y cometiendo pillajes en aldeas. Lo que no me explico hasta el día de hoy es haber venido a esta vida en forma de mujer. En realidad, normalmente me molesta mucho haber nacido mujer. Además de que siempre me siento muy incómoda en mi piel, ¿a quién puede impresionar un infante de Marina de mi pequeña estatura?

Además, Dios se aseguró de que nadie nunca pudiera pensar que no soy mujer; tengo las mismas curvas que una maldita muñeca Barbie. ¿Cómo se supone que combata, provoque explosiones, gane batallas y dirija a un grupo de hombres, si soy una mujer a quien (1) se le prohíbe participar en combate, y (2) aún si se le permitiera combatir, no podría arrastrar a un lugar seguro a su compañero de batalla herido. Y bien, Dios, ¿qué hago ahora?" [Nota: Jennifer perdió su peso excesivo, se fortaleció y se enroló en la Infantería de Marina. Ahora está sirviendo a su patria como una orgullosa y feliz infante de Marina.]

Escuchemos ahora a unos muchachos de octavo grado, que nos hablan desde una escuela en Berkeley, California:

Alexandria (hispana): "Quiero contribuir a que el mundo sea especial y más bondadoso. Me parece que el mundo que me rodea es un lugar terrible donde todos tratan de causar estragos y donde queda muy pocas personas buenas. Yo podría contribuir al cambio si ayudo a la mayor cantidad posible de personas; uno puede hacer su parte con sólo ayudar a tres personas. Siento que no encajo bien en este mundo. Es convulso y cruel, y yo no soy así. Mi propósito y razón de estar aquí es para ayudar a cambiar el mundo. Creo que tengo el poder de hacer o de ser lo que yo quiera".

Anne (japonesa-norteamericana): "Creo que soy muchas cosas distintas, que se manifiestan de distintas maneras. Pero también puedo ser descortés y arrogante e ignorar a las personas con quienes estoy molesta. Al mismo tiempo, me siento orgullosa de todos mis logros, mis calificaciones, mi patinaje y mi actuación. Creo que soy bastante sincera. Por supuesto, algunas veces miento, como la mayoría de la gente. No es que quiera ofender a mis maestros, pero diría que me resulta más fácil mentirles a ellos que a mis padres. Si digo alguna mentira a mis padres, me siento muy culpable y creo que me pesará por el resto de mi vida. Creo que todos fuimos creados por una razón y que todos somos parte del destino de la Tierra. Las decisiones de una persona afectan a todo el mundo, y por eso debemos pensar en los demás antes de tomar una decisión. Creo que todas las personas que habitan hoy la Tierra tendrán algún efecto en los años por venir y en las vidas de todas las personas que aún no han nacido".

Kyerra (afronorteamericana): "Soy sincera hasta un punto. A veces me da miedo decir la verdad y por eso miento. La sinceridad significa fidelidad. La honradez significa mucho para mí porque determina un 90 por ciento de la personalidad. Dios dijo que yo había de venir al mundo y por eso estoy aquí. La religión me parece maravillosa porque tiene mucho que ver con mantener los compromisos y con la honradez. Lo mismo se aplica al matrimonio. Estar o no de acuerdo con el aborto depende de los puntos de vista religiosos. Personalmente creo que es cruel. El suicidio no tiene sentido, es irresponsable y cruel. La desaparición de la familia es simplemente algo que tiene que pasar".

Shehzad (pakistaní): "Vine de Pakistán, de un pueblo pequeño llamado Tano donde ayudaba a mi abuelo en el campo, sintiendo el olor de la rica tierra oscura donde comienza la vida de las plantas. Estoy dispuesto a arriesgar mi vida para ayudar a los campesinos de mi país. Mi religión es la musulmana. Practico la oración cinco veces al día. Me gusta mi religión. Me ayuda a controlarme. Me enamoraré una sola vez, me casaré una sola vez, porque uno vive sólo una vez. Cuando muera, quiero ir al cielo, un hermoso lugar creado por Alá y sus seguidores. Sólo el tiempo dirá si podré ir al cielo".

Grace (norteamericana caucásica): "Me veo a menudo a mí misma como una contradicción andante. Me siento excluida y al mismo tiempo soy una chica popular. En la superficie, me llevo bien con casi todo el mundo en mi escuela. Me gusta saber lo que hacen todos y conocer detalles sobre sus intereses y su procedencia. Gracias a esta cualidad, soy bien acogida en casi todos los grupos de amigos. Sin embargo, tengo la sensación de que nadie es amigo mío. No siento conexión con nadie de mi edad. He intentado conectarme de forma más profunda con las muchachas de mi grado, pero a cada intento me invade el sentimiento de que no estoy siendo sincera. Me siento conformista cuando trato de conectar con esas muchachas. Desde muy joven tuve la certeza de que sería científica ambiental. No importa el hecho de que odio las ciencias y que los problemas del medio ambiente me parecen muy deprimentes. Lo que pasa es que siempre he sabido que la Tierra está en condiciones lamentables y necesita la mayor ayuda posible. Desde luego, no todo el mundo comparte este punto de vista y por eso seguimos convirtiendo a la Tierra en un basurero. La religión no es una buena idea. Me parece sencillamente ilógico que haya enormes grupos de creyentes que se enfrentan unos a otros, dispuestos a matar por imponer su criterio. Creo que lo bueno es actuar con espiritualidad en relación con la Tierra".

Ellen, madre neoyorquina, habla de su hijo en edad universitaria. "Había momentos en la universidad en que cuarenta personas acudían cada noche a su dormitorio o a la sala de estar por uno de dos motivos: (a) para enterarse de dónde era la fiesta (obviamente con Micah), o (b) porque la persona necesitaba ayuda o consejo. Micah nunca lloró cuando era bebé, simplemente carraspeaba cuando quería llamar la atención o que le cambiaran los pañales. Él es un alma muy antigua, de un elevado nivel de conciencia. Su dinamismo y energía carismática son increíbles (y es humilde y servicial, no lleno de ego). Sin embargo, ¡siempre me ha preocupado que este chico no tiene miedo en absoluto y a veces puede ser temerario! Su novia desde hace tres años lo mantiene anclado a la realidad. Él solía hacer algunas piruetas arriesgadas (como engancharse con los patines puestos a la parte trasera de los camiones cuando era más niño para dejarse llevar, y pasar a toda velocidad entre carros frente a mi propia vista, cuando tenía 16 años, y otras travesuras que casi me daban un ataque al corazón). Su hermano es mucho más prudente. Micah, en cambio, ha estado corriendo, patinando, volando y arriesgándose desde muy pequeño. Siempre ha sido así.

"Cuando era niño, un día me dijo de repente algo muy interesante: 'Sé que te preocupas por mí, mamá, pero no deberías preocuparte. Sé que nunca conocí a tu abuelo (había muerto varios años antes de que Micah naciera), pero lo siento a mi alrededor, protegiéndome todo el tiempo'. Siempre tuve el sentimiento de que este hijo era la encarnación directa de mi querido abuelo, que había vuelto a esta vida para volver a estar conmigo y con mi familia, y me percaté de esto desde la primera vez que vi a mi hijo (pensé, 'es como mi abuelo'). Pero nunca se lo había comentado a Micah. Él tiene su energía, e indudablemente tiene un aura especial. H-m-m-m-m".

Los nuevos niños están llegando a nuestro mundo desde algún tiempo. Los recuerdos de infancia de Cynthia Sue Larson de California, una "nueva chica" ya adulta, tocarán la fibra sensible de muchas personas:[5]

"Sentí que las personas que me rodeaban hacían lo mejor que podían para tratarme con dignidad cuando estaba creciendo, aunque ellos no parecían entender que muchas de las cosas que hacían y decían me parecían increíblemente primitivas. Era extraño ver cómo personas que a las claras tenían aún grandes problemas que resolver insistían en decirme a mí cómo hacer 'bien' las cosas. Podía captar cómo pensaban y sentían las personas que me rodeaban y no me explicaba por qué los adultos no tenían esa misma capacidad. Me parecía que esta posibilidad de saber lo que creían realmente otras personas y la capacidad de fingir que uno no tiene ese conocimiento era la raíz de la mayor parte de lo que llamamos 'mal' en nuestro mundo.

"Cuando yo era muy pequeña, recordaba cómo había sido antes de nacer. Cuando tenía unos cinco años de edad, sentí como si hubiera cometido algún error en venir a la Tierra. Sentí que quería decir: '¡Vaya, me mandaron al planeta equivocado!' a quienquiera que fuera responsable por haberme enviado aquí. Echaba de menos estar nuevamente rodeada por seres perceptivos conscientes que SABÍAN que podían leer las mentes y sentimientos de otros, y que todos podían leer a su vez los de ellos. ¡Qué lugar tan misericordioso ése, que tan claramente recordaba! Lo echaba tanto de menos que me dolía el corazón. En ese momento me fijé en los automóviles que pasaban a gran velocidad por las calles de mi barrio y comprendí que si saltaba frente a uno de ellos, regresaría al lugar donde había estado antes de nacer. Decidí entonces que pronto abandonaría este mundo. El simple acto de tomar esta decisión me sosegó, y me deleité con los que sentía serían mis últimos días con mi familia y amigos.

"Un día me sorprendí al entrar en mi habitación y sentir que el tiempo se hacía muy lento hasta detenerse, entonces una serie de formas humanoides resplandecientes se agrupaban en torno mío. Me mostraron mis posibles caminos en la vida y me dijeron que tenía que escoger entre ellos. Podía elegir vivir mi vida rápido, o vivirla despacio. Para mi mente de cinco años de edad, la interrogante de si quería vivir rápida o lentamente era una buena forma de preguntarme: '¿En verdad quieres terminar con esta vida tan rápido, o preferirías vivirla más lentamente?' Después de ver todo lo que me mostraron, decidí vivirla más lentamente. En cuanto tomé la decisión de vivir una vida más larga, volví al tiempo real y a la realidad ordinaria y me sentí renovada y vigorizada. Quería decir al mundo con entusiasmo: 'ELEGÍ VIVIR LENTAMENTE', pero estaba segura de que nadie me entendería".

Joanne Ambrus, de Wisconsin, otra 'nueva chica' adulta, añade: "No creo que sea extraño que estos chicos estemos apareciendo ahora. Lo extraño es que nadie se hubiera dado cuenta de que estábamos apareciendo desde mucho antes". Ambrus explica:

"Están naciendo niños que son como nosotros y ahora los investigadores se están dando cuenta que está ocurriendo algo distinto en el mundo. Fíjense en todas las personas que están 'volviendo a la naturaleza'. Es un anhelo de regresar al mundo de los sentimientos. De sentirse parte del todo cósmico. De sustraerse del mundo de hoy y entrar en el mundo que estos chicos nos están mostrando. Nosotros, los que vivimos en ambos mundos, podemos decirles lo difícil que puede resultar y lo frustrante que puede parecer a veces. La atracción del mundo material es mínima cuando otras cosas nos llaman una y otra vez. Creo que en la Segunda Guerra Mundial pasó algo que produjo muchachos como yo. Una vez que aparecimos, hemos ido transmitiendo nuestro legado a nuestros hijos y nietos. Como estamos aumentando en número, finalmente estamos llamando la atención. De modo que esto no es, en absoluto, un descubrimiento nuevo. Más bien, es una sensibilidad que había quedado en el olvido durante los últimos cincuenta años".

La tentación de lo astral

Hace falta valor para que, al crecer y madurar,
uno llegue a ser quien verdaderamente es.

E. E. CUMMINGS

Todas las personas que en el capítulo anterior nos relataron sus experiencias, en un coro de sorpresa y descontento, nos traen a un punto en el que podemos concentrarnos más en los nuevos niños propiamente dichos y en la manera en que se diferencian de cualquier otra generación (indudablemente en la historia moderna y, con toda probabilidad, remontándose al menos a varios miles de años atrás). No es que los defina un sólo conjunto de rasgos; más bien, como ya visto, un patrón más grande de características intensificadas los distingue como precursores de una nueva genética. Son realmente singulares. Para ayudarlo a llevarse una idea de la magnitud de lo que acabo de decir, dedicaré los próximos siete capítulos a compartir con usted lo que yo y otros numerosos profesionales y visionarios hemos descubierto acerca de la nueva oleada de niños que están llegando en grandes números a nuestro planeta.

Joanne Ambrus, quien nos habló en el capítulo anterior, tiene más que decirnos acerca de lo que significa ser "diferente" en el sentido de ser excepcionalmente psíquico y sensible y estar en sintonía con ámbitos

86

distintos de este *como parte natural de la vida cotidiana*. Un aspecto interesante de las observaciones de Ambrus que expondré a continuación es que tanto ella como su hijo son "nuevos niños". Los rasgos del niño son idénticos a los de ella. Aprender a desempeñar su función de madre le permitió comprender mejor su propia niñez y por qué reaccionaba como lo hacía a la manera en que la trataban.

"Lo que descubrí al criar a un niño excepcional es que no debía tratarlo como a un niño. Su respuesta favorita era: '¡soy sólo un niño, pero no soy estúpido!' Hay que tratarlos como criaturas inteligentes en cuerpos diminutos.

"Mi hijo se dejaba caer rodando de los cojines cuando tenía dos años. Esto desquiciaba a mi madre, pero dejamos que siguiera haciéndolo. Sabía lo que hacía y lo hacía muy bien. Era diestro desde una edad temprana y aprendió a ir solo al baño de un día para otro: dijo que nunca más mojaría la cama, y así fue. Es muy atlético y muy curioso (o entrometido, según cual sea su definición). Pero lo peor es que se aburre muy fácilmente. Podía jugar con el mismo objeto durante horas, pero las tareas escolares repetitivas lo mataban de aburrimiento. Podía concentrarse durante mucho tiempo si estaba jugando pero, una vez que hubiera aprendido algo, quería pasar seguidamente algo nuevo.

"Somos muy independientes. Nos gusta cometer nuestros propios errores y probar nuevas cosas. Mi trabajo me aburre muchísimo; siempre es lo mismo, una y otra vez. Disfruto los nuevos desafíos. Ya quisiera retirarme y hacer otras cosas. ¡La vida es una aventura!

"Pero siempre siento como si estuviera fuera de sincronización con el resto del mundo. Es como si todos hubieran leído el manual de instrucciones y yo no. Mi hijo y yo somos muy prácticos y tenemos mucho sentido común, pero eso dificulta la vida en este mundo. ¡He llegado a la conclusión de que las personas están chifladas! La irracionalidad parece ser la norma, no la excepción.

"A veces 'sabemos' cosas antes de que sucedan y tenemos una magnífica relación con los animales. Perros que no se acercarían a nadie más se acercan a nosotros. Lo mismo pasa con los gatos y los hurones, que vienen sin perder tiempo. ¡Simplemente se instalan entre nosotros! Es como si mi hijo y yo operáramos en una longitud de onda distinta y captáramos información muy diferente.

"Veamos, por ejemplo el sentido del olfato. Siempre me extrañaba que la gente confundiera la identidad de los gemelos. Cada hermano tiene un olor distinto. Todas las personas huelen distinto. Yo tengo una miopía muy avanzada. No veo nada sin gafas; sin embargo, a pesar de que vivo en una granja, nunca he necesitado una linterna para ver el camino. Por alguna razón, hay una luz. No sé qué tipo de luz es ni como la veo, pero esa luz existe. Lo mismo le sucede a mi hijo.

"Está por otra parte el sentido del tacto. Tomé unas clases de Reiki [energía curativa] y sorprendí a todos, incluido el maestro, al demostrarles que no sólo sentía la energía, sino que la manipulaba. Una vez le dije a un sanador que estaba trabajándome en la rodilla exactamente de dónde provenía la energía que estaba usando. Quedó pasmado. Esta hipersensibilidad nuestra, es como si viviéramos y funcionáramos en otra dimensión y sólo pasáramos parte de nuestro tiempo en ésta.

"Otra cosa. Mi hijo y yo valoramos mucho la paz. La idea de la guerra es repulsiva. No soy realmente pacifista. A veces es necesario ir a la guerra. Pero no entiendo la mentalidad actual de querer volver al imperialismo y a controlar el mundo".

¿Le resultan familiares las características que describe Ambrus?

En pocas palabras, los nuevos niños (y los padres y algunos de ellos y quizás también usted) piensan distinto, tienen cierto "encanto" que atrae a los animales (incluso animales salvajes) son hipersensibles ante el efecto de los campos que los rodean (sea en la naturaleza o cuando están cerca de equipos eléctricos), tienen una insaciable curiosidad y sed de conocer, ver, sentir, oír y presentir cosas a niveles que resultan sobrenaturales, deben cuidarse de no exponerse excesivamente a la luz, el ruido y las sustancias químicas, pueden sentirse "desplazados" por las multitudes o por la energía reinante en la escuela, son sanadores naturales con un nivel de inteligencia que de cierto modo indica mayor madurez, parecen estar a gusto con los fenómenos místicos y espirituales y . . . ¿está preparado para esto?: "saben" cosas. Son excepcionalmente psíquicos o, si prefiere el otro término, intuitivos.

Por eso nos dejan maravillados: hacen cosas que nos parecen un poco fantasmales. Por ejemplo, la mayoría de ellos pueden recordar su nacimiento (como si hubieran sido observadores) y sus vidas anteriores (algunos, en detalle). La mayoría de ellos saben que están aquí por una razón, un propósito, y muchos saben cuál es ese propósito. Conversan fácilmente con ángeles y alienígenas y seres de luz y guías y guardianes ultramundanos, así como con demonios y diablos y otros "entes confundidos". Ven a los muertos como si estuvieran vivos y consideran que las figuras santas (como Jesucristo), e incluso Dios, son sus mejores amigos. Además, tienen la tendencia a reconocerse unos a otros al instante aunque su único encuentro anterior haya sido en "el plano invisible", en lo que ellos llaman "cuadrículas" (algunas que ya existen y otras que van construyendo entre ellos como si todos tuvieran una misma mente, una "mente de grupo" que emprende un "proyecto de grupo"). Sabemos esto por lo que nos comunican ellos mismos y sus padres, así como investigadores como yo, que estudian activamente el fenómeno. Sus aseveraciones se han podido comprobar una y otra vez.

Seré más específica en cuanto a los resultados de las investigaciones actuales: un gran número de los niños de hoy al parecer realmente se encuentran con otros a nivel de conciencia en la noche, juegan y van a la escuela, sin abandonar sus camas ni despertar siquiera.* Asumen encargos o misiones especiales en nombre de las fuerzas de la luz (que otorgan poder) o de las tinieblas (que quitan poder). Algunas de las escuelas donde estos niños dicen que estudian se basan en la magia (al estilo de "Calabozos y dragones"), y en algunos casos allí se les imparten conocimientos

---

*Sabemos esto no sólo porque los niños lo digan sino, lo que es más importante, por testimonios de terceros que han estado presentes cuando se han encontrado por casualidad niños que no se habían conocido antes. El reconocimiento entre ellos es instantáneo si han compartido aventuras nocturnas; describen de igual manera la cuadrícula donde se encuentran y lo que allí hacen. Estos jóvenes rara vez viven en la misma zona. A menudo viven a cientos, si no a miles de kilómetros de distancia entre sí. Sus encuentros casuales normalmente ocurren en parques o en restaurantes y, a veces, en aeropuertos.

pormenorizados sobre cómo desarrollar y fortalecer la cuadrícula. Su meta, al menos según lo que han revelado a personas como yo, es crear un sistema de comunicación basado en el corazón entre personas del mundo entero para poder reparar los daños infligidos por la guerra y la rabia desatada por ésta.

Si usted no está familiarizado con el término *cuadrícula,* se refiere a una especie de red o "tejido" reticulado formado por inteligencia pura. Se dice que estas cuadrículas son la base o sostén de las distintas matrices o planos de conciencia. Hay cuadrículas por todo el éter y rodeando al planeta, y han existido desde que surgió la propia conciencia. La complejidad de su entretejimiento aumenta a medida que la familia humana avanza en su capacidad de desarrollar su propio potencial y expresarlo. La integridad de la mente masiva o de la conciencia colectiva depende de cuán fuertes sean estas cuadrículas. Una de las formas populares de referirse a esta densa trama es con el término "la telaraña de la vida".

En la física cuántica y en las nuevas ciencias existe un precedente para esto: que a cierto nivel todas las mentes están conectadas entre sí, que la conciencia es de veras como un tejido, una telaraña de la vida. Los nuevos niños nacen ya informados: *saben cómo crear más cuadrículas que soportan más conciencia para hacer más cosas, mediante la fórmula de pensamiento más sentimientos, dirigidos por la intención, y afirmados por la certeza del conocimiento.*

¡Padres, despierten! Sus hijos están muy atareados durante la noche y, ocasionalmente durante el día. ¿Es de sorprender que tantos de ellos den muestras de estar cansados y fatigados cuando no parece haber razón lógica para ello? Es cierto que esto se puede explicar en parte porque se quedan despiertos hasta altas horas de la noche viendo televisión, leyendo o usando la computadora. Pero, ¿qué hay de los niños que no hacen ninguna de esas cosas y aún así despiertan agotados? No estoy exagerando. Le ruego que no confunda lo que estoy diciendo con sueños o invenciones, aunque los niños dicen a menudo esas cosas para no preocupar tanto a los padres.

Bobbie Sandoz, terapeuta y columnista galardonado que ha cultivado durante años la amistad con delfines y ballenas alrededor del mundo, ha escrito varios libros, entre ellos *Parachutes for Parents: 10 New Keys to Raising Children for a Better World* [Paracaídas para padres: Diez nuevas formas de criar a los niños para un mundo mejor].[1] He aquí algunos comentarios pertinentes:

> En la edición de 1997 de mi libro, señalo que en muchas culturas aborígenes las edades de seis a doce años son consideradas el mejor momento para enseñar a los niños los poderes de sus experiencias psíquicas, cómo caminar sobre el fuego, doblar cucharas, la pesca cooperativa con delfines, la visualización remota y la comunicación telepática con los animales, la naturaleza, con otros seres humanos y con ángeles, además de otras habilidades similares. En los Estados Unidos hemos calificado desdeñosamente ese período como una etapa de "pensamiento mágico" en la que el niño cree "erróneamente" que sus pensamientos tienen de veras el poder de influir en el mundo que lo rodea. En lugar de reconocer el poder y el valor de esta magia verídica y su fundamento científico, la hemos visto como un fenómeno relacionado con la edad que es necesario suprimir.

Reconozcámoslo. Los nuevos niños son "gruperos" fascinados por lo invisible. Andan entre mundos como si estuvieran en un colectivo interplanetario de almas afines. Para ellos, "la escuela nocturna" es donde pueden perfeccionar los conocimientos que no obtienen durante el día. ¿A qué me refiero? A cualquier plan de estudios que tenga que ver con lo astral. ¡Ah! Lo "fantasmal" ya tiene una definición.

En las enseñanzas esotéricas, se entiende que hay tres dimensiones básicas de la conciencia y que cada una se corresponde con una función particular del cerebro o de la mente:

Dimensión física: Todo lo que se pueda ver, tocar y medir; el reino de lo consciente (hemisferio izquierdo del cerebro).

Dimensión astral: La realidad invisible que posibilita la manifestación de los fenómenos; el reino del subconsciente (hemisferio derecho del cerebro).

Dimensión espiritual: El cimiento de interconexión y fuente de toda la existencia; el reino del superconsciente (sistema límbico y lóbulos prefrontales).

El plano astral puede ser divertido, especialmente para los niños, y en él se puede encontrar la Tierra Media, las musas, hadas y duendes, seres de energía, fantasmas, espíritus desencarnados, demonios y diablos, arpías, residuos y desechos emocionales y psíquicos, formas pasionales, huellas, manifestaciones futuristas, alienígenas o seres grises, creaciones intencionales, genios, encantamientos, sátiros, espíritus animales y naturales, guías y guardianes, transformistas, espectros, almas perdidas, observadores, en fin, *los reinos inferiores del enalmamiento.* (Se dice que los reinos superiores del enalmamiento se encuentran en los planos interiores: seres celestiales, maestros ascendidos, jerarquías espirituales, ángeles, sabios, guardianes de espíritus, cuidadores de la matriz, el alma impoluta, el acceso al gran plan de la creación.)

No es ningún misterio que a los niños les fascine el plano astral y que lo visiten cada vez que tengan una oportunidad. Pero el plano astral es un lugar engañoso, su tentación es difícil de resistir. Es fácil acceder a través de la función subconsciente de nuestras mentes a su terreno ilimitado, conocido como "el reino de la imaginación" o "la tierra de ensueño del alma". Pero el plano astral también implica más que eso. Lo que se haya creado en ese plano, o lo que nos encontremos en él, puede *manifestarse físicamente* en el plano terrenal y ocasionar problemas más adelante o provocar inestabilidad mental. No siempre funciona la protección con que cuentan los inocentes; hay que instruirse.

Debido a que los adultos prestan muy poca atención a las variaciones de los estados de conciencia, pocos niños llegan a recibir una instrucción válida en cuanto a la manera de controlar y dirigir sus dotes intuitivas, hacer frente a los fenómenos psíquicos, o discernir entre lo que glorifica al ego y lo que alimenta al alma. Los niños de hoy dicen: hágase la idea de que lo que desea se ha hecho realidad, y luego llénese del aliento de Dios al volver a conectarse con la Fuente. Basta con creer que usted es un iluminado para que lo sea. Basta con afirmar que algo es de una manera determinada para que lo sea. Para ellos, sus dotes intuitivas son una puerta abierta al cofre de tesoros que es el reino imaginario (el cual es verdadero). Se lanzan en masa al plano astral sin titubear en lo más mínimo, pero con resultados desiguales. Su "magia" no es siempre tan mágica.

Los titulares de revistas y diarios dicen a toda voz: ¡Niña de 10 años tiene visión de rayos X! ¡Niño autista de cinco años cura a cientos de personas y puede diagnosticar enfermedades! ¡Niña de nueve años puede ver el aura de cada persona y sabe lo que significa cada color! ¡Jovencito hace mover objetos pequeños con su mente! ¡Niño de cuatro años sabe quién va a morir y cuando morirá! Y así, sucesivamente.

Lo que hacen estos niños es grandioso, pero su falta de instrucción se deja ver cuándo se les nota confundidos, asustados frente al público, o cansados o fatigados, o cuando sale a relucir el egoísmo o el protagonismo que despierta en ellos su condición de "estrellas", o cuando se ponen controladores y aborrecibles (como si fueran sus padres dando órdenes a los adultos), o cuando se echa a ver su absoluta falta de moral una vez que descubren que otros prácticamente los veneran.

¿Son los nuevos la respuesta a nuestras oraciones, lo que necesita la sociedad? Pues bien, eso depende de la orientación y del ejemplo que les demos. Todavía es muy pronto para llegar a conclusiones. Estos niños necesitan una crianza responsable, independientemente de cuán maduros puedan parecer. Desafortunadamente, muy pocas personas se dan cuenta de esto. Una muestra de ello es lo que está sucediendo en el movimiento "índigo" o "cristalino". Poner este tipo de etiquetas a los niños promueve el elitismo y la exclusividad. Ya estamos viendo los resultados de estos errores de clasificación: adolescentes índigo que usan el término como credencial en sus hojas de vida y que practican indiscriminadamente el sexo con las personas que se dejan llevar por su carisma; los jovencitos presentados para impresionar a las multitudes en conferencias sobre niños índigo, que se pone a jactarse de sus propias dotes tan pronto bajan del escenario. Hay sitios web índigo, pruebas de Internet para ver si usted es índigo, libros y grabaciones para niños índigo y "cristalinos", escuelas para niños índigo, campamentos de verano para niños índigo, modas y baratijas para niños índigo, astrología para niños índigo, lecciones sobre cómo criar a los índigo . . . sensacionalismo a costa de nuestros preciados jóvenes.

Esto lo hacen los adultos, sacan partido a la etiqueta sin importarles cómo esto afectará al niño con el paso del tiempo, ni si es una clasificación precisa o válida. La inmensa mayoría de estos niños rechazan esas etiquetas. Quienes no están prestando atención, quienes no ponen en duda las fuentes, son los padres. (Por ejemplo, la información obtenida a través de médiums no es necesariamente espiritual; puede venir del plano astral). Hay un maravilloso proverbio ruso que dice: "Confía, pero verifica". Tenemos que hacer preguntas, realizar nuestra investigación, usar la cabeza como contrapeso al corazón. ¿Cómo podemos desarrollar la capacidad de discernimiento en nuestros niños si nosotros mismos no ponemos en práctica ese atributo?

Nos aseguramos de que nuestros niños reciban instrucción en las escuelas públicas o privadas sobre cómo ser ciudadanos productivos e inteligentes. Sus materiales de estudio los preparan para la vida en un mundo ajeno a sus sentidos y a su idea de sí mismos. No obstante, si queremos formar adultos sanos y cuerdos, también debemos instruirlos sobre los mundos interiores, o sea, la otra mitad de su existencia, la realidad esencial del yo. Además, si decimos a los niños (o a los adultos) que los reinos imaginarios son poco más que una distracción, les estamos diciendo que el impulso creativo y la capacidad de visión y de búsqueda de significado son falsedades.

Seamos sinceros. ¿Cuál es la verdadera diferencia entre un artista y un chamán, un hechicero y un sanador, la imaginación de un niño y la visión de un arquitecto? La intencionalidad. Por lo demás, la habilidad es la misma, anclada en el mismo reino de pensamiento, sentimiento y vibración emocional. Lo que determina el resultado, la manera en que se utiliza la habilidad, es siempre . . . la intencionalidad.

Fíjese bien en la serie de *Harry Potter* escrita por J. K. Rowling.[2] Cierto, cada página de cada grueso volumen rebosa de historias sobre un niño huérfano que va a una escuela de hechicería y es perseguido por el asesino de sus padres (que también ha tratado de matarlo a él), además de un lenguaje lleno de frases curiosas, hechizos, monstruos y magos y objetos voladores (sobre todo escobas). Todo corresponde puramente al plano astral.

Fíjese de nuevo. Estos libros son sobre el tipo de héroe que cualquier niño puede admirar: un chico desgreñado, que lleva gafas, no es muy popular, es objeto de las burlas de muchachos pendencieros, y es perseguido por su familia adoptiva; en fin, un ratón de biblioteca. Harry se mete en problemas al hacer que sucedan cosas extrañas sobre las que no tiene control, hasta que al fin hace amigos, recibe instrucción además de la enseñanza tradicional, y aprende a usar su ingenio para triunfar frente a las adversidades cotidianas. Esta serie ha vuelto a despertar en millones el deseo no sólo de leer, sino de redescubrir la exquisitez y la belleza del idioma. Los relatos son enseñanzas acerca del poder del amor y del carácter eterno del alma, al mismo tiempo que demuestran que el servicio al prójimo es más importante que los deseos egocéntricos.

Demos gracias a Dios por Harry Potter. Este chico ha logrado llegar a una generación de niños que pocos pueden tocar. No obstante, convendría reflexionar un poco sobre el tema.

La palabra *magia* significa simplemente "receptividad". Nuestros antepasados sabían que cuando una persona era receptiva o mostraba disposición a recibir, podía entonces atraer hacia sí todo tipo de sucesos singulares o deseables con poco o ningún esfuerzo, casi como si estuviera hechizado (como si poseyera magia). En el lenguaje moderno, la palabra magia es una indicación de poderes influyentes que se pueden reconocer por el "color" determinado por su uso:

Magia blanca: De base espiritual, dirigida a la sanación propia y de otros; hace hincapié en el crecimiento y la protección; realza, hechiza, protege.

Magia negra: De base egoísta, dirigida a aumentar la importancia propia; hace hincapié en las posesiones y la situación social; es indulgente, explota, esclaviza.

Magia gris: Basada en creencias, dirigida a atraer la atención o a imponer un punto de vista; hace hincapié en los deseos irrealizables y en las fijaciones culturales; seduce, coerce, programa.

Magia real (transparente): Basada en el sentimiento, encaminada a establecer una disposición de ánimo abierta y aceptador; hace hincapié en la receptividad y la sensibilidad; habilita, alista, resuena.

Magia del alma (luminosa): Basada en la Fuente, encaminada al aprendizaje a través de la experiencia para que el alma pueda evolucionar; hace hincapié en la potenciación personal y la responsabilidad personal; edifica, libera, une con integridad.

Hay un sinnúmero de excelentes libros, grabaciones, maestros y oportunidades de desarrollar y explorar las aptitudes intuitivas y psíquicas y de adquirir más conocimientos acerca de los aspectos positivos y negativos de los reinos astrales. A continuación presento algunas sugerencias al respecto:

Para niños: *Mountains, Meadows, and Moonbeams: A Child's Spiritual Reader* [Montañas, prados y rayos de luna], por Mary Summer Rain. *A Boy and a Turtle* [Un niño y una tortuga], *The Goodnight Caterpillar* [La oruga de la buena noche], *The Affirmation Web* [La red de la afirmación], y *A Boy and a Bear* [Un niño y un oso], todos por Lori Lite. La serie *Freddie Brenner's Mystical Adventure* [La aventura mística de Freddie Brenner], por la Doctora en Filosofía Kathy Forti.[3]

Para adolescentes y adultos: *Karen Kimball & the Dream Weaver's Web* [Karen Kimball y la red de tejedores de sueños], por Cynthia Sue Larson. *Second Sight* [Segunda vista], por la Doctora en Medicina Judith Orloff. *The Intuitive Heart: How to Trust Your Intuition for Guidance and Healing* [El corazón intuitivo: Cómo confiar en su intuición para obtener guía y sanación], por el Doctor en Filosofía Henry Reed y Brenda English. *Diary of a Psychic: Shattering the Myths* [Diario de un psíquico: Destruyendo los mitos], por Sonia Choquette. (Cada una de estas personas es un maestro de considerable experiencia en temas psíquicos.)[4]

Campamentos de verano para niños: Campamento A.R.E (lleva en operación más de cuarenta años), Campamento Rowe (reputación de larga data), y Enchanted Forest Intuitive Camp [Campamento Intuitivo del Bosque Encantado] (nuevo).[5]

Lo que más me estimula sobre este trabajo con los niños son los programas desarrollados por la investigadora de delitos psíquicos Pam Coronado. En un curso titulado "Corazones inteligentes (Smart Hearts)", imparte a los niños habilidades prácticas de autodefensa en las que mezcla la intuición con el sentido común. "Después de ver y experimentar tanta angustia y frustración al tratar de encontrar a niños desaparecidos", explica Coronado, "creé mi propio programa de prevención llamado Corazones inteligentes. Se distingue en muchas cosas de otros programas centrados en la idea de que 'los extraños son peligrosos'". Según Coronado, su curso se basa en dar autorización a los niños para que confíen en sus instintos y enseñarles a seguir su intuición o sus "corazones", mostrándoles maneras seguras de contactar a extraños si alguna vez tienen que hacerlo, y ayudándolos a desarrollar habilidades y conocimientos prácticos de autodefensa. Coronado insiste en que "Los niños no tienen que ser víctimas. Es cierto que son pequeños, pero eso no significa que están indefensos". Su programa de enseñanza se puede conseguir en video, y la autora también ha publicado un importante libro titulado *Kid Safe! How to Protect Your Family from Molesters & Kidnappers* [¡Seguridad para los niños! Cómo proteger a su familia de abusadores y secuestradores].[6]

Los reinos imaginarios del plano astral son totalmente reales y vibrantes, y quienes los visitan los encuentran llenos de vida. Y todos los visitamos. No hacerlo significa dejar de ser humanos. Mayor razón, padres, para aplicarse y ayudar a sus hijos a aprender cómo controlar la magia de este poderoso e importante aspecto de la mente subconsciente.

9

Abrirse a la espiritualidad

Anhelo que llegue el día en que la afirmación "Nuestro Dios es amor; nuestra raza, la humanidad; nuestra religión, la unidad", sea más que el producto de mi meditación, y se convierta en el credo del corazón de la familia humana.

REVERENDO JIM ROSEMERGY

Aunque para la mayoría de nosotros el conocimiento de lo espiritual (esa conciencia y comprensión más profunda de los planos interiores y de nuestra conexión con la Fuente, con el Dios de nuestro ser) es más bien una posibilidad que una realidad, para los nuevos niños es una ineludible verdad de primera línea. En vista de que el número de niños como estos van en aumento exponencial y, de que todos estamos sedientos de saber más sobre el lado espiritual de nuestra naturaleza, han entrado en escena de repente muchos temas religiosos e imaginería espiritual.

Lo sagrado ha pasado a formar parte de la cultura popular.

Por ejemplo: en abril de 2004, la película *La pasión de Cristo* (de Mel Gibson) ocupó el primer lugar en la lista de películas más taquilleras; la película *Hellboy* (de Guillermo del Toro) ocupó el segundo lugar. Créalo o no lo crea, el Hijo de Dios y el hijo de Satanás compartieron simultáneamente la popularidad entre los aficionados al cine. Una y otra película se centraban en los aspectos negativos y positivos del plano astral (la violencia excesiva, el terror y la fuerza del mal en oposición a la ayuda edificante, el deseo no egoísta y la fuerza del bien).

Fue apenas en los últimos dos minutos de *La pasión de Cristo* que se reveló todo el poder de las acciones de Jesucristo. *El Evangelio de San Juan* (de Philip Saville), una película verdaderamente admirable, fue una versión mucho mejor de la historia de Jesucristo y de su Ascensión a la Trinidad que la película de Gibson. ¿Por qué entonces la película de Gibson, y no la de Saville, rompió el récord de asistencia de público? ¿Por qué su efecto pareció casi tan poderoso como la segunda llegada del Mesías en cuanto a la manera en que cambió la vida de muchas personas? ¡Esos dos últimos minutos! Se ve que Gibson comprende el arte de la manipulación. Rápida acción, pocas palabras, efectos sorprendentes, un marcado contraste entre la crueldad y lo milagroso . . . en fin, sensacionalismo. Mientras que la película de Saville arroja luz sobre las enseñanzas de Jesús, el filme de Gibson nos echa encima "nuestra culpabilidad" en la muerte de Jesús.

Si alguna vez una metáfora ha indicado la diferencia entre la espiritualidad y la religión, ha sido la metáfora que representan estas dos películas sobre el mensaje del Mesías. (La obra de Gibson refleja la tradición religiosa de hacer excesivo hincapié en el sufrimiento y la culpabilidad y en nuestra impotencia en la vida si no buscamos el perdón de Dios por nuestros pecados; la obra de Saville representa la tradición espiritual de sobreponerse a la adversidad mediante una adecuada reflexión y demostrar nuestro poder y nuestro valor como hijos del Dios viviente.)

Todas la razas y culturas hacen suya alguna forma de orden religioso surgido a partir de una experiencia trascendental sobre la omnipresencia. Con el fin de conservar esta revelación de la Divinidad, se han elaborado dogmas, o sea, doctrinas, credos y leyes que han permitido a unos pocos dirigir a las multitudes. La función propia de la religión consiste en servir como guía y protección mutuas, que son tan necesarias para una vida sana como el agua, el aire y el sol. Los problemas surgen cuando las personas desarrollan una fijación con los dogmas hasta el punto en que olvidan la fuente de sabiduría que es la esencia de lo que los guía, y cuando insisten en que sus creencias son mejores o superiores.

Dado que "ningún árbol sería tan tonto como para poner a sus ramas a luchar entre sí", la creencia en la exclusividad, en ser elegido, niega por completo cualquier afirmación de esa índole.

La espiritualidad, por otra parte, es una experiencia personal e íntima de omnipresencia que devuelve al individuo su vínculo con la Divinidad. Me encanta la manera en que lo dice el Reverendo Don Welsh: "El crecimiento espiritual es en realidad un proceso de ir haciendo retroceder los límites de nuestra ignorancia de Dios y de nuestra propia naturaleza, para que lleguemos a ser lo que ya somos".[1] Al hacer esto, nos comunicamos directamente con el plano espiritual. El corazón y la esencia de la verdadera religión se basan en la experiencia, no en la creencia. Es el viaje humano más increíble más allá del yo, al éxtasis y la dicha del estado de unidad con el Único.

No obstante, los reveladores de las órdenes religiosas, sean chamanes, sabios, ministros de gran vocación, o adeptos espirituales, desarrollaron en su niñez una relación con Dios que posteriormente los llevó a asumir un compromiso personal. Lo cierto es que casi todo el mundo pasa por ese proceso: todos hacemos en nuestra niñez un pacto con Dios. Esta promesa o acuerdo influye en nuestra conducta a lo largo de nuestros años de maduración y en nuestras expectativas como adultos. Algunas personas niegan haber hecho esto o simplemente no lo recuerdan. Yo insisto en apostar a que sí lo hicieron. ¿Por qué digo esto? Basta con observar a los más jóvenes.

Los niños tienen experiencias espirituales muy ricas y a veces complejas, casi desde su nacimiento, y las relatan tan pronto aprenden a hablar. Hablan de los ángeles que cuidan a los bebés enfermos y del "hombre rojo" (la fiebre) que viene a enfermarlos. Conversan con los animales y ven ríos en el aire (corrientes de viento). Oran constantemente y con toda naturalidad, a veces sin que se entienda lo que dicen, pero siempre en alabanza, bailando y cantando a la felicidad de estar vivos como los hijos de Dios que saben que son. Muchos recuerdan la vida en el vientre materno y pueden describir lo que oían y veían mientras estaban allí, lo que a veces avergüenza a sus padres. Y a menudo recuerdan sus vidas pasadas como si fueran un alma mirando hacia atrás en las madejas del tiempo ("archivos" etéreos de nuestros ires y venires como almas en un proceso de crecimiento y aprendizaje a lo largo de la espiral de la Creación).

Melissa Martin nos cuenta lo siguiente sobre su hijo Todd.

"Cuando mi hijo tenía cuatro años, me contó que había vivido en un lugar que se llamaba Australia. En ese entonces yo no creo que él supiera lo que era Australia. Me contó brevemente que había sido un padre viudo de un niño y una niña que me imagino que eran adolescentes. Al parecer, vivían en una zona remota y la madre había muerto. Él también murió, cuando sus hijos tenían alrededor de veinte años. Todd sonaba triste y distante al hablar de esto. Le pregunté si los extrañaba. Me respondió: 'No, porque volveré a verlos'".

Yo he sido testigo de ese tipo de recuerdos en los nuevos niños. No es sólo que muchos de ellos sean capaces de describir su propio nacimiento y sus "observaciones desde el útero" (los recuerdos suelen comenzar después de los siete meses en el útero), sino que algunos hablan de su existencia en otros mundos y en otros planetas, como si hubiera una continuación universal de la vida, una infinita corriente de conciencia de la que salimos al nacer y a la que volvemos al morir.

Está claro que, desde tiempos inmemoriales, los niños han tenido experiencias de los reinos espirituales y de los aspectos superiores de la vida. Ahora nos enteramos más, en parte porque al fin estamos prestando atención; estamos aprendiendo a escuchar las voces, las risitas y el cuchicheo de los pequeños. De todos los libros que se han escrito sobre este tema, el mejor por un amplio margen es *The Secret Spiritual World of Children* [El mundo espiritual secreto de los niños], del Doctor en Filosofía Tobin Hart; y el Instituto ChildSpirit fundado por él y su esposa Mary Mance Hart es el más activo en la realización de investigaciones y de proyectos de enseñanza, incluida su conferencia anual sobre la espiritualidad de los niños.[2] Cada padre y cada maestro debería tener en su poder un ejemplar de este libro. Es así de importante.

La primera mitad del libro rebosa de relatos que lo entretendrán y le llegarán al corazón, como el del niño de tres años que le dijo a su madre: "Mamá, yo sé todo lo que tú sabes". La madre reconoció que el niño tenía razón. La segunda parte se centra en la orientación a los padres, recomendaciones y advertencias, técnicas, ejercicios y meditaciones, una hábil trama de puntos de vista demostrados y probados que, si bien están expresados con sencillez, son tan útiles para los padres con sus propios problemas espirituales como para los niños. Después de todo, la espiritualidad suele ser una bendición a medias. Tener una puerta abierta a los secretos del universo puede al mismo tiempo constituir una carga y servir de excusa para sentirse especial, mejor que nadie. Hallar el equilibrio personal entre el cielo y la tierra es un gran desafío a cualquier edad. "El mundo se nos manifiesta de una manera distinta cuando nos dedicamos a servirlo", musita Hart.

Permítame repetirlo: "El mundo se nos manifiesta de una manera distinta cuando nos dedicamos a servirlo".

La contundente verdad de esa afirmación nos lleva al borde del precipicio de lo que está sucediendo en nuestro mundo . . . es un grito de alarma de adultos frustrados, son las exigencias de los jóvenes que forman el mayor "sismo demográfico" en la historia conocida, es una misión para los días finales del mundo que hemos conocido y para la llegada del nuevo mundo que se está gestando en medio de nosotros. Surge una nueva espiritualidad: una nueva forma de venerar, una nueva iglesia, un nuevo sentido de "valoración de la veneración", una nueva revelación de Dios y de nuestra responsabilidad como hijos Suyos. Este movimiento, este instinto, tiene sus raíces en las nuevas ciencias y en la proyección exterior que se ha hecho posible con el desarrollo de las comunicaciones a través de Internet . . . el corazón anhela unirse a la cabeza.

¿Cuál es la levadura de este nuevo pan?

El anhelo de una mayor realización de Dios.

La realización personal.

Neale Donald Walsch lleva años hablando con Dios. A juzgar por la cantidad de personas que han comprado sus libros, el discernimiento con que escribe sobre lo que él considera la Fuente parece estar llegando a la fibra sensible de los corazones de muchos. En relación con su último libro, titulado *Tomorrow's God: Our Greatest Spiritual Challenge* [El Dios del mañana: Nuestro mayor desafío espiritual], dice:

Todos los aspectos del quehacer humano han registrado sorprendentes avances en los últimos 200 años, salvo una triste excepción: la teología humana. Debido a esto, un gran número de seres humanos llegan al siglo XXI con interpretaciones morales, éticas y teológicas propias del siglo I o incluso de siglos anteriores. Los dilemas éticos y morales a que nos enfrentaremos en el siglo XXI no pueden resolverse satisfactoriamente sobre la base de ideas arcaicas . . .

El autor vaticina: "La humanidad creará toda una nueva teología y un nuevo Dios en las próximas dos a tres décadas".[3]

Walsch piensa de la misma manera que los nuevos niños. Los jóvenes de edad y de corazón ven a los mesías de la historia, notan el modelo que se repite en ellos (oración, prédica, enseñanza, sanación, comunidad con el prójimo) y se dicen a sí mismos: "Caramba, ésos somos nosotros; podemos hacer todas esas cosas, ¡*nosotros somos la iglesia!,* no se trata de Dios por una parte y nosotros por otra, se trata de Dios dentro, a través y en el lugar de nosotros".

A la mayoría de los niños nacidos desde 1982 les encantan las ciencias. Hacen el siguiente razonamiento: Dado que la ciencia ha demostrado que las partículas y las ondas son lo mismo, esto significa que Dios es al mismo tiempo inmanente y trascendente, interno y externo, ordenado y compasivo, el Único y, al mismo tiempo, la fuente de multiplicidad en la unidad. Su lógica es un importante desafío a la teología religiosa. Son desafíos similares el redescubrimiento del Libro de Santo Tomás y los Evangelios Perdidos; la reinterpretación de la figura de María Magdalena en la Biblia como uno de los discípulos de Jesús y no una prostituta; la revelación de que el abuso sexual de niños a manos de sacerdotes es una práctica de larga data en la mayoría de las religiones, incluido el budismo; el reconocimiento de que los clérigos fundamentalistas del mundo entero controlan a los fieles al negarse a encarar los excesos que cometen y las interpretaciones erróneas que hacen en nombre de Dios.

Ya están ocurriendo grandes cambios en la sed de la familia humana de conectarse con Dios. Nuestro instinto, nuestra salud, nuestras propias almas, nos empujan en esa dirección. Los nuevos niños empujarán más y más a medida que transcurran los años. Más adelante iré presentando muestras de las últimas tendencias, ejercicios y medios auxiliares. (Aunque en este libro me refiero a lo que está sucediendo en los Estados Unidos, el mismo modelo puede encontrarse en otras partes del mundo, incluso en países donde las leyes reprimen estos cambios.)

Está volviendo el misticismo. El misticismo, que se define como el arte de la unión con la realidad, consiste en la búsqueda del conocimiento de un objeto o fenómeno mediante la unión con éste, asimilándolo en la vida de forma práctica . . . o sea, vivir en la verdad.

Ejercicios de sensibilización del alma. Hay muchos ejercicios de este tipo. Uno de ellos, llamado "impresiones del alma", consiste en darle un nombre a su alma y luego recordarse cada mañana que usted tiene una identidad espiritual vinculada con una esencia específica que es sólo suya. Al observar la forma en que usted reacciona a lo que le pasa en la vida, comienza a reconocer los patrones de creencias que ha incorporado y que tal vez desee cambiar. Otro ejercicio se llama "cartas del alma". Durante diez días, cada noche antes de acostarse a dormir, escriba una carta a Dios. Escriba del corazón, expresándose como lo haría normalmente, y luego ponga la carta en un cajón marcado con el letrero "cartas de la noche". Cada mañana al despertar, escriba una carta haciéndose la idea de que es Dios respondiéndole a usted. Simplemente comience a escribir lo más rápido que pueda, y no lea lo que escriba. Coloque su carta en otro cajón, marcada con el letrero "cartas de la mañana". Una vez pasados los diez días, lea todas sus cartas. Puede que Dios le hable a usted en esas cartas, pero lo que sí es seguro es que le hablará su alma. Compare las reflexiones o quejas nocturnas con las respuestas de la mañana. El alma es sabia y le trasmitirá verdades necesarias si usted le da una "voz".

Servicio de mentor espiritual. Actualmente hay personas que no tienen ninguna relación con una Iglesia o religión y se están involucrando personalmente en ayudar a otros con su crecimiento espiritual (quizás a través de la palabra, la oración o la meditación en grupo, o simplemente por tener una sensibilidad suficiente para escuchar a los demás). Hay lecciones sobre la manera de hacer esto. Por ejemplo, en la Universidad del Atlántico (Atlantic University) en Virginia Beach, Virginia.[4]

Iglesias emergentes. Sin importar las denominaciones, muchas iglesias, generalmente pequeñas, buscan recuperar el sentido de misterio y reverencia que se encuentra en los rituales y símbolos del pasado. Algunas veces se llaman "iglesias buscadoras" y sus líderes suelen ser jóvenes evangélicos que a menudo se reúnen en casas de feligreses y diseñan sus devocionarios con la intención de iniciar una "antigua fe futura".[5]

Clubes nocturnos sin bebidas alcohólicas para la veneración. "Vámonos de alabanza" es el canto de los jóvenes que se reúnen en clubes nocturnos para festejar, alabar y orar. Esto se considera un acto de "desegregación" religiosa, pues los participantes no temen ser innovadores en su deseo de encontrar una forma de oración que les hable en su propio idioma.[6]

Grupos de estudio y meditación. Estos grupos son realmente la opción más popular y se cuentan por cientos o miles; en unos años pueden llegar a ser millones. Suelen reunirse en las casas de las personas o en salas de lectura para debatir libros espirituales, escuchar cintas edificantes y practicar distintas formas de meditación y oraciones de sanación. A través de la confraternidad con mentes afines, los participantes se centran en el poder del silencio ante la presencia de Dios dentro de cada uno de ellos. Aunque algunas iglesias de "nuevo pensamiento" como Unity y la Iglesia de la Ciencia Religiosa patrocinan grupos de este tipo, la mayoría son independientes y deben su existencia a la disposición individual de algunas personas a "dar un paso adelante".

El regreso de los laberintos y las ruedas de medicina. En iglesias, hospitales, clínicas, centros de la tercera edad, parques urbanos, jardines privados . . . todo el mundo está tratando de construir estas estructuras antiguas dondequiera que sea posible. Y no es difícil entender por qué. Son formas concebidas para que las personas puedan entrar en un estado mental de oración o sanación más rápidamente que a través de cualquier otra postura, modalidad o entorno. Los laberintos son particularmente eficaces en este sentido. El redescubrimiento de su importancia ha permitido recuperar el carácter personal de los rituales sagrados.[7]

Creación de espacios y altares sagrados. Se ha puesto en marcha un gran movimiento encaminado a la construcción de jardines de meditación, la preservación de espacios silvestres en terrenos privados, la plantación de matorrales para mariposas, la creación de lugares interiores o exteriores que sean especiales y tengan un efecto calmador. Tener un altar en su propia casa es ahora casi tan importante como tener televisor o sofá. Fíjese en las habitaciones de sus hijos. Quizás ya tengan su propio altar. Busque objetos dispuestos de manera que representen una pequeña escena, o grupos de objetos que parezcan de algún modo sagrados, por su forma o color. La idea que un niño pueda tener de un altar no tiene que ser igual a la nuestra.

El feng shui y la geometría sagrada. El *feng shui,* arte de la colocación adecuada, se basa en el flujo de corrientes de energía y el efecto éstas tienen en la construcción de viviendas, el diseño de jardines y los muebles y objetos. La *geometría sagrada* detalla las realidades espirituales presentes o ausentes en diseños arquitectónicos, uso de la tierra, relaciones y conductas. Ambas técnicas se utilizan actualmente para espiritualizar y revitalizar los entornos y los estilos de vida.[8]

Nuevos seminarios para la formación y ordenación de un nuevo tipo de ministro. Estos seminarios están apareciendo por todas partes. Tienen nombres como el Seminario del Nuevo Ser, el Seminario *Interfaith,* el Seminario del Espíritu Único, la Religión del Corazón. Ya se habrá dado cuenta: el rumbo por el que nos está llevando la nueva espiritualidad es hacia el reconocimiento de la verdad subyacente que se encuentra en todas las religiones, en la que se fusionan los polos femenino y masculino y a dejar sentado que *una religión que no se pueda cuestionar es una religión del hombre, no de Dios.*[9]

Adivinación espiritual. Nuestras generaciones más nuevas fusionan libremente las artes intuitivas con las realidades espirituales a través del uso de prácticas, objetos y aptitudes adivinatorias. Reconocen la significación que se puede obtener cuando pensamientos, sentimientos y acontecimientos desconectados entre sí convergen de repente para apoyar y aclarar una cuestión más importante. Esta experiencia de sincronía puede tener un fuerte impacto. Algunos medios auxiliares que sirven de apoyo a este esfuerzo son *Soul Cards* [Tarjetas del alma], por Deborah Koff-Chapin, *Wisdom Cards* [Tarjetas de sabiduría], por Paul Ferrini, *Vibrational Medicine Cards: A Sacred Geometry of the Self* [Tarjetas de medicina vibracional: Una geometría sagrada del yo] por Rowena Pattee Kryder, y *Goddess Runes* [Runas de las diosas], por una servidora.[10]

Los nuevos niños saben que "Cristo" es un estado de conciencia que cualquiera puede alcanzar, no el apellido de un hombre. Ellos penetran más allá de la superficie, ven su alma. A la mayoría de ellos no les interesan los sistemas de creencias que inspiraron a generaciones anteriores. En lugar de ello, prefieren la veneración sin trabas y sistemas de pensamiento que sean incluyentes, no excluyentes, abarcadores, no negadores. Debido a esto, adquirir la habilidad del discernimiento espiritual es una necesidad. Elizabeth Lesser, autora de *The Seeker's Guide: Making Your Life a Spiritual Adventure* [*Guía del buscador: Cómo hacer de su vida una aventura espiritual*], advierte:

Muchos buscadores modernos absorben superficialmente los ritualismos de una tradición con poco respeto por sus hondos fundamentos. Al democratizar la espiritualidad y traerla a la vida cotidiana de

> cada persona, cada uno de nosotros corre el riesgo de convertirse en un pequeño papa mesiánico, o un santo sin sentido del humor, o simplemente una persona insoportablemente profunda, más grandiosa o exaltada que el prójimo.[11]

Nunca se han dicho palabras más ciertas. La nueva espiritualidad, creada a partir del anhelo de nuestros corazones y de la inspiración de nuestros niños, nos ofrece en verdad una mayor realización de Dios, *y al mismo tiempo nos reta a reconocer la diferencia entre lo que nutre el alma y lo que la encierra.*

Lo que siempre está en duda es la "valoración de la veneración". Los efectos ulteriores, las consecuencias, de todo lo que hagamos determina el valor de lo que hacemos. Lo que he podido apreciar repetidas veces es que, si optamos por vivir una vida de perdón y fe, siempre conscientes de que detrás de cada cosa visible hay un pauta divina invisible, entonces automáticamente con el simple acto de nuestra presencia tenemos un amplio efecto sanador y edificante en el aire que respiramos, el suelo que pisamos, las plantas y organismos que crecen en torno a nosotros, los animales, pájaros e insectos, las actitudes y sentimientos de las personas (incluso de los transeúntes a quienes no conocemos), los fenómenos climáticos y la lluvia.

¿Ve lo valiosa que es cada persona? ¿Ve lo importante que es que nos convirtamos en nuestro verdadero yo o que al menos nos relacionemos con él? Simplemente pregúntele a un niño. Cualquier niño. Le dará una respuesta contundente. O lea sus poemas. Los niños veneran a través de lo que crean. Para ellos Dios es una presencia, no una persona.

Edie Jurmain, una mujer que huyó de Austria durante el Holocausto, es una de las nuevas, uno de los creadores de nuestro nuevo mundo. Es el amor y la bondad personificados y lleva en el fondo de su corazón la sabiduría perenne con la que nacen nuestros niños. Explora esta sabiduría en una conversación imaginaria entre Dios y ella, titulada "La búsqueda":[12]

¿Quién eres?	*Soy quien Soy*
¿Cómo te llamas?	*Tengo muchos nombres: Padre–Madre–Fuente–Alá–Presencia Divina–Energía Creativa–Ser Supremo–Dios.*
¿Tienes cuerpo?	*No soy un ser físico. Soy Energía Espiritual.*
¿Cómo encontrarte?	*Puedes sentir mi presencia, si cobras conciencia de ella.*
¿Dónde encontrarte?	*En la mirada pura de un recién nacido; la voz del cantante; la mano del cirujano, el piloto o el artista; el bramar del océano; la fragancia de una flor.*
¿Qué me impide experimentar la vida con mayor plenitud?	*Las falsas creencias. Deja de identificarte con tu pasado. Perdona a quien te haya decepcionado.*
¿Cuál es mi propósito en la vida?	*Alcanzar una mayor comprensión de tu herencia espiritual. Ver el mundo como un terreno de juego; vivir la vida plenamente y disfrutar cada día.*
¿Siempre estarás ahí? ¿Incluso cuando yo muera?	*Por supuesto, hija querida. No hay principio y no hay final. Nunca te abandonaré. La vida es eterna.*

Una ira peculiar

*Ésta es una época de voces altas, expresión abierta y
pensamiento osado. Me produce regocijo vivir en una
época tan espléndidamente bulliciosa.*

HELEN KELLER

En los diarios de sueños de algunos niños, especialmente en la parte
noreste de los Estados Unidos, se puede apreciar que algunos muchachos estaban captando señales del ataque del 11 de septiembre en Nueva
York antes de que éste ocurriera. Algunas de las anotaciones que he visto
datan de dos años antes. No es exagerado decir que los niños saben
cosas, que están en sintonía con el futuro y con las energías subyacentes
de la causalidad y la conciencia colectiva. Nuestros nuevos niños tienen
una capacidad casi alarmante de ver más allá de la superficie o de adivi-
nar los pensamientos o predecir las acciones de otros, o poner en tela de
juicio lo que les han enseñado. También son bastante pesados. ¿Alguna
vez ha tratado de criar a uno de ellos? Siento conmiseración por las
madres y padres de hoy. Yo soy abuela y puedo distanciarme, pero los
padres no pueden.

Como se dice popularmente, "ése es el momento de la verdad". Los
nuevos niños están enfadados. Esa marca distintiva de un tipo peculiar
de ira, que comenzó a aparecer en los niños nacidos a partir de 1982,

existe como una corriente subyacente justo por debajo de la superficie, y puede encontrarse incluso en los niños más amorosos. Cualquier cosa que no encaja (que parezca falsa, exagerada, con doblez, deshonesta o poco genuina) puede desatar en estos muchachos una reacción de enfado distinta de los patrones de generaciones anteriores. Y, debido a esa corriente subyacente, los nuevos niños son fáciles de manipular o de utilizar. Las características de su naturaleza propia les dan la capacidad de ser observadores distanciados de los procesos normales de adopción de decisiones, o sea, que están hechos a la medida como revolucionarios, o rebeldes, activistas, agentes de cambio o, incluso . . . asesinos.

Examinemos el clima social en el que están creciendo. Bill Clinton mintió cuando dijo que no había tenido relaciones sexuales con "esa mujer"; los ejecutivos de Enron mintieron sobre la manipulación de la contabilidad, lo que provocó angustiosas pérdidas para los confiados accionistas; importantes líderes de las Naciones Unidas mintieron acerca de la corrupción propagada por el uso indebido de millones de dólares recaudados por el petróleo iraquí. George Bush mintió cuando dijo que no habría nuevos impuestos; George W. Bush mintió acerca de la guerra en Irak y de lo que ésta costaría a los estadounidenses. Estos hombres eran nuestros presidentes y nuestros consejeros más admirados. El "efecto goteo" de estas acciones se ha notado en varias encuestas recientes. Tres cuartas partes de los estudiantes de preparatoria encuestados dijeron que había hecho fraude en exámenes; el 43 por ciento de la población en general opinó que no estaba mal mentir o hacer fraude para abrirse paso. Nuestra disposición como sociedad a tolerar las falsedades nos ha merecido el título de "cultura de Pinocho".[1]

¿Ha oído usted hablar de la "rabia de los pequeñines"? Hay una epidemia de ira en los jóvenes; hay niños que apenas han comenzado a andar y ya andan tratando de desquitarse con quien se les ponga a tiro. Los programas de televisión, los juegos de video y la música rap explotan esta situación. Hay juegos como "Grand Theft Auto" que va más allá de la violencia y recompensan a los niños y adolescentes por participar en actividades de delincuencia organizada, asesinatos y otras formas de conducta depravada. En algunos países, hay niños que se filman a sí mismos abofeteándose entre sí, en un juego que se llama "bofeta-das felices". A veces se producen lesiones graves. En demasiadas juntas empresariales se afirma el credo "¿a quién le interesa si el producto es instructivo? Lo que importa es que sea lucrativo". Se dice que un legislador mexicano declaró: "¿Moralidad pública? ¿Y eso qué es?"

Hay, por supuesto, muchos factores causales. El sicólogo Ron Taffel, autor de *Parenting by Heart* [Crianza con el corazón], lo explica de esta manera:[2]

> Los niños de hoy están enojados porque se sienten invisibles e igno-rados por sus padres, que ni los oyen ni los ven. Están desesperados por ser vistos y reconocidos, en lugar de ser programados y llevados al sicólogo. Ansían que les dediquen tiempo personal.

Taffel advierte que los niños se refugian entonces en la cultura chata-rra, que él llama "la segunda familia", para llenar el vacío que dejan los padres demasiado ocupados para dedicarles tiempo. La observación de Taffel es irrefutable. No obstante, hay aspectos de la ira peculiar de los jóvenes que no son lo que la psicología puede aclararnos. La mayoría de estos aspectos giran en torno a tres factores: las tendencias naturales que se encuentran en los avances de la quinta raza raíz, los impulsos con-comitantes de la evolución y la involución, y los ciclos revolucionarios desatados por las hipertrofias demográficas juveniles.

TENDENCIAS NATURALES

Según las profecías tradicionales chinas, estamos entrando en el "quinto giro de la gran rueda" en que la fuerza de la furia desafiará a todos los seres humanos y los niños nacerán con ira por dentro, y en que todo lo que suceda será de mayor intensidad y mayor efecto. Lo que he podido notar en los jóvenes que tienen esta ira es una impaciencia inusual que viene de un fuerte sentido de derecho propio; hay quienes llaman a este fenómeno "el virus de la abundancia". Es cierto que muchos padres de hoy creen que comprar bienes materiales para sus hijos equivale a ser buen padre o madre, con lo que crean niños mimados en una sociedad consentida y cada vez más codependiente.

¿Cuál es el resultado? Niños con poder pero sin rumbo. Consumismo y hedonismo en lugar de compasión y cariño. Estamos atiborrando a los niños precisamente con las cosas que menos los satisfacen, y esto provoca pataletas, expresiones de frustración y actitudes indiferentes. Todas son reacciones naturales de un tipo de energía que está "llegando a un punto elevado", o sea, cuyas frecuencias están aumentando con más rapidez de lo que la mayoría de los seres humanos son capaces de soportar. Ahora los cambios sobrevienen tan rápidamente que a cualquier persona, de cualquier edad, le resulta difícil mantenerse al día. Sin paciencia y tolerancia es difícil valorar ideas y opiniones distintas de las propias o respetar a personas que les son extrañas a uno. Los ensalzados "niños de la luz" tienen una necesidad tan acuciante como la han tenido otros niños de aprender a controlar satisfactoriamente su enfado y de hacer frente a los excesos de una vida privilegiada o a la pobreza.

LOS IMPULSOS CONCOMITANTES DE LA EVOLUCIÓN Y LA INVOLUCIÓN

A medida que se intensifica el color del aura de una persona, la energía que esa persona posee llega a manifestarse de formas más extremas y exige un mayor esfuerzo para mantener el control. Los colores más subidos indican intensidad y la posibilidad de trastornos de conducta. En comparación con otros colores, las frecuencias de colores más elevadas (azul, índigo, púrpura, violeta), a medida que se intensifican, son mejores portadoras de los impulsos concomitantes de la evolución. En términos sencillos: mientras más se intensifica la energía de una persona, más poder tiene ésta y, por lo tanto, mayor capacidad de hacer el bien o el mal.

Del lado positivo, los colores del aura más intensos y de frecuencia más elevada son indicativos de personas amorosas y calmadas, inusualmente compasivas y comprensivas, incluso empáticas en su preocupación por el bienestar de otros. Del lado negativo, la misma disposición del aura se

expresa en la forma opuesta: frialdad, crueldad, insensibilidad, distancia-
miento, agresividad, peligrosidad. Una visión positiva enaltece el alma
y ayuda en la evolución de la familia humana a medida que ésta avanza
hacia estados de conciencia incluso más elevados. Una visión negativa
anula el alma y hace que el potencial involucione cada vez más a estados
inferiores de conciencia que obstaculizan cualquier logro que pueda obtener la familia humana.

   ¿Qué es lo que determina el rumbo de esta potente energía? En el caso
de los niños, lo determina el apoyo y el cariño de los familiares y personas que los rodean. En el caso de los adultos, lo determina la intención:
el deseo de mejorarse a sí mismos y mejorar las condiciones del prójimo.
La generación del milenio que comenzó a nacer en 1982 es la primera
generación verdaderamente global en la historia de los Estados Unidos y
también del mundo. Gracias a la tecnología, los medios de información,
Internet, los teléfonos celulares e invenciones similares, pueden conectarse prácticamente con cualquier persona en cualquier lugar, de tú a
tú y en tiempo real, incluso de modo inalámbrico. Debido a esto, se
ven abrumados con una mayor diversidad, exigencias, oportunidades,
en fin, con más de todo, que cualquier nueva generación en la historia. A
medida que se siga intensificando la energía y que sigamos en camino a
la ascensión, los impulsos concomitantes de la evolución y la involución
se tornarán cada vez más extremos y divisivos.

LA HIPERTROFIA DEMOGRÁFICA JUVENIL

Por toda África y el Oriente Medio (principalmente en los países musulmanes), hay una hipertrofia demográfica juvenil. Más de la mitad de la
población de esos países está formada por menores de 25 años de edad.
La historia indica que en las sociedades en que ha sucedido esto en el
pasado el pueblo ha sido presa de revoluciones arrasadoras. Por ejemplo:
hubo una hipertrofia demográfica juvenil en Francia justo antes de la
Revolución Francesa, la hipertrofia demográfica juvenil en Irán fue utilizada para derribar al Sha en la revolución de 1979, y el resurgimiento
del fundamentalismo medieval que está teniendo lugar ahora en los países islámicos sigue la misma pauta que el auge del nazismo durante la

Segunda Guerra Mundial. Entre estas situaciones, la más peligrosa es el resurgimiento del fundamentalismo islámico entre los jóvenes, precisamente debido al momento en que ocurre.

Dado que la mitad de la población de estos países es menor de 25 años, esto significa que la actual hipertrofia demográfica juvenil consiste completamente en muchachos de la generación del milenio y de la generación del 11 de septiembre; o sea, tipos de la quinta raza raíz que vienen de nacimiento con una corriente subyacente de ira y, en el caso de los más jóvenes, de miedo. De hecho, estos niños son impacientes, inquietos, frustrados, confundidos. Se han criado en culturas de grandes disparidades en las que hacer preguntas y tener pensamiento crítico es mal visto o está prohibido, y se ven expuestos constantemente a expresiones de rabia y escenas de violencia, lo cual hace que disminuya significativamente la inteligencia de los jóvenes. Esta condición se aplica por igual a los guetos de Chicago y a los barrios marginales de Palestina. Como los niños frustrados o iracundos son fáciles de manipular, hay una tendencia en el mundo entero a usar a los niños como soldados, repartidores de drogas y ladrones. En este caso se trata de grandes números masivos de niños y de una situación que está alcanzando dimensiones explosivas. Pero el verdadero núcleo de esta ira es una rebelión contra lo que no sea genuino, sincero o real. Los niños de todas partes o sienten este tipo de ira o se han visto cara a cara con ella en momentos importantes de sus vidas.

Entonces, ¿qué podemos hacer al respecto? Comencemos donde podamos, dando pasos pequeños, como un niño que aprende a andar:

- Impartir lecciones de control de la ira y sobre habilidades de mediación desde la escuela primaria. A partir del cuarto o quinto grados, establecer en las aulas códigos de honestidad y "tribunales" en los que los propios niños puedan aprender a investigar, a escuchar a todas las partes, discernir motivaciones, votar y poner decisiones en práctica de manera justa y equitativa.
- Realizar sesiones especiales en las que se trate el problema de los abusadores en las escuelas y la mejor forma de defenderse de ellos. Realizar sesiones de seguimiento si es necesario.

- Proponer treguas o momentos de debate cuando se caldee el ambiente.
- Enseñar nuevas formas de comportarse, insistir en el uso de expresiones respetuosas, incluso al discutir.
- Insistir en los valores absolutos: la buena nutrición, el ejercicio y la creatividad en los juegos.
- Apoyar actividades como los deportes, la música, la marcha y el baile.
- Estimular a los niños a hacer trabajo voluntario, especialmente en refugios para animales o centros para la tercera edad.
- Enseñar a los jóvenes a restablecer el autocontrol mediante masajes, ejercicios yoga, meditación, oración y actividades creativas.
- Asegurarse de que los muchachos tengan algún empleo por el que reciban ingresos (y enseñarles a ahorrar la mitad de esos ingresos).

En este momento sería conveniente enterarnos de cómo unos padres consiguieron educar a sus pequeñines iracundos. (Se han cambiado los nombres; la narradora es la madre.)

"Es triste decirlo, pero debo reconocer que Joanne se siente incómoda en su propia piel. La ha dominado una ira que aún le hierve por debajo de la superficie como si fuera lava candente. Desde los dos años de edad, recibía muchos regalos de discos y libros con títulos como '*Estoy muy enojada*'. Se especializa en dar 'abrazos a empujones', como decimos nosotros. El aspecto distintivo de su crianza ha sido buscar la manera de apoyarla y de trabajar dentro de sus límites emocionales. Las cualidades que hemos tenido que cultivar en nosotros mismos como padres han sido paciencia, persistencia y todavía más paciencia.

"Al principio, disciplinarla era en realidad fácil. La mayor parte del tiempo hice lo que nos parecía natural. Enseñé a Joanne la regla de oro. La televisión estaba apagada el 99 por ciento del tiempo. Me adapté al ritmo de ella y, siempre que fuera posible, evité obligarla a adaptarse a mi propio horario.

"También le di el control de los acontecimientos definiendo paso por paso exactamente lo que haríamos cuando no estuviéramos en casa. Me explico, por ejemplo: Ahora vamos a ponerte el abrigo, abrir la puerta del apartamento, bajar los escalones, abrir la puerta del auto, ponerte en tu asiento, etc. Después que creció un poco, comencé a trabajar cuatro o cinco horas al día, uno o dos días por semana. Le canté una y otra vez en el auto la misma 'canción de guardería' inventada por mí, para que ella supiera lo que vendría después. También decíamos 'hasta luego, nos vemos pronto' a los lugares de donde ella no quería irse, como el campo de juegos. Acorté las tareas más largas, como la compra en el mercado, y las hice más a menudo. Cuando Joanne expresaba frustración o se portaba mal, yo procedía a 'abandonar el barco'. O sea, abandonaba inmediatamente y sin enojarme el carrito de la compra, la piscina, la biblioteca, el restaurante o el parque. Rara vez Joanne volvió a hacer una escena en el mismo lugar.

"Por otra parte, le permití que hiciera cosas que otras madres de niños pequeños las consideran 'locuras', pero todavía me pregunto por qué. Joanne pintaba con los dedos, hacía figuras con brillo, metía las manos en el barro, jugaba dentro de las alacenas inferiores en la cocina, se vestía con combinaciones de colores llamativas, usaba tijeras sin filo y marcadores de texto sin tinta, cocinaba conmigo, jugaba sin cesar a vestirse de gala, y reconozco que muchas veces me hizo ponerle en el agua de baño tintes para huevos de pascua. Decidí simplemente que luego la podía duchar con agua limpia o cambiarle la ropa después de cualquier actividad.

"Con el paso del tiempo, la ira de Joanne llegó a dominar sus considerables aptitudes intelectuales y físicas. Nos produjo mucho pesar ver cómo su enfado obstruía su participación en actividades que hasta cierto punto le hubieran proporcionado felicidad y satisfacción. La vida no tardó en dar a Joanne duras lecciones, que se repitieron hasta que ella las asimiló.

"Sé que Joanne muchas veces se ha sentido excluida, sin apoyo, sin amor e incomprendida. Pronto nos dimos cuenta de que no bastaba con todo nuestro amor y comprensión para que ella cambiara de parecer.

Al cabo de un tiempo concluimos que, hiciéramos lo que hiciéramos, éramos incapaces de hacer que nuestra hija cooperara, encajara, o se sintiera comprendida o amada. Estaba sola y simplemente no tenía a nadie más como ella.

"Es una niña que, a los 10 años y bajo mi tutelaje, leía libros como *Black Like Me* [Negro como yo], *La vuelta al mundo en 80 días*, *Las hijas de la princesa Sultana* y la Proclama de Emancipación de Lincoln. Una niña a quien enseñé tolerancia religiosa mostrándole los fundamentos de las principales religiones del mundo. Una niña que no hace distinciones de color ni de raza.

"Joanne tuvo que batallar con un impulso interno de 'si me empujas, te empujo'. No había término medio. Desde el punto de vista emocional, era frágil o fuerte, indecisa o resuelta, inconsciente o reflexiva, inerte o enérgica. Saltaba de una modalidad a la otra en muy poco tiempo. Recaía en patrones de conducta de años anteriores, pero hablaba en tono intelectual de la actualidad.

"Una de las cosas que puse en práctica desde su niñez, sobre todo para no enloquecer, fue un tiempo de silencio. Era un tiempo elegido por mí de duración y ocasión variables a lo largo de los años. Joanne podía realizar cualquier actividad no peligrosa en su cuarto siempre que fuera en silencio. Durante años tuvimos una reja para niños a la entrada de nuestro dormitorio y oficina. Esa reja sirvió para evitar que Joanne, desde que comenzó a andar hasta su adolescencia, irrumpiera en mi espacio sagrado de cordura. También, cuando creció un poco más, inventamos un tiempo de '¿hay algún incendio?'. Durante ese tiempo, a no ser que hubiera alguna emergencia real, no le permitíamos en absoluto que nos interrumpiera. Esa regla sigue funcionando hasta el día de hoy".

Joanne también era increíblemente psíquica. Esto hubiera podido convertirse en una pesadilla para ella y para sus padres, pero éstos optaron por no darle nunca demasiada importancia (para que Joanne no se la diera) y, desde un principio, insistieron en un comportamiento ético. Por ejemplo, Joanne tenía que respetar la privacidad de otros; no podía "entrar" en la mente de otra persona sin permiso de ésta.

La ira es tanto el talón de Aquiles (el punto más débil) como un don de Dios (el punto más fuerte) de los nuevos niños.

La ira auténtica nos da más energía, nos motiva a arreglar las cosas y a obtener resultados. La rabia no es lo mismo que la ira. La rabia proviene de una carga emocional suprimida o reprimida (cuentas pendientes) que puede salir a la superficie si el enfado es excesivo. La rabia da lugar a la mayor amenaza de violencia. Por otra parte, las peculiaridades de la ira, las distintas maneras en que se puede expresar, ofrecen a los tipos de la quinta raza raíz abundantes oportunidades de prestar servicios. Dado que la corriente de energía en que se basa la ira es fuerte y atrevida, estas personas suelen ser excepcionalmente motivadas y capaces en cualquier cosa que hagan. Son líderes naturales, capaces de hacer historia. Basta darles lumbre para que transformen el mundo.

Sin embargo, no todos los niños expresan el enfado en forma de ira. Muchos temen hacerlo, o no saben cómo hacerlo de forma constructiva, como limpiar la casa, desyerbar el jardín, participar en proyectos comunitarios y en patrullas de recogida de basura, hacer artesanías en una rueda de alfarero, en fin, cualquier cosa que sea física y que exija cierto esfuerzo. La ira sin un lugar donde verterla puede convertirse en depresión. Según datos médicos, alrededor de abril de 2004 había más de 10 millones de niños en los Estados Unidos sometidos a tratamientos con fármacos contra la depresión.[3] (Se piensa que el número de niños que realmente sufre de depresión es mucho mayor, pues la mayoría de los casos no son detectados.) Pero se sospecha que los mismos antidepresivos que se supone que deben compensar emocionalmente a estos jóvenes están haciendo que algunos de ellos empeoren, e incluso se vuelvan suicidas. Todos nosotros, niños y adultos, tenemos que aprender a trabajar positivamente con la ira, como ha sugerido Neil C. Warren en su importante libro *Make Anger Your Ally: Harnessing Our Most Baffling Emotion* [Haga de la ira su aliada: Cómo controlar nuestra emoción más incomprendida].[4] Las maravillosas cualidades de la intrepidez, la determinación y la fuerza de voluntad son extensiones positivas de la marca de la ira . . . y lo mismo sucede con la capacidad de curar.

Curiosamente, existe un vínculo entre la ira y la sanación. Si uno se enfada lo suficiente, con verdadera motivación, incluso hasta el punto de convertirse en luchador, puede enfrentarse a la mayoría de las enfermedades y reparar el daño ocasionado por la mayoría de las lesiones. Utilice esta energía con cuidado y verá cómo puede crear las condiciones para que ocurran milagros. La ira es poder, y ese poder lo empuja a uno o lo inspira a moverse. Logrará hacer cosas en un santiamén y, normalmente, con menos esfuerzo. Más aún, si dedica esa energía al bien común, si la ofrece para ayudar al prójimo, verá cómo de pronto el poder de la ira se transmuta en energía sanadora que da calor y enaltece y devuelve la integridad.

La marca distintiva de los nuevos niños es la ira, y estos niños son sanadores naturales. ¿Ve la relación? Esto no es coincidencia. *Desde muy temprana edad, los nuevos niños parecen conocer el propósito de esa corriente de energía que llevan por dentro.* Llamémosle instinto. Eso explica los impresionantes casos de niños que se acercan sin previo aviso a otra persona y le dan la mano, le sonríen o le tocan la mejilla, y de repente esa persona se siente mejor. Rara vez el niño da muestras de haber sido consciente del efecto de su acción. Simplemente hace lo que hace porque le parece bien. Muchos ven o sienten la energía que sale de ellos, a veces en colores intensos, a veces con una tonalidad dorada o blanca, y a veces con un acompañamiento especial de imágenes, sonidos o ángeles.

Los titulares dicen a toda voz: "Niña convierte una enfermedad en inspiración", "Estudiante con síndrome de Down vence a la fortuna", o "Niña de cinco años salva un hombre de un ataque cardíaco". El señor Frank DeMarco, de la casa editorial Hampton Roads, encaró el tema de forma muy personal después que dos niños, de siete y cinco años de edad, lo sanaron de un grave problema de salud mediante "la aplicación física de bandas [de energía] de colores" en torno a las partes de su cuerpo afectadas.[5] A raíz de esto, DeMarco comenzó a investigar relatos similares. Su libro *DreamHealer: His Name is Adam* [Sanador de sueños: Se llama Adam] trata de un adolescente de 16 años a quien se atribuye la curación de cientos de personas, a menudo de manera remota. En la lista de curas milagrosas de Adam figura Ronnie Hawkins, una estrella de rock canadiense a quien los médicos diagnosticaron cáncer terminal de páncreas y le dijeron que sólo le quedaban tres meses de vida. En el número del 27 de noviembre de 2003 de la revista *Rolling Stone* apareció un artículo sobre la recuperación de Hawkins. Como ya se imagina, Hawkins ha vuelto al trabajo y está preparando su nuevo CD, gracias a Adam.

Los relatos milagrosos como éste serán muy numerosos. Estos jóvenes saben cómo usar la intensidad energética del color y el sonido para modificar los códigos genéticos. Así es como muchos de ellos sanan a otras personas. Hay un sistema de energía en particular que utiliza este mismo recurso: el Reiki, que se puede enseñar a los niños y adultos como ayuda para ellos mismos y para otros.[6] Una vez que el niño aprende las técnicas de Reiki y cómo aplicarlas de forma adecuada, puede hacer frente a situaciones estresantes y difíciles, con mucha más facilidad y conocimiento. Esto da poder al niño y es una bendición para todos los demás.

La ira como energía primitiva constituye un reto para la sociedad civilizada. No podemos alejarla con el pensamiento ni intelectualizar sus distintas facetas ni usarla para justificar una conducta violenta o malsana. Uno debe encarar la ira frente a frente, con técnicas y entrenamiento que le permita difuminar, desviar o atenuar su poder. El perdón y la reconciliación son los contrapuntos de la ira . . . aquí volvemos a toparnos con las cuestiones del quinto chakra relacionadas con el "poder para dominar" a diferencia del "poder para hacer".

Debido a esta marca distintiva, los nuevos niños tendrán la energía y la voluntad necesarias para lograr lo que deban hacer. En verdad, esto no es coincidencia, pues no hay mal que por bien no venga.

Niños excéntricos y genes brincadores

Te amo, eres perfecto, ¡pero cambia!

TÍTULO DE UN MUSICAL CONTEMPORÁNEO
DE JOE DIPIETRO Y JIMMY ROBERTS

¿Sabía usted que en los contratos deportivos entre las universidades y los medios de difusión patrocinadores, se pacta un incentivo que consiste en el pago de una recompensa importante *si* los jugadores mantienen buena conducta y no tienen problemas con la justicia?

Por increíble que parezca, los centros de enseñanza superior necesitan usar tales técnicas de persuasión para controlar a sus atletas, y esto pone al descubierto otro aspecto de los nuevos niños que haríamos bien en examinar, junto a otras situaciones desconcertantes que muchos de ellos afrontan en la sociedad. Comencemos este punto repasando rápidamente la idea de las marcas distintivas generacionales, que examiné con detalle en el capítulo 5. Recordemos que cada generación nace marcada por sus rasgos y características particulares (patrones de energía) que definen su ciclo. Estos pueden ser identificados y estudiados como una forma de preparar a la sociedad para su próxima hornada de ciudadanos. Las marcas distintivas se refieren a los patrones de energía más prominentes, por ejemplo, un tema general o una fuerte motivación que da pie a la acción o la respuesta. Hasta ahora, nos hemos centrado mayormente en una de estas marcas distintivas, la ira peculiar que se manifiesta en la generación del milenio. Aunque son un grupo tolerante, su veta de impaciencia puede anular incluso sus mejores intenciones. Permítame volver a insistir en esto: a medida que la gran rueda pasa al quinto mundo y su ascensión, la furia se convierte en la *atmósfera* de esa transición, no como marca distintiva generacional, sino como "clima" que da colorido a lo que nuestras diversas sociedades deben enfrentar. En vista de que la responsabilidad de conducirnos hasta la puerta de acceso maya y ayudarnos a atravesarla recae sobre la generación del milenio más que sobre ninguna otra, es fundamental que comprendamos su marca distintiva: tolerancia por la parte positiva, y una frustración impaciente por la parte negativa.

Pero, ¿qué es verdaderamente lo positivo y lo negativo en este caso? Esa ira de ellos que parece tan contraproducente puede ser en realidad una bendición del cielo debido a la energía y pujanza con que han sido bendecidos, más que suficiente para que lleguen a ser los agentes de cambio y activistas que se sienten presionados a ser. ¿Tolerancia? Ciertamente, es conveniente tener la disposición a considerar o al menos a estar abiertos a puntos de vista distintos o desconocidos, pero esta maravillosa cualidad pudiera fácilmente dar pie a una actitud indolente y desganada que socavaría su propia finalidad.

¿Cómo llamarle entonces? ¿Positivo o negativo? Tenga presente esta pregunta a lo largo del presente capítulo, mientras abordamos algunos temas pesados, como los trastornos del aprendizaje, los genes brincadores y los estragos de la televisión.

Hoy no se oye decir tanto que los niños son simpáticos o activos, o soñadores u ocurrentes, sino que se les clasifica de conformidad con sus trastornos: trastorno por déficit de atención, trastorno por déficit de atención con hiperactividad, conducta oposicional desafiante, trastornos generalizados del desarrollo (similares al autismo), síndrome de Asperger, disfunción de la integración sensorial y trastornos del espectro autista.

Las estadísticas actuales indican que dos de cada cinco niños en los Estados Unidos sufren de algún tipo de trastorno del aprendizaje, uno de cada diez padece de alguna enfermedad mental, y más de siete millones padecen de trastorno por déficit de atención; los casos de trastorno por déficit de atención con hiperactividad han aumentado en el 600 por ciento desde 1990 y el autismo está ahora tan extendido que se considera epidemia. ¿Debemos aceptar que esto es consecuencia de la mala labor de los padres y de la falta de disciplina, o considerarlo simples quejas de profesores abrumados por el estrés? Es posible, pero los resultados de un estudio reciente pueden hacer que nos preguntemos sobre otros factores causales, además de lo que parece evidente: *el trastorno por déficit de atención y el trastorno por déficit de atención con hiperactividad se manifiestan como anomalías en las tomografías de cerebro de los niños afectados.*[1] Lamento quitarle la ilusión, pero los trastornos son reales.

Debido a la gran complejidad del vocabulario en constante desarrollo de las disfunciones infantiles, algunos especialistas están preocupados por la manera en que las nuevas etiquetas podrían afectar a los niños en su crecimiento. El Dr. Mel Levine, un pediatra que se opone al empleo de las etiquetas diagnósticas, observa: "Debemos determinar lo que la persona necesita y lo que le puede ayudar, en lugar de ponerle una etiqueta". Así, de los grupos de expertos ha surgido un término que los comprende a todos: "excéntricos". No es que los muchachos sean estrafalarios o extraños ni trastornados o disfuncionales, son excéntricos. Y ese término simpático, afectuoso se usa ahora tan a menudo que también se emplea para referirse a los jóvenes.

Pero, ¿de qué forma se atienden las peculiaridades de la excentricidad? Pues, con potentes fármacos. El segmento infantil ha sobrepasado al de la tercera edad y a todos los otros grupos de edades como el de mayor crecimiento en el mercado de medicamentos por receta médica. El Ritalin, el Prozac, y el Risperdal son los más comunes; también se utiliza como sucedáneo el Concerta. *No se han hecho estudios a largo plazo de cómo estos medicamentos afectan a los niños.*

Lo que sí ha aprendido la ciencia es que el Ritalin puede hacer que un niño no alcance la talla y peso normales y provocar cambios permanentes en el cerebro; el Prozac puede ocasionar conductas violentas y extravagantes; los niños con tratamientos por trastorno por déficit de atención con hiperactividad sufren de una incidencia excesivamente elevada de depresión y suicidio, independientemente del medicamento que se utilice; el remedio más favorable encontrado hasta la fecha con los menores efectos secundarios nocivos es ilegal: la marihuana.[2] Los medicamentos preferidos para los tratamientos siguen siendo de efecto imprevisible en los niños. Nadie sabe en verdad qué sustancia es mejor, sus efectos a largo plazo, ni si hay alguna otra solución que sea mejor que el uso de medicamentos.

Antes mencioné algunas similitudes que he observado entre quienes han tenido experiencias cercanas a la muerte y los nuevos niños. Otro descubrimiento que hice en la investigación de estados cercanos a la muerte que pudiera aplicarse en este caso es que *todos, sean niños o adultos, desarrollan una mayor sensibilidad a los fármacos tras haber tenido una experiencia cercana a la muerte.* Esto forma parte de los efectos ulteriores. Generalmente, quienes han tenido estas experiencias se vuelven casi hipersensibles al gusto, el tacto, la textura, el olor, el sonido, la presión, las pulsaciones, el ritmo, las sensaciones. Tanto se ha escrito sobre la forma en que su energía comienza a hacer interferencia con campos electromagnéticos y equipos de alta tecnología, que esta información ha pasado a ser leyenda. (Por ejemplo, yo aún no puedo usar reloj pulsera y tengo cuidado de no manipular equipos que no están adaptados a mis excesos de energía.) Esta sensibilidad también tiene que ver con la reducción de la tolerancia a sustancias químicas, por ejemplo, contaminantes, aditivos y fármacos. Las alergias se convierten en cosas comunes.

Los niños que han tenido experiencias cercanas a la muerte siempre han sido de especial interés para mí, porque no pueden explicar bien lo que les está sucediendo ni por qué se sienten como se sienten. Además, muy pocos logran establecer un vínculo entre sus "diferencias" y lo que sucedió aquel aciago día en que estuvieron cerca de la muerte o en que de veras murieron. Las pautas de los efectos ulteriores fisiológicos y psicológicos son más pronunciadas en los niños que en los adultos, y estos niños (que han experimentado estados cercanos a la muerte) son los que más se parecen a los tipos de la quinta raza raíz ascendida.

La siguiente cita de mi libro *The New Children and Near-Death Experiences* [Los nuevos niños y las experiencias cercanas a la muerte], alerta sobre este aumento de la sensibilidad a los fármacos:[3]

> Cuando un niño está enfermo, se le lleva rápidamente a un médico o tal vez a la sala de urgencias de un hospital cercano, donde se le administra una inyección o se le recetan píldoras. Así se procede habitualmente. Pero si el pequeño es un sobreviviente de una experiencia cercana a la muerte y súbitamente se hace más sensible, quizás incluso alérgico, al tipo de fármacos que se administra normalmente a un chico de su peso y edad, el tratamiento podría ser más peligroso que la dolencia [o la lesión]. Es preciso hacerle saber esto al médico.

Los niños que han pasado por una experiencia cercana a la muerte se tornan excepcionalmente sensibles, como si de algún modo hubieran sido modificados, reorganizados y reconfigurados. La mayoría de los niños que entraron en el plano terrenal aproximadamente desde 1982 han nacido con esa misma sensibilidad y muestran muchos de los mismos cambios en los niveles encefálico, nervioso y digestivo, e incluso en la piel. (El vínculo clave que hallé tiene que ver con la aceleración de la energía, lo que existía desde antes, incluso como potencial, que luego se expande. Esto conforma lo que creo que está sucediendo globalmente ahora que las energías de la ascensión alteran los procesos vitales.)

Nota: *Estos niños, los que menos pueden asimilar medicamentos, son los que reciben los fármacos más potentes, y son medicados al mismo nivel que los adultos. La industria de los seguros incentiva la aplicación de fármacos y desincentiva los tratamientos con psicoterapia o con sustancias más naturales, por ejemplo, las hierbas y remedios homeopáticos.*

A las sensibilidades que tienen los niños con experiencias cercanas a la muerte hay que añadir todo esto: los refrescos, la comida chatarra, el alcohol y el tabaco, los metales tóxicos, los contaminantes del aire, la ropa de vestir y de cama tratada con productos químicos, los aditivos alimentarios. Y debe tenerse cuidado con su exposición a la televisión, a los campos eléctricos de las computadoras y a las líneas eléctricas de alta tensión. Existen antídotos, ajustes que se pueden introducir para ayudarles no sólo a lidiar con estas situaciones sino a prosperar en el mundo de hoy pero, antes de poder hacer nada, necesitamos adultos dispuestos a reconocer lo que está sucediendo.

¿Adivinaría usted lo que están descubriendo ahora los científicos, médicos y algunos padres en relación con los niños diferentes desde su nacimiento? Aproximadamente el 80 por ciento de los trastornos infantiles pueden vincularse directa o indirectamente con alergias a alimentos, deficiencias nutricionales y malas digestiones. Otros problemas comunes son: trastornos de la tiroides, deficiencias en el metabolismo de aminoácidos, deficiencias de ácidos grasos esenciales, inflamación intestinal, ingesta de pesticidas, hormonas de crecimiento y alimentos irradiados, perturbaciones del sistema inmunológico, acumulación de metales tóxicos, la excesiva cercanía a líneas de alta tensión y la exposición excesiva a equipos de alta tecnología. Con todo, se sospecha que el culpable número uno sea el mercurio, que se inhala tal vez de emisiones tóxicas presentes en el aire, pero que proviene más concretamente de las vacunas infantiles en las que el mercurio se emplea como preservante y se combinan múltiples sueros (por ejemplo, la SPR, la vacuna triple contra sarampión, parotiditis y rubéola).

Nota: El vínculo entre el surgimiento de la SPR y la escalada en el número de casos de autismo en los Estados Unidos, Canadá, y Gran Bretaña fue desacreditado por investigadores médicos en la primavera de 2004. Aún cuando no ha existido jamás vínculo alguno entre el autismo y las dosis de cada suero por separado, la vacuna triple, que ahora se considera oficialmente segura, aún se puede poner en entredicho. ¿Por qué? *Porque la comunidad médica nunca investigó la posibilidad de que los causantes fueran una combinación de factores.*[4]

Nota: *Muchos de los directores de las grandes cadenas de comida rápida y comida chatarra ocupan también puestos en las más grandes empresas de medios de información y farmacéuticas. Así, mientras las* noticias sobre la gran rentabilidad de algunos medicamentos ocupan los titulares, rara vez se publican los testimonios sobre los beneficios de una alimentación sana junto con la ingestión moderada de vitaminas.[5]

Me dejó boquiabierta un análisis de costos realizado por investigadores a quienes conozco, que estudian los factores de rentabilidad en las empresas farmacéuticas. Lo que concluyeron confirma los que los padres preocupados me habían expresado siempre: *que la industria más rentable en los Estados Unidos es la de medicamentos infantiles.* Con esto me explico por qué los regímenes sin medicamentos (por ejemplo, la buena nutrición, un estilo de vida saludable, centrado en la espiritualidad y la limitación o adecuación al exponerse a campos electromagnéticos) rara vez o nunca se mencionan en la comunidad médica preponderante como tratamientos recomendados para los trastornos infantiles.

Lo que descubrí en el caso de los niños que habían estado cerca de la muerte es muy parecido a lo que varios investigadores hemos notado en los nuevos niños. Estos sensibles jóvenes tienen dificultad para lidiar con los excesos de la sociedad; su desafío comienza en el útero con los excesos de la madre. Al igual que los "canarios en la mina de carbón", la manera en que ellos se vean afectados es una señal de advertencia para el resto de nosotros acerca de lo que puede suceder al género humano en su conjunto si no comenzamos a corregir tales excesos.

Hay un movimiento cada vez mayor de tratamiento alternativo que se propone justamente lograr esto. Los niños excéntricos que reciben este tratamiento están dejando de presentar esas características; algunos de sus trastornos están desapareciendo por completo.[6] Veamos algunos ejemplos de estos tratamientos alternativos: los especialistas están empleando terapias de quelación en los niños autistas para extraer metales tóxicos, y terapias cráneo-sacrales (una técnica que tiene por objeto equilibrar las membranas craneales) que han probado ser útiles para algunos muchachos con trastorno por déficit de atención y trastorno por déficit de atención con hiperactividad. Hay dietas especiales que han contribuido al cese total de muchos de los trastornos de la infancia, especialmente del autismo (es sorprendente el número de niños alérgicos al trigo, la avena, la cebada, el centeno y los huevos). El hecho de limitar el uso de computadoras y la exposición a la televisión en el caso de los más pequeños (adecuándolo a medida que crezcan) produce un aumento importante de su capacidad de mantenerse enfocados y concentrados, ser creativos e imaginativos, y actuar de una manera más respetuosa y calmada.

Una pincelada más. De conformidad con un informe publicado en la edición de abril de 2004 de la revista especializada en nutrición *American Journal of Clinical Nutrition*, "La epidemia actual de obesidad está vinculada al uso de edulcorantes con alto contenido de fructosa de maíz en los alimentos y refrescos". ¿Es necesario explicarlo? Los refrescos son agua azucarada. El maíz es empleado por los agricultores para cebar el ganado. No es que el azúcar o el maíz sean malos. Lo malo es el exceso; el consumo y uso excesivos convierte lo que antes era bueno en algo dañino.

Mientras más volvamos al orden natural, más sanos y felices seremos. Eso es cierto pero, ¿es esto realista? Hablemos de la televisión, por ejemplo. ¿Cómo podríamos vivir sin ella? La pantalla chica ha enriquecido increíblemente nuestras vidas, nos ha puesto en el centro de la fila delantera en el teatro de las últimas noticias, nos ha permitido recorrer culturas que nunca habríamos podido visitar, nos ha proporcionado oportunidades educativas sin precedente y nos ha facilitado entretenimiento según las preferencias de cada cual. Sin embargo, lo que nos enriquece también tiene un lado sombrío: el contenido y el sobresalto.

En cuanto a contenido, tenemos al fin cifras significativas: los niños menores de cuatro años que ven televisión son 20 por ciento más propensos a desarrollar trastornos por déficit de atención antes de los siete años que los pequeños que no la ven.[7] Los niños de cualquier edad que ven tres horas o más de programas de televisión por día son dos veces más propensos a ser violentos que otros niños. Una prolongada exposición a la violencia en los medios puede dar lugar a la insensibilidad emocional con respecto a la violencia en la vida real; según un estudio a largo plazo en el que se establecieron correlaciones entre los hábitos de ver televisión de los niños de Chicago y su comportamiento veinte años después, *se halló un vínculo directo entre la exposición a la violencia de la televisión y el volverse violento.*

Hay personas en otros países que critican nuestras películas, música y espectáculos de televisión porque presentan demasiadas escenas de violencia y de consumo de drogas. Nuestros expertos de los medios están enviando el mensaje equivocado y vendiendo una mala imagen de nuestro país . . . sin mencionar el efecto que tienen estos productos en los corazones y mentes en desarrollo. Los ejecutivos de televisión reconocen que lo que desearían en un espectáculo de media hora es tener quince minutos de comerciales y quince minutos de programa. Esperan lograr esto enseñando a los actores y actrices a hablar con mayor rapidez (lo cual ya se hace). A los ejecutivos de la televisión no les importa si los televidentes más ancianos pierden fragmentos del diálogo; quienes les interesan son los jóvenes que, con su capacidad de concentración reducida y su rapidez mental, pueden seguir fácilmente el diálogo rápido. Esto interfiere aún más en el desarrollo del cerebro y hace que aumente el riesgo de trastorno por déficit de atención.

Los espectáculos de realidad como *Factor miedo* presentan ahora a familias enteras: mamá, papá y los niños. Los niños se ven sujetos a un increíble estrés. "Me encanta", ríe un pequeño mientras trata de librarse de unos insectos enormes. Observe, sin embargo, a lo que está expuesto el niño y el estrés que le crea, e imagine entonces cómo esto podría afectar a otros niños que ven el programa. El problema es el estrés, no los insectos, y ese estrés crea "sobresaltos" (escenas o sonidos súbitos e inesperados, cuyo propósito es mantener el cerebro alerta y atento). Lo más pérfido y dañino de la televisión para el desarrollo del cerebro de un niño, que afecta no sólo al niño sino al futuro de cómo podría evolucionar el género humano, es el efecto de sobresalto en la programación de televisión y su uso excesivo.

Muchas voces nos alertan sobre esto. Dos de ellas en particular son las de Marie Winn, autora de *The Plug-In Drug* [La droga eléctrica], y el Doctor en Medicina Keith Buzzell, autor de *The Children of Cyclops: The Influence of Television Viewing on the Developing Human Brain* [Hijos de cíclopes: La influencia de la televisión en el desarrollo del cerebro humano].[8] Sucede que en los programas de televisión hay que incluir sobresaltos continuos para mantener alerta el cerebro. Rápidos cambios de ángulo de cámara, sonidos inesperados o sorprendentes, acciones súbitas, escenas de fuego rápido . . . todo esto produce en el cerebro un sobresalto suficiente como para mantener su atención y crear exactamente el estrés suficiente para hacer que el cuerpo se prepare para una acción defensiva . . . gracias a la constante entrada de pequeños niveles de cortisol en el flujo sanguíneo del televidente.

El cortisol forma parte de nuestra reacción de "huida o lucha", como hormona liberada por la glándula pituitaria si la adrenalina de las glándulas suprarrenales no es suficiente para ayudarnos a hacer frente al estrés prolongado o a largo plazo. Ha de transcurrir entre ocho y veinticuatro horas para que el cortisol desaparezca de la corriente sanguínea después de haber entrado en ella. Los anunciantes insisten con frecuencia en que determinada cantidad de sobresaltos aparezcan en cada segmento del programa. Esto se incluye en su contrato con el productor de televisión. Los sobresaltos aseguran que los televidentes vean anuncios comerciales (que están repletos de sobresaltos). El efecto que esto tiene en los niños desde el punto de vista neurológico es similar al efecto del abuso infantil. Obstaculiza el desarrollo normal del cerebro, hace que disminuya la inteligencia e interfiere con el sistema nervioso y los patrones de respuesta emocional. El efecto en los fetos antes de nacer es aún mayor debido a la interconexión sanguínea entre la madre y el feto. El "renacuajo" puede ser irrigado una y otra vez con el cortisol de la madre. De ahí la importancia de que la mujer embarazada viva en un ambiente lo más libre de estrés posible. (En mi libro *The New Children and Near-Death Experiences* [Los nuevos niños y las experiencias cercanas a la muerte] hago referencia a un caso de daños producidos por el cortisol a un feto de varios meses.[9])

Pero el contenido, tan problemático como puede ser, no es el único defecto de la televisión. Hay que dar gracias por la magia de la competencia y el hecho de poder elegir entre más de 400 canales. Así es, debido a la intensa rivalidad entre Disney y Nickelodeon, existe hoy una programación segura y maravillosa para los niños en edad preescolar. De hecho, han vuelto a ser populares algunas ofertas excelentes que tienen un mínimo de sobresaltos.

Los seres humanos tenemos mayor facilidad para aprender a través de las relaciones interpersonales y la participación directa en actividades, que a través de la televisión. Sin embargo, nuestros cuerpos son ajustables, gracias a que nuestros genes pueden "brincar" o cambiar de lugar. No estamos atados a los patrones genéticos con los que nacimos, ni nuestros hijos están sujetos del todo a lo que heredan de nosotros. Los genes brincan, especialmente en respuesta a presiones ambientales y al estrés. Barbara McClintock, genetista galardonada con el Premio Nobel, lo ha demostrado. Nuestros cromosomas tienen elementos *transponibles* entre ellos, lo que significa que los genes que poseemos tienen, como parte de su composición básica, la capacidad de alterarse, incluso muy rápidamente.[10]

Y bien, quizás ya ha adivinado a dónde quiero llegar con esto de los genes, y ha adivinado correctamente. Algunos de los trastornos que presentan nuestros hijos, específicamente el trastorno por déficit de atención con hiperactividad, que son producto del estrés excesivo, la tensión, y las presiones creadas cuando la sociedad hace caso omiso de lo mucho que nos hemos apartado del orden natural . . . son en realidad indicios de un maravilloso proceso evolutivo. Lo que salvó a la humanidad hace unos cuarenta mil años está volviendo a ocurrir ahora, con el retorno del "gen del cazador".

Los científicos nos explican que, como consecuencia de grandes erupciones volcánicas que tuvieron lugar en ese período en al menos tres continentes, además de la escasa luz solar debido al volumen de cenizas en el aire y la liberación de gases dañinos, la tasa de mortalidad de todas las especies vivientes llegó a límites insospechados. Se calcula que no sobrevivieron más de quince a cuarenta mil personas en todo el mundo. El desplome demográfico produjo un atascadero, una situación de tal inclemencia e intensidad que desencadenó una serie de rápidas mutaciones genéticas, y que desembocó en "el alba de la civilización". Se puede dar crédito al trastorno por déficit de atención con hiperactividad, que en la mayoría de los casos se debe a la combinación de muchos genes, o más específicamente, del alelo DRD4 7R (el gen más importante o prominente en los casos de trastorno por déficit de atención con hiperactividad). No deje de leer este libro de Thom Hartmann: *The Edison Gene: ADHD and the Gift of the Hunter Child* [El gen de Edison: el trastorno por déficit de atención con hiperactividad y el don del niño cazador].[11]

Hartmann, quien es una autoridad en trastornos infantiles, trazó el mapa (brillantemente) de cómo el surgimiento de lo que hoy llamamos trastorno por déficit de atención con hiperactividad salvó a la humanidad. La búsqueda de la novedad, la tendencia a distraer la atención, la constante exploración, curiosidad, inteligencia, impaciencia y adaptación rápida a los cambios, son los rasgos que garantizaron la supervivencia en aquel entonces. Actualmente, el instinto del cazador (o del inventor o iniciador) hace que las personas se enfrenten airosamente a las mayores dificultades y riesgos, al desplegar una intuición y creatividad que les permiten pensar más allá de los esquemas tradicionales. Si bien el "gen del cazador" ha permanecido en el patrimonio genético humano desde su súbita aparición hace muchos eones, surgiendo y desapareciendo según las necesidades de la sociedad, su extraordinario y espectacular resurgimiento en poblaciones de todo el mundo desde mediados de la década de los 80, y más específicamente en los últimos cinco años, puede de hecho señalizar . . . que estamos a punto de dar un importantísimo salto evolutivo en la población . . . que incluso pudiera consistir en otro desplome. (Muchos de estos rasgos son también evidentes en los niños que han tenido experiencias cercanas a la muerte, una prueba más del elemento transponible en la composición genética.)

Trastornos infantiles, tácticas de los medios de información, excesos de la modernidad, genes brincadores . . . ¿Quién puede clasificarlos? ¿Son positivos o negativos? ¿Qué opina usted?

Inteligencia creciente, potencial perdido

La mente refleja un universo que a su vez refleja la mente del hombre. El Creador y lo Creado se fabrican uno a otro.

JOSEPH CHILTON PEARCE

Los maestros que ya están cercanos a la jubilación se quejan de que la mayoría de los nuevos niños son los alumnos más tontos, perezosos, descorteses y poco interesados que hayan visto jamás. ¡¿Cómo?! Eso no es lo que nos dicen William Strauss y Neil Howe en su estudio más reciente, *Millennials Rising: The Next Great Generation* [Auge de la generación del milenio: La próxima gran generación],[1] un estudio muy optimista y estimulante sobre los adolescentes de hoy. Pero hay que reconocer que en su investigación incluyeron sólo a dos escuelas preparatorias más bien comunes. A mi juicio, no es una base suficientemente amplia para dar una idea verdadera de la situación de los nuevos ciudadanos del milenio aunque, en efecto, los autores confirmaron algo que yo me imaginaba: que esta generación en particular tienen el empuje, la energía y los conocimientos técnicos equivalentes a los de la generación de los guerreros, o más. Estos muchachos realmente podrían salvar al mundo. Entonces, ¿a qué se deben las malas opiniones y las malas caras de tantos maestros?

La respuesta pudiera estar en el estudio de otro fenómeno: el repentino auge de la dislexia en los niños de hoy. Christine Gorman, en su artículo "La nueva ciencia de la dislexia" publicado en la revista *Time,* hace una observación muy interesante:[2]

> Quizás debido a que sus cerebros están estructurados de una manera distinta, los disléxicos suelen ser hábiles solucionadores de problemas, que ven las soluciones desde ángulos novedosos o sorprendentes y realizan saltos conceptuales que dejan anonadadas a muchas personas que requieren pensar paso por paso y sin mirar a los lados. Algunos disléxicos aseguran que pueden ver el mundo que los rodea en Technicolor y en tres dimensiones, o como un juego de ajedrez multidimensional. También pudiera ser que las dificultades que tuvieron que superar en la niñez para aprender a leer los prepararon mejor para hacer frente a la adversidad en un mundo volátil y rápidamente cambiante.

Proporcionalmente, hay un número excesivo de disléxicos en las filas de las personas más triunfadoras de la sociedad y de los más desaventajados entre los presidiarios. ¿Qué distingue a los que están en las filas superiores de los que ocupan las filas inferiores? Las oportunidades que hubieran tenido en sus años formativos, que estimularon su especial capacidad de "pensar fuera de los límites tradicionales". . . o sea, de pensamiento abstracto.

¿Esto le suena conocido? Trátese o no de niños disléxicos, la mayoría de los representantes de la nueva generación comienza a desarrollar el pensamiento abstracto desde edades tempranas. Aprenden a hablar rápidamente, son extremadamente sensibles e intuitivos, muy inteligentes, curadores y reparadores naturales, *pero no piensan secuencialmente, ni están interesados en aprender a hacerlo.* Se enfrentan al actual sistema de enseñanza, lo ignoran, lo rechazan, o lo desdeñan. La cuarta parte de ellos no terminan la preparatoria.

No es tanto que los nuevos niños tengan trastornos, sino que están ordenados de una manera diferente.

Sus cerebros estructuran y procesan la información de maneras inusuales. Ni sus padres ni nuestro sistema educativo están preparados para hacer frente a los desafíos que plantean. Lo mismo se aplica a los profesionales de la medicina, la psiquiatría y el sistema judicial, para no hablar ya de quienes serían sus empleadores.

Descubrí una situación similar con niños que habían experimentado estados cercanos a la muerte. Después de sus experiencias, el 48 por ciento de los niños que investigué cuyos episodios tuvieron lugar entre cero y 15 años de edad y a quienes se les aplicaron exámenes estandarizados para determinar su coeficiente intelectual, obtuvieron resultados de 150 a 160 (generalmente se dice que los coeficientes a partir de 132–140 indican inteligencia de genio). Si me centrara solamente en los menores de seis años, el 81 por ciento de ellos obtienen esas mismas calificaciones. Si excluyera los casos relacionados con infantes y niños recién nacidos (especialmente los que experimentaron una "luz oscura" durante el episodio en lugar de una luz intensa*), habría más de un 90 por ciento de genios y sus coeficientes más bajos serían de 182.

Esto puede parecer inconexo, pero le ruego que tenga paciencia conmigo. Vea algunas de mis conclusiones con respecto a niños que han tenido experiencias cercanas a la muerte: la mitad de ellos recordaban el momento de su nacimiento (la mayoría con datos correctos); la tercera parte de ellos tenían recuerdos anteriores al nacimiento, que comenzaban aproximadamente a los siete meses en el útero (etapa en que el feto ya responde al dolor). La mayoría de sus recuerdos se centraban en torno a los pensamientos y palabras con carga emocional de sus padres; algunos podían "ver" fuera del vientre (con increíble precisión). El 93 por ciento de ellos tenían aptitudes especiales para las matemáticas y, de ese grupo, la mayoría también tenía aptitudes especiales para la música. Las regiones del cerebro que controlan las matemáticas y la música están situadas una al lado de la otra. Al parecer, ambas aptitudes se potencian

---

*Se ha dicho que pueden verse tres tipos de luz en las experiencias cercanas a la muerte: una luz cruda, penetrante, primaria; una luz oscura, protectora y cálida, con matices púrpura; o una brillante luz blanca o dorada de amor incondicional. Los niños que las han experimentado llaman a la luz primaria "luz de Dios", a la oscura, "luz materna" y a la brillante, "luz paterna". Afirman insistentemente que tanto la luz materna como la luz paterna provienen de la luz de Dios.

conjuntamente durante los episodios cercanos a la muerte en la niñez, como si fueran una sola (lo que desdice mucho de los sistemas escolares que dedican un presupuesto mucho mayor a los departamentos de matemáticas que a los de música). Niñas y niños mostraron iguales talentos en materia de razonamiento espacial y reconocimiento visual.

Veamos ahora qué relación guarda esto con la inteligencia de los nuevos niños.

Las luces mencionadas y los efectos ulteriores fisiológicos me indican que en el núcleo de los estados cercanos a la muerte hay una energía muy intensa. Lo denomino un "golpe apabullante", que afecta principalmente al cerebro, los sistemas nervioso y digestivo y la piel. Lo que veo una y otra vez con los niños que se han sometido a este fenómeno es similar a lo que se dice en todo el mundo de los nuevos niños, o sea, que un fenómeno sigue el modelo del otro. Las modificaciones genéticas son evidentes, o al menos lo son para mí. Estamos hablando de millones y millones de niños.

Hago otra comparación. Una vez que se recuperan de su episodio, la mayoría de los niños que han sufrido experiencias cercanas a la muerte parecen quedar reestructurados, reordenados y reconfigurados de manera que puedan funcionar y prosperar mejor en un mundo de tecnología y dotes visuales. *Sin embargo, sólo la tercera parte de ellos aprovechan de algún modo estas aptitudes.* Esta pérdida de potencial también está afectando a la generación del milenio.

Por cierto, cada país que administra pruebas estandarizadas de coeficiente intelectual ha notado el mismo salto que estamos viendo en los Estados Unidos y que he visto en mis investigaciones sobre las experiencias cercanas a la muerte. El aumento de la inteligencia es realmente global. Sharon Begley, autora de un artículo publicado en la revista *Newsweek*, titulado "El rompecabezas de los coeficientes intelectuales (The IQ Puzzle)", indica: "El aumento es tan marcado que implica que el escolar promedio de hoy es tan inteligente como muchos 'cuasigenios' de antaño".[3] El efecto Flynn nos ayuda a comprender mejor este fenómeno al mostrarnos cómo puede influir en la inteligencia el hecho de que los grupos de niños se encuentren en un entorno estimulante: al mejorar el entorno, se producen interacciones entre los niños que dan lugar a coeficientes intelectuales más elevados, y éstos a su vez contribuyen a producir un mejor entorno e interacciones más estimulantes, lo que a su vez mejora el intelecto y produce incluso más interacciones, y así sucesivamente.[4] No obstante, el efecto Flynn no explica adecuadamente lo que está pasando en realidad con nuestras nuevas generaciones. La mayoría de los niños nacen con estos rasgos, independientemente de su herencia genética; muchos están atrapados en entornos que casi nunca cambian positivamente, en especial en países de poco desarrollo industrial y grandes problemas económicos.

Para encontrar una teoría que explique este fenómeno, debemos buscar en otra parte: en la evolución. Hay un "código de genio" en la familia humana que ahora se está activando. Lo que antes estaba latente en nosotros, ahora está entrando en acción.

¿En qué consiste esta inteligencia creciente que está enloqueciendo a los maestros?

Para ponerla en perspectiva, necesitamos a alguien como Soleira Green, visionaria global, consultora, escritora y entrenadora. Identifica cinco formas de inteligencia (¡otra vez el número cinco!) en su artículo titulado "La inteligencia cuántica, más allá de los coeficientes intelectuales, la inteligencia emocional y la inteligencia espiritual . . . La evolución de la inteligencia (Quantum Intelligence, Beyond IQ, EQ and SQ . . . The Evolution of Intelligence)".[5] Según explica, el coeficiente intelectual es sólo el comienzo:

Cuando uno abre el corazón, accede a la intuición y a un enfoque más equilibrado sobre las emociones . . . o sea, *inteligencia emocional.* Si uno integra el espíritu (su yo externo, más grande), accede a la sabiduría, así como a una apertura a la espiritualidad (una búsqueda de significados más profundos y mayor comprensión), y todo lo que entraña ese viaje . . . o sea, *inteligencia espiritual.* Si uno abre su alma (ese yo interno esencial) a la vida, descubre su acceso a una capacidad innata de sensación, conocimiento y telepatía . . . o sea, *inteligencia holística.* Al expandirse más allá de sí, a la conciencia y la creación (el todo), uno descubre el pensamiento y el procesamiento hiperrápidos, la supercreatividad y la multiplicidad vibrante . . . *o sea, la inteligencia cuántica.*

El cuadro que se presenta a continuación, reproducido con permiso de la autora, aclara sus ideas.

LA INTELIGENCIA EQUIVALE A CONCIENCIA AMPLIADA

LUGAR	CONEXIÓN	INTELIGENCIA	RESULTADO
Mente	Individuo	Coeficiente intelectual	Pensamiento
Comprensión del corazón	Comenzar a abrirse a otros	Inteligencia emocional	Intuición emocional
Espíritu	Conectarse con el yo y el propósito superiores	Inteligencia espiritual	Sabiduría
Alma/percepción del todo	Conectarse profundamente con otros y con el potencial	Inteligencia holística	Conocimiento, telepatía innata
Creación (Procesamiento y apertura de conciencia)	Conectarse con el todo	Inteligencia cuántica	Hipervelocidad, amplitud de banda, supercreatividad

Un número importante de los nuevos niños reúnen las características de la inteligencia espiritual a través de la inteligencia cuántica. A eso se debe el aprieto en que se encuentran los padres y los maestros. La inteligencia que esté más allá de lo que se pueda medir con el sistema estándar de clasificación por coeficientes se considera mera ficción.

Nadie entiende esta situación mejor que Joseph Chilton Pearce.[6] Dice que en los lóbulos prefrontales del cerebro (que se desarrollan después del nacimiento) son donde radica el sentido del juicio, la moral, la empatía y la compasión, un sentido de bienestar que produce lo mejor y lo más elevado que puede lograr la familia humana. El autor considera que trascender el ego lleva a una vida más llena de espíritu, paz, tolerancia y razón, y que el desarrollo adecuado de los lóbulos prefrontales es esencial para lograr esto.

Pero no olvidemos esto: *la situación de la madre durante el embarazo determina el tipo de cerebro que tendrá su hijo.* Un embarazo en que la madre tenga apoyo y un mínimo de estrés y de contratiempos tiende a reducir las dimensiones del postencéfalo (la parte del cerebro que controla los instintos, orientada a la supervivencia) y a agrandar la parte que serán los lóbulos prefrontales. Un embarazo angustioso con muchas dificultades y preocupaciones tiende a reducir el potencial del desarrollo prefrontal y a contribuir al agrandamiento del postencéfalo. A nivel celular, hay una comunicación constante entre el niño, la madre y el entorno. Todo depende de la percepción de seguridad. El cerebro del feto se desarrolla de conformidad con esa percepción. Un entorno seguro indica que es aceptable que el cerebro desarrolle modos superiores de funcionamiento. Un entorno en el que predominan la ira o el miedo hace que el cerebro deba poner en marcha modalidades más básicas que garanticen la supervivencia. Lo que suceda a la madre durante el embarazo crea al niño, que a su vez recreará el mundo a la imagen de su propio cerebro.

¿Qué pasa con estos niños inteligentes? Incluso desde la infancia se percatan y se apasionan con cuestiones tales como la justicia social, los derechos humanos y civiles, los movimientos pacifistas. Así es. El procesamiento prefrontal pone en marcha el código genético latente de genialidad. Pero recuerde la marca distintiva de la ira. Estos niños, que poseen tanto potencial, son muy fáciles de engañar y manipular . . . y su precioso potencial se puede perder debido a la impaciencia y la frustración.

En la formación de los lóbulos prefrontales, los tres primeros años de vida son los más importantes; el siguiente período crucial es la pubertad. El cerebro en desarrollo no madura hasta que la persona cumple alrededor de 25 años, lo que está muy por encima de la mayoría de edad legal y explica por qué la publicidad está dirigida a públicos cada vez más jóvenes y por qué siguen floreciendo las sociedades feudales (intensa programación antes de que se hayan formado plenamente las facultades de juicio). Los niños son particularmente vulnerables al trastorno de estrés postraumático *porque la violencia prácticamente destruye los lóbulos prefrontales.*

No obstante, para comprender el factor de la inteligencia, debemos reconocer que la principal fuente de inteligencia en el organismo es en realidad el corazón, nuestro quinto cerebro. El corazón emite sus señales en todo el espectro y se conecta e interactúa con otros corazones. Dos corazones a menos de un metro de distancia uno de otro se conectan entre sí y crean un "campo del corazón" o una onda única de resonancia. De ahí que los abrazos sean tan importantes.

Los latidos del corazón tienen tres fases. La primera nos da valor para vivir (fe), la segunda nos da el deseo de relacionarnos con otros (esperanza y amor), la tercera nos mantiene conectados con el Espíritu (Fuente). No es de sorprender que los nuevos niños hablen tanto del amor y la compasión y del afecto mutuo entre los seres humanos. Su conciencia tiende a centrarse en el espacio del corazón durante más tiempo que la mayoría de las personas. Cuando pasan a otras etapas, suele ser a modalidades superiores de inteligencia y conocimiento, en lugar de la ruta convencional de estabilizar primeramente la conciencia en el cerebro. Esto quiere decir que sus coeficientes intelectuales no reflejan la inteligencia potencial que poseen ni la manera en que funcionan sus mentes.

Debido a que las diferencias entre su forma de percibir la realidad y las de otros pueden causar confusión en ambas partes, sería aconsejable incluir en el régimen de estos jóvenes más oportunidades de armar objetos físicos. En este sentido pueden ser de ayuda las siguientes técnicas y fuentes de instrucción:

Gimnasio para el cerebro: Contacto físico y ejercicios basados en pruebas musculares y en cómo el cerebro interactúa con el sistema nervioso. Contacte a la Educational Kinesiology Foundation en Ventura, California, para obtener información acerca de profesionales en su localidad.[7]

Pegasus Group: Centro especializado en el aprendizaje infantil; ofrece hasta diecisiete modalidades de enseñanza distintas para

seleccionar entre ellas, además de remedios vibracionales no far-
macéuticos si es necesario. Tiene su sede en Winnipeg, Canadá.[8]

Terapia de pintura Collot: Ampliación de las enseñanzas de Rudolph
Steiner (fundador de las escuelas Waldorf), desarrolladas posteriormente por Liane Collot d'Herbois. Se basa en el contraste
de luz, color y tinieblas para interpretar el procesamiento entre
el cerebro y el cuerpo. Contacte a Martha Loving, primera en
especializarse en usar el método Collot con niños.[9]

Itsy Bitsy Yoga: Ayuda a que los niños que han aprendido a andar
tengan una mejor coordinación entre el cerebro y el cuerpo. Vea
también el sitio web y el libro del mismo nombre.[10]

*Otras actividades: Bailar, tocar un instrumento musical, nadar,
practicar la gimnasia y crear artesanías de barro son también
actividades excelentes para desarrollar la coordinación entre el
cerebro y el cuerpo.*

Meditación: La meditación desarrolla los lóbulos prefrontales (a
cualquier edad); es eficaz incluso en sesiones breves de uno o
dos minutos con los niños. La meditación aporta más oxígeno al
cerebro, libera toxinas y contribuye a la concentración y el estado
de calma. Hay muchos libros e instructores en este tema.

Oración: Inculca la importancia de la fe, la gratitud y la disciplina
de la devoción diaria; influye profundamente en los patrones
cerebrales pues produce longitudes de onda coherentes que pueden tener efectos físicos. Utilice el poder de la oración para practicar la alabanza, y verá cómo mejoran su estado de ánimo y su
actitud. Hay muchos métodos y maestros; la oración de afirmación es la más eficaz.

Muchos niños pueden ver la oración. La ven literalmente, como una
sustancia que flota en el aire y se mueve con rapidez. Muchos niños que
han tenido experiencias cercanas a la muerte también lo dicen; describen
la oración que han visto como un arco o rayo de luz que va desde la
persona que dice la oración hacia su destinatario. Los jóvenes llaman a
esto "rayos de oración"; algunos dicen que son blancos o dorados, otros

afirman que tienen los colores del arco iris, no en capas como el arco iris, sino más bien en bandas verticales. Le pregunté a un niño pequeño qué sentía cuando recibía un rayo de oración. Me respondió con una risita: "Cuando te da, sientes calor y cosquillas por todas partes". Ésa era una de las respuestas típicas.

Lo paranormal es normal para los nuevos niños: son comunes los sueños vívidos, las proyecciones mentales realistas, las imágenes creativas, la comunicación telepática y la clarividencia, y la potenciación de los sentidos de audición, percepción del tacto, conocimiento y olfato. Los lóbulos prefrontales están activos en estados superiores de conocimiento intuitivo. Funcionan como las "alas" del cerebro al hacer que nuestras mentes se abran a experiencias más ricas de nuestras propias vidas, nuestras relaciones con otros y nuestro mundo. Es probable que sus hijos ya sean conscientes de este aspecto superior de la inteligencia y que se identifiquen con él. Permítame aportar mi grano de arena, para que se lleve una idea de a qué se refieren los niños.

Todos los organismos vivos, incluso las bacterias, presentan reacciones en tiempo real a su entorno, una inteligencia básica, memoria, intuición y alguna forma de sensación. Los pollos captan esto rápidamente, pero la labor de Cleve Backster, el principal investigador en esta esfera, ha sido verificada por otros investigadores de todo el mundo apenas en la década pasada. Su libro más reciente, *Primary Perception* [Percepción primaria], le hará pensar dos veces sobre la conciencia de los alimentos que come y de las plantas que tiene en su propia casa.[11]

Citando al biólogo Marc Bekoff, preeminente investigador en la esfera de las emociones de los animales: "Hace cinco años mis colegas habrían pensado que 'me faltaba una tuerca', pero ahora los científicos están finalmente comenzando a hablar públicamente de las emociones de los animales. Es como si estuvieran saliendo del armario". Y lo que están descubriendo nuestros científicos es que los animales experimentan grandes oleadas de miedo profundo, celos, aflicción y amor, y que algunos entienden lo que decimos, e incluso deducen el significado de palabras que nunca antes han oído. Además, si se les enseña el lenguaje de los signos (utilizado por los sordos), algunos animales pueden responder con oraciones adecuadas, que demuestran conocimiento. Los experimentos científicos han demostrado que la inteligencia y la capacidad emotiva están ampliamente distribuidas entre los múltiples reinos de la vida en nuestro planeta y que lo que vincula a todos estos aspectos entre sí es un campo de sensibilidad consciente.

Los receptores celulares de nuestro organismo almacenan recuerdos por todas partes, incluso en áreas tan improbables como la piel y el espinazo. Esta red de recuerdos representa el vínculo físico entre materia y espíritu y el estado de nuestra salud, todo basado en moléculas de emoción. La neurocientífica y Doctora en Filosofía Candace B. Pert demostró que nuestras sustancias químicas internas, los neuropéptidos y sus receptores, constituyen la base biológica de la conciencia. "Hay una inteligencia superior, que nos llega a través de nuestras propias moléculas y es resultado de nuestra participación en un sistema mucho más grande que el pequeño ámbito . . . que recibimos a través de nuestros cinco sentidos".[12] Muchos de nuestros jóvenes son sanadores naturales por esa sencilla razón: su sensibilidad les permite sentir lo que recuerdan las células, de modo que permiten que *esa* inteligencia dirija el proceso de sanación.

Siguiendo esta línea de pensamiento, sabemos científicamente que todos los organismos vivos emiten espontáneamente fotones, que son luz, y que la luz contiene, porta y comunica información. También sabemos, gracias a miles de años de tradición mística que, cuando uno se encuentra en un estado relajado y meditativo, puede ver dicha luz, que aparece como hilos burbujeantes en una red o tejido llenos de luz, con luces individuales que se encienden o apagan con cada nacimiento o muerte. Esta red o campo de luz refleja la inteligencia de sus miembros y responde a una inteligencia aún mayor que está más allá, pero que al mismo tiempo está presente dentro del campo. El propio campo es consciente. Lo he visto y comprobado por mí misma y puedo certificarlo.

Los científicos se han ido percatando de que lo que describimos los seres humanos modernos, y lo que describían los sabios de antaño tiene fundamento, que realmente parece haber una estructura de energía unificadora en nuestro universo, un campo de inteligencia que permea todas las cosas. Lynne McTaggart documenta las pruebas cada vez más contundentes sobre esta teoría en su libro *The Field: The Quest for the Secret Force of the Universe* [El campo: La búsqueda de la fuerza secreta del universo].[13] En pocas palabras, la ciencia dice que *todo lo que vibra posee inteligencia, y todo vibra, y hay una inteligencia central a cuyo ritmo vibra todo.*

¡Menudas afirmaciones! Aquí va dicho de una forma más sencilla:

Conciencia global: El gran conocimiento, existente y disponible.

Mente global: Personas que despiertan y responden ante este conocimiento.

Corazón global: Sensibilidad emocional a este conocimiento a nivel molecular, que codifica y dirige la función del corazón de las personas y de toda la Creación.

Otra cosa. El ADN humano es una "Internet" biológica muy superior a la otra Internet; los investigadores científicos consideran que el 90 por ciento del ADN es "chatarra". Pero la última moda en las investigaciones científicas es la exploración de este ADN considerado inútil. De momento, los científicos rusos son los líderes en este campo y han encontrado que el ADN "chatarra" tiene una participación activa en las actividades psíquicas y en la intuición. Han propuesto la hipótesis de que ese 90 por ciento pudiera explicar directa o indirectamente fenómenos tales como las aptitudes psíquicas, las curaciones espontáneas o remotas, la autocuración, la presencia de una luz o aura inusual alrededor de una persona, la capacidad de la mente de influir en fenómenos climáticos y el poder de la palabra hablada de cada persona sobre la condición del organismo. También han encontrado pruebas de un nuevo tipo de medicina en la que el ADN puede ser influenciado y reprogramado mediante palabras y frecuencias de energía, en lugar de recurrir a procedimientos quirúrgicos. El ADN chatarra parece vinculado a la conciencia de grupo, los esfuerzos de grupo y la memoria de grupo.[14]

Los descubrimientos de estos científicos sugieren que el 90 por ciento de nuestro ADN, que antes parecía inútil, es exactamente lo que los nuevos niños están activando, y al parecer lo hacen con nuevas hebras de ADN. Tal vez se ha podido comprobar la entrada en acción de esa información genética "chatarra" simplemente porque al fin contamos con segmentos de población suficientemente grandes dispuestos a arrojar luz sobre aspectos más importantes de lo que son capaces de hacer. Quizás, en lugar de nuevo ADN, se trata más bien de ADN "chatarra" que al fin está recibiendo el reconocimiento debido sobre su naturaleza y sobre el uso al que estaba destinado.

Le presento un testimonio que pone en perspectiva la verdadera inteligencia. Sara Lyara Estes escribe:[15]

"Me encontraba en un viaje de negocios de Santa Fe, Nuevo México, a San Francisco en el otoño de 1993. Cuando volábamos sobre las Montañas Rocosas en ruta a Salt Lake City, encontramos turbulencias y el avión comenzó a dar sacudidas. Yo no tenía miedo, pero muchos de los pasajeros no compartían mi calma. El miedo de los pasajeros se sentía palpablemente. De pronto, un niño de 18 meses se paró sobre su asiento en la parte delantera del avión y comenzó a hacer contacto visual con cada uno de los pasajeros. Con sólo mirarlos fijamente a los ojos, se podía sentir cómo bajaban las tensiones. Cuando hubo cumplido su tarea de calmar a todo el mundo, se dio vuelta y volvió a sentarse. No había hecho nada más que mirar a cada persona a los ojos. No había sonreído ni producido ningún sonido, y sus padres no hicieron ningún intento de impedirle que se encaramara en su asiento, a pesar de las sacudidas del avión. Simplemente 'supe' que era un pequeño 'maestro' y, como tenía escaso cabello, lo relacioné con el Buda".

Nuevas formas de enseñar

*El propósito de la educación es convertir
espejos en ventanas.*

Sydney J. Harris

Primero la mala noticia.

Diez años atrás, el adolescente promedio norteamericano de 14 años de edad tenía un vocabulario de 40.000 palabras; actualmente es de 10.000 y sigue disminuyendo. La proporción de estudiantes que comienzan la universidad hoy día y que necesitan ayuda extra con la lógica básica es mayor del 29 por ciento, lo que obliga a las instituciones de enseñanza superior a enseñar materiales de enseñanza primaria y secundaria antes de pasar a los planes de estudio avanzados. Los padres se lamentan de que tienen que administrar fármacos a sus hijos, y los vigilan sin cesar para asegurarse de que al menos lean sus tareas, pero el 53 por ciento de esos mismos adultos evitan tener que leer cualquier texto más complejo que un memorando empresarial o un libro de recetas de cocina.

¿Qué pasó con el deseo de leer, descubrir, aprender? En su libro titulado *The Language Police: How Pressure Groups Restrict What Children Learn* [La policía del idioma: Como los grupos de presión restringen lo que pueden aprender los niños], Diane Ravitch intenta dar una respuesta indicando que los años de esfuerzos bienintencionados de suprimir el sesgo evidente o implícito de los materiales de enseñanza ha producido la consecuencia no esperada de eliminar todo lo que sea estimulante y colorido de los textos que caen en manos de los niños . . . *llegando incluso a entrar en el revisionismo histórico.*[1]

Presento a continuación una sorprendente comparación que puede parecer innecesariamente estrafalaria.

En un informe acerca de las *madrazas* (escuelas islámicas) en Pakistán se indica que niños incluso de cinco años de edad se convierten en estudiantes internados del Corán y de las enseñanzas del profeta Mahoma con la esperanza de convertirse en mulás o líderes espirituales. Muchos de esos estudiantes nunca se ven expuestos al pensamiento crítico; sus planes de estudios se basan en los conceptos de un emperador mogol que murió en 1707. Los pocos libros de ciencias que tienen a su alcance datan de los años veinte. Según Thomas L. Friedman del *New York Times,* "En 1978 había 3.000 madrazas en Pakistán, actualmente hay 39.000. La verdadera guerra por la paz en esa región tiene lugar en las escuelas".[2]

De Joan Brannigan, maestra de primer año de preparatoria: "Cuando miro a mis estudiantes hoy en día, veo que muchos duermen en sus puestos durante las clases, que no tienen la menor idea de cuál es su 'tarea', su responsabilidad, su oportunidad, de recibir educación. Y, a diferencia de hace 25 ó 30 años, esto afecta a todos los segmentos sociales, económicos, raciales y culturales. Cuando les pregunto quiénes son sus héroes, mencionan de forma invariable y casi exclusiva a estrellas de los deportes y de la música *rap* o a otras celebridades del mundo del entretenimiento. Los adultos quedarían estupefactos si se enteraran de lo poco que estos muchachos saben de figuras históricas. Son niños de los medios de información y han asimilado a todas las celebridades pero a muy pocas otras figuras en otras esferas de la actividad humana que han logrado grandes cosas o que han hecho grandes contribuciones a la humanidad. Cuando hablo de Miguel Ángel o Donatello, ellos piensan en las Tortugas Ninjas. Son niños del momento: saben lo que ha sucedido desde que nacieron, pero no mucho más que eso".

No me tilden de necia por comparar al sistema escolar de un país del tercer mundo con el de los Estados Unidos. Es que en realidad ambos tienen algo en común que es verdaderamente sorprendente: Ambos han fracasado por completo en lo que respecta a adaptarse a las necesidades cambiantes de sus poblaciones. Aparte de la intención básica y de la dedicación de los maestros (que son loables), los organismos rectores de estos sistemas escolares han hecho caso omiso o han calculado erróneamente el aumento exponencial del conocimiento humano y el poder de la búsqueda de conocimiento y la interacción. Aferrarse a las tradiciones que dieron lugar a ellos era lo adecuado en el caso de las primeras generaciones a las que sirvieron, pero las condiciones han cambiado, y lo han hecho de una manera tan rápida, que incluso las mejores escuelas tienen dificultad para mantenerse al día.

¿Cree que estoy exagerando, que estoy siendo injusta?

Piense en esto. Pocos estadounidenses amantes de la libertad se dan cuenta de que el fundamento de nuestro sistema educativo moderno (el plan de estudios centrado en las cinco asignaturas de estudios sociales, inglés, matemática, ciencias y lenguas extranjeras) fue adoptado en 1899, sobre la base de una estructura diseñada por Catalina la Grande de Rusia con objeto de producir buenos soldados que siguieran órdenes, buenos obreros que realizaran tareas propias de la cadena de ensamblaje y buenos contribuyentes que no cuestionaran a la autoridad.[3] Al aferrarnos a este plan de estudios, o a modificaciones de éste, hemos ido volviendo lentamente a la mentalidad de "una talla para todos" que se perpetúa en las madrazas y en muchas otras escuelas en el mundo. Es esencial tener normas, pero esas normas tienen que dar cabida a la innovación creativa. Si no lo hacen, los sistemas de enseñanza se concentrarán en la pura memorización y en la aprobación de exámenes, en lugar de estimular el desarrollo de la inteligencia innata y el pensamiento crítico de los estudiantes.

Ahora la buena noticia.

Los nuevos niños no están dispuestos a tolerar esto. O los sistemas de enseñanza de todo el mundo cambian de forma radical, o estos jóvenes se autoexcluirán de ellos. Los más inteligentes ya lo han hecho.

Aunque a algunos les parezca sorprendente, existen siete tipos de inteligencia y de estilos de aprendizaje que los maestros deberían tener en cuenta al planificar sus lecciones.[4] Esos tipos de inteligencia son:

1. *Inteligencia lingüística:* Habilidades auditivas altamente desarrolladas.
2. *Inteligencia lógico-matemática:* Razonamiento conceptual.
3. *Inteligencia espacial:* Pensamiento en imágenes.
4. *Inteligencia musical:* Sensibilidad y capacidad de respuesta ante sonidos musicales.
5. *Inteligencia corporal-kinésica:* Habilidades motrices desarrolladas, orientada al cuerpo.
6. *Inteligencia interpersonal:* Comprender y disfrutar a las personas, intuitiva.
7. *Inteligencia intrapersonal:* Fuerte conciencia del mundo interior, reflexiva.

Otra cosa es el orden de importancia que ocupan estos tipos de inteligencia. Los encuestadores nos dicen que el 40 por ciento de los estudiantes en la mayoría de las escuelas estadounidenses tienen una orientación predominantemente visual, el 40 por ciento son predominantemente cinestésicos (orientados a las sensaciones) y el 20 por ciento son predominantemente auditivos. *Sin embargo, el sistema de enseñanza suele basarse completamente en el aprendizaje auditivo, lo cual pasa por alto al 80 por ciento de los estudiantes.*

Durante generaciones nos las hemos arreglado con esta fórmula sesgada, pero ya hemos llegado al límite. La ascensión que está teniendo lugar en la actualidad dentro de la quinta raza raíz está haciendo mutar el ADN a medida que se alteran la estructura, la composición química y la función del cerebro y que cambian los sistemas nervioso y digestivo y la piel (según el mismo modelo de las experiencias cercanas a la muerte). En su importante libro *Endangered Minds* [Mentes en peligro], la Doctora en Filosofía Jane Healy muestra por qué incluso algunas de las más novedosas fórmulas en materia de enseñanza no dan resultado . . . ¡porque los cerebros de los niños de hoy están literalmente conformados de una manera *distinta*![5] Se han registrado cambios en la forma del cráneo y, en muchos casos, se han modificado la estructura interna y las modalidades de procesamiento de los cerebros.

Está surgiendo un nuevo tipo de inteligencia. No deje de leer el libro *Upside-Down Brilliance: The Visual-Spatial* [Brillantez a la inversa: El aprendizaje visual/espacial], de la Doctora en Filosofía Linda Kreger Silverman[6], y luego insista en que todos los maestros de escuela y autoridades del sistema de enseñanza lo lean, para no hablar ya de los padres. Los materiales presentados en ese libro nos permitirán comenzar a aplicar los cambios necesarios.

La Dra. Silverman acuñó el término "aprendizaje visual/espacial" en 1981 para referirse al singular don de las personas que piensan en imágenes (fíjese en el año, cuando la energía de la quinta raza raíz recién comenzaba a acelerarse). La autora explica:

> Se llevan una imagen global porque ven el mundo a través de ojos de artista. Recuerdan lo que ven, pero olvidan lo que oyen. Son desorganizados, tienen mala ortografía y carecen de sentido del tiempo; *pero* tienen un contagioso sentido del humor y una imaginación desmedida, y pueden dejarse llevar por completo por la alegría del momento. La brillantez visual/espacial ha dado lugar a la computadora y a Internet, a las coloridas inauguraciones de Juegos Olímpicos y a la Estación Espacial Internacional.

Muchos de los niños de esta oleada inicial desaprobaron sus estudios o se aburrían tanto que se negaron a seguir recibiendo educación después de graduarse. El grupo actual es más afortunado; hay un número mayor de padres que les están dando instrucción en casa o los están matriculando en escuelas "electrónicas" y programas de aprendizaje por Internet. ¡No confunda las escuelas electrónicas de hoy con las lecciones por televisión del pasado. ¡No hay comparación! Las escuelas electrónicas están convirtiéndose rápidamente en oportunidades completas de aprendizaje en múltiples niveles de inteligencia, a cualquier ritmo, en cualquier lugar y momento, con instructores propios, interacción social, efectos tridimensionales y participación mundial . . . una buena parte de ello es en tiempo real.

Una de las líderes en este nuevo campo es la Doctora en Filosofía Benay Dara-Abrams, ejecutiva principal y presidenta de la compañía BrainJolt. La Doctora Dara-Abrams viaja constantemente alrededor del mundo para ofrecer orientación, impartir lecciones y presidir conferencias tituladas "Los futuros del aprendizaje (Futures of Learning)".[7] Cuando hablé con ella, me sorprendió descubrir que ya se estaban diseñando programas de educación que parecían de ciencia ficción. La Doctora Dara-Abrams habla apasionadamente de la necesidad de encontrar maneras de reducir el "estrés de situación", al que se ven sometidos los jóvenes en las escuelas tradicionales en el sentido de mantener sus calificaciones, tener buen aspecto físico y ser populares. Este tipo de estrés empuja a muchos a la depresión y al suicidio. La Doctora Dara-Abrams está convencida de que las escuelas electrónicas cambiarán esta situación para mejor.

En un número especial de la revista *Newsweek*, Jay Munro, director de proyectos del laboratorio de pruebas de la revista *PC Magazine*, advirtió al público sobre el fenómeno de que los conocimientos tecnológicos de los jóvenes de hoy "aventajan por un amplio margen a los de sus maestros".[8] En el mismo número de *Newsweek*, Bronwyn Fryer hizo hincapié que los niños creen en la veracidad de cualquier cosa impresa. Observó: "Los niños tienen que aprender a separar el trigo de la cáscara, la información fáctica de la mera opinión". Advirtió además sobre el peligro de un uso excesivo de las computadoras, o de su uso en forma aislada, dado que la falta de supervisión de adultos puede dar lugar a problemas inesperados.

Antes de proseguir, quiero asegurarme de que usted comprenda la gravedad de lo que está sucediendo en la familia humana, en todas las culturas. La Doctora Silverman, además de ser autora e investigadora clínica, es una autoridad reconocida en el estudio de las aptitudes humanas.[9] "Desde 1958 he estudiado a los niños con dones especiales", señala. "Cualquiera pensaría que ya lo he visto todo; no obstante, me han dejado pasmada los niños con quienes me he relacionado en años recientes. Dan la sensación de que son una nueva raza". Continúa:

Decenas de periodistas me han preguntado si las notables aptitudes de algunos de los niños con quienes trabajo se deben a la herencia genética o al entorno. Últimamente he tenido que responder: "A ninguno de los dos". Ni la herencia ni el entorno pueden explicar la sensibilidad, la conciencia de este nuevo grupo de niños. Su herencia y su entorno no son demasiado distintos de los que han tenido los niños que he conocido en el pasado. Sin embargo, hay una notable diferencia entre estos niños y los del pasado. Sólo se me ocurre explicarlo con la evolución. Creo que estamos presenciando la evolución de la especie humana, y que esta evolución se está haciendo notar en primer lugar entre las personas dotadas con aptitudes especiales.

Entonces, ¿dónde nos deja esto? Tendríamos que deshacernos de las escuelas preparatorias. Ni más ni menos. La mayoría de los jóvenes de alrededor de 14 años pueden usar las computadoras como si fueran profesionales e incluso pueden construir una con sus propias manos. Al terminar el décimo grado, se debería dar a los estudiantes una de las siguientes opciones: cursar dos años de estudios superiores comunitarios antes de empezar a trabajar a tiempo completo, comenzar a estudiar una profesión en la universidad, las fuerzas armadas, una escuela vocacional o un programa orientado a los servicios como Head Start, Médicos sin Fronteras, Hábitat para la Humanidad o el Cuerpo de Paz (Peace Corps). De esa manera se verán expuestos a interacciones sociales libres de un excesivo estrés de situación, y a relaciones en el mundo real que tienen más probabilidades de ser positivas o, al menos, significativas.

Si bien los jóvenes de hoy son muy hábiles y listos, los entornos sociales de las escuelas preparatorias siguen siendo inciertos debido a la inmadurez emocional. Las generaciones que vienen después de los del milenio poseerán estados cada vez más elevados de desarrollo cerebral y mental, lo que les permitirá adoptar decisiones maduras a edades cada vez menores, pero todavía no hemos llegado a ese punto. Entretanto, podemos y debemos transformar el proceso de educación propiamente dicho.

Permítame presentar mis ideas y sugerencias, comenzando desde la etapa fetal:

Asegúrese de establecer un entorno seguro para las mujeres embara-
zadas. El cerebro en formación en el feto comienza su búsqueda
del sentido de seguridad durante la última parte del primer trimestre, y esto continúa hasta el tercer trimestre. Lo que perciba
el feto en ese tiempo determina si luego predominarán el postencéfalo o los lóbulos prefrontales. Así pues, la situación de la
madre durante el embarazo es literalmente la primera escuela
para el niño.

Comuníquese con el recién nacido. Después del nacimiento, la
conversación con el bebé y sus garabatos permiten que el niño
relacione sonidos con palabras. Haga que el niño use los cinco
sentidos cuando le lea en voz alta; léale cuentos a menudo.

Estimule el ejercicio. El ejercicio es de importancia primordial,
incluso para los bebés. Una magnífica guía en este sentido es
Smart Moves: Why Learning Is Not All in Your Head [Movi-
mientos inteligentes: Por qué el aprendizaje no es sólo en su
cabeza], de Carla Hannaford.[10]

Establezca horarios no estructurados. Estamos diseñados para
hacer conexión con otras personas. En este sentido son esenciales el juego, la interacción con otros, el tira y recoge. También
es importante tener momentos de aburrimiento, en los que no
hagamos nada más que dejar volar la imaginación y pensar en
los celajes. Los jóvenes necesitan esos espacios vacíos en los que
puedan desconectar, para que las ondas cerebrales puedan cambiar de una a otra.

Asegúrese de que los niños duerman lo suficiente. Los niños de
hoy no están durmiendo lo suficiente; gran parte del problema
se debe a la ansiedad y el estrés. Entre las muchas formas de
hacer frente a esto, mi favorita es el juego de objetos para dormir diseñado por Caroline Sutherland, especializada en intuición médica. Consiste en una almohada en forma de ángel, una
cinta grabada y un folleto titulado "Mi angelito me ayuda a
dormir" (My Little Angel Helps Me Go To Sleep).[11] Es sorpren-
dentemente eficaz.

Modificar el contexto escolar tradicional. Una manera de mejorar la situación actual es crear escuelas pequeñas que compartan instalaciones con otros grupos y organizaciones, para poder reducir los costos. De esta forma, un edificio se puede dividir en varias secciones a fin de dar cabida a las necesidades de cada grupo, o puede usarse en horarios no laborales o incluso las 24 horas. El rediseño de las aulas mediante el antiguo arte del feng shui (colocación adecuada) levantaría el ánimo a estudiantes y maestros por igual.[12] Todas las escuelas en el estado de Dakota del Sur (públicas, privadas, tribales) están conectadas a la Red Digital de Dakota, de modo que personas que se encuentran a cientos de kilómetros unas de otras puedan hablar cara a cara en cualquier momento, como si estuvieran en aulas sin paredes.

Enriquecer el plan de estudios con buenas actividades extracurriculares. Los estudiantes de quinto a duodécimo grados en una escuela de East Hampton, Nueva York, comienzan el día en un Centro de Bienestar, donde desayunan con alimentos orgánicos de producción local y luego participan en sesiones de meditación, practican el yoga, estudian Tai Chi o aprenden cantos y bailes de los aborígenes norteamericanos. Estas prácticas sirven de complemento a un plan de estudios eficaz y exitoso.[13] Uno de los mejores programas de perfeccionamiento en los grados iniciales es el de Enseñanzas Adawee (*"Adawee"* quiere decir "guardianes de la sabiduría" en Cherokee). Este curso, elaborado por Linda Redford y su hija Anne Vorburger, consiste en textos, un libro de autodescubrimiento y una camiseta para cada estudiante, con el letrero: *"Soy importante para el mundo. El mundo es importante para mí".* Las Enseñanzas Adawee, que se han puesto a prueba en el aula, son poderosas en el sentido de cómo inspiran mejoras de conducta.[14] He aquí otras ideas que pueden enriquecer la experiencia escolar:

- Utilizar de vez en cuando como maestros a otros adultos que han tenido experiencias interesantes.
- Utilizar la modalidad de concentración mediante la

congelación de la imagen, con sus técnicas de relaja-
miento (un tipo de visualización positiva) para mejorar
el rendimiento.[15]

- Visitar de vez en cuando el sitio web de Edutopia (creado
por George Lucas), donde se pueden encontrar tareas
creativas dirigidas a estudiantes y maestros.[16]

Establezca lecciones de filosofía desde el tercer grado. Esto proporciona a los niños un foro donde pueden explorar los aspectos
más profundos de la vida al mismo tiempo que aprenden técnicas de preguntas y respuestas. No hay forma realista de proteger
a los niños de la violencia, la pérdida de seres queridos, la confusión y la aflicción. Desde una temprana edad necesitan medios
que los ayuden a lidiar con la realidad.

Ya existen escuelas concebidas para preparar a las personas de la
quinta raza raíz para las nacientes y nuevas culturas del quinto mundo
ascendido. Algunos ejemplos:

Escuelas Waldorf: Creadas por Rudolf Steiner, uno de los más
grandes pensadores del siglo XX, clarividente y místico, con una
forma inusual de comprender la manera en que se desarrolla la
conciencia individual durante los maravillosos años de la niñez.
Tienen escuelas, centros de educación superior y otros centros
de estudios en distintas partes del mundo.[17]

Escuelas Montessori: Creadas por la Doctora en Medicina María
Montessori, primera mujer en graduarse de medicina de la Universidad de Roma, Italia, y basadas en las observaciones científicas de su fundadora sobre la conducta de los niños. Sus métodos
se centran en el "enfoque total del niño" y el aprendizaje auto-
dirigido. Hay escuelas en distintas partes del mundo.[18]

Escuela Mead: Creada por la Dra. Elaine de Beauport, es un ejemplo de un sistema educacional local en una gran área que se
centra en la utilización de dos maestros a lo largo de toda la
enseñanza del escolar, con participación activa de los padres. Se

estimula el "pensamiento fuera de los límites tradicionales" en formas distintas y creativas.[19]

Escuela *Wonder & Wisdom* en Greensboro: Creada por Trish Alley como organización comunitaria multigeneracional dedicada al aprendizaje durante toda la vida, con programas de enriquecimiento extraescolar. Es un ejemplo de lo que pueden lograr personas dedicadas y cariñosas en una zona pequeña para proporcionar una forma de enseñanza innovadora y dirigida a toda la persona.[20]

iEARN: Una red internacional de enseñanza y recursos, creada por Peter Copen, que llega a miles de escuelas en más de 51 países. iEARN hace posible que los maestros y estudiantes trabajen conjuntamente y hagan una contribución significativa a la salud y el bienestar de toda la humanidad.[21]

Colegio Schumacher: Un centro internacional de estudios ecológicos que hace hincapié en la sostenibilidad y la ciencia holística, con sede en Inglaterra; incluye también las escuelas de St. James para niños, adolescentes y jóvenes. Sus centros de aprendizaje ya se encuentran también en muchas ciudades de los Estados Unidos y otros países.[22]

Union Institute & University: Ofrece un programa de doctorado en filosofía fuera del aula a través de sus facultades de Artes y Ciencias Interdisciplinarias y Psicología Profesional. Brinda oportunidades y programas de aprendizaje innovadores y plenamente acreditados, y estimula a los estudiantes a combinar la espiritualidad con la ciencia; entre sus especializaciones figura el aprendizaje transformativo.[23]

La mitad de los nuevos maestros abandonan el trabajo en cinco años o menos. Es cierto que la baja remuneración es una parte del problema, pero la razón principal que han expuesto para abandonar la profesión es la falta de una cultura de enseñanza que respalde la excelencia en el aprendizaje y el profesionalismo persistente. No bastará con enseñar a los maestros mientras no se haya transformado también el sistema en que éstos se desenvuelven. Laura L. Sawyer, graduada del Union Institute & University, dice al respecto: "Creo que en el mundo de hoy tendría un valor particular un modelo que compense el actual énfasis en una complejidad creciente con un mayor énfasis en el desarrollo de la compasión, la empatía, la espontaneidad y la paz interior".[24]

Bobbie Sandoz, autora de *Parachutes for Parents* [Paracaídas para padres], va un paso más allá:[25]

> Treinta años atrás, estuve entre los cofundadores de un centro preescolar. Decidimos proporcionar a los niños más experiencias reales. El círculo matutino de sanación era una de sus partes favoritas del día. Se hablaba de curaciones milagrosas y de la pérdida de amigos que abandonaban este mundo. Luego encarábamos la realidad de estos resultados diversos, y tratábamos de dar respuesta a la dura pregunta de por qué, qué es realmente la muerte, y aprender a seguir sintiendo la esencia y las energías y comunicarse con estos amigos al otro lado del velo. Al principio nos miraban con desconfianza pero, cuando el 100 por ciento de nuestros participantes obtuvieron resultados sobresalientes en las pruebas de coeficiente intelectual y fueron admitidos en escuelas privadas de élite en las que era casi imposible entrar, nuestra lista de espera aumentó rápidamente a cientos de niños, y los maestros y administradores de las escuelas privadas de élite, así como representantes de escuelas públicas y privadas de todas las islas, vinieron a estudiar con nosotros a fin de comprender mejor cómo habíamos conseguido desarrollar estas cualidades y aptitudes en los niños a nuestro cuidado. [Sandoz vivía entonces en Hawaii.]

Lo que hicieron Bobbie Sandoz y sus asociados, y lo que vaticina Laura Sawyer, es de importancia crucial para nuestro actual grupo de jóvenes y para los millones que aún no han nacido. Los sistemas de enseñanza actuales y futuros tienen que incluir en sus planes de estudio básicos lecciones de percepción intuitiva o psíquica (comenzando con el kindergarten), la conexión entre el cuerpo y la mente (cómo influyen en la salud y en la curación las creencias y las elecciones en la vida), la sostenibilidad ambiental y económica y las claves del éxito: creatividad, espiritualidad, meditación, yoga.

Lo que define a las culturas de la ascensión del quinto mundo, adonde nos dirigimos como raza humana, se revela en los ocho principios intuitivos desarrollados por el Doctor en Filosofía Jeffrey Mishlove.[26] Éstos son los principios sobre los que se erige el concepto mismo de la educación.

OCHO PRINCIPIOS DE LA INTUICIÓN
desarrollados por Jeffrey Mishlove

Esencia interior. La fuente del ser dentro de cada uno de nosotros y dentro del universo mismo es también la fuente de la orientación intuitiva y de la autoestima.

Integridad compleja. Al aceptar la plenitud de nuestro ser, alcanzamos niveles interiores más elevados de refinamiento e integración.

Integridad singular. Por una parte, todos los seres son uno solo a nivel de la esencia y la integridad, pero por otra, cada persona representa una integración singular de las posibilidades humanas.

Propósito autónomo. Agradecemos la autonomía que nos permite descubrir nuestro propio sentido intuitivo del propósito y que nos deja orientarnos por él. Apoyamos el derecho de otros en este sentido.

Autenticidad paradójica. Al mismo tiempo que buscamos la paz y serenidad interior, también buscamos disolver los muros de insensibilidad que nos separan del dolor de otros.

Evolución consciente. Al refinar y sanar conscientemente nuestro ser interno, estamos refinando y sanando al mundo.

Comunidad viviente. Apoyamos y nutrimos la comunión intuitiva con todos los seres.

Valor consciente. Lo que perfecciona y refina la conciencia tiene intrínsecamente un valor superior.

Al avanzar hacia una oferta renacentista de oportunidades de enseñanza, el mayor reto lo representarán las reglas de cálculo, el dibujo mecánico, las raíces cuadradas y las ecuaciones. ¿Qué haremos con ellas? ¿Quién se dedicará a las formas antiguas de procesamiento paso por paso, cálculo y documentación desde las premisas hasta la conclusión? ¿Qué pasará con la verificación, las pruebas, las comprobaciones y el trabajo de laboratorio científico y matemático? ¿Qué pasará con los puntos sutiles de la comunicación y el descubrimiento?

Nos vemos enfrentados con la necesidad de ajustar y remodelar nuestro entendimiento conceptual de la enseñanza. Para los griegos antiguos, la enseñanza consistía simplemente en *recordar*. Para ellos, la vida no era más que un acto de recopilación de conocimientos que el alma había olvidado en el momento del nacimiento físico. La reencarnación y la idea de las vidas anteriores eran partes integrantes de su visión del mundo. Quizás esto explica por qué el término *educación* significaba originalmente "extraer de lo que ya se conoce".

He notado en mis investigaciones con los niños que han tenido experiencias cercanas a la muerte que, después de sus episodios, de pronto saben cosas que antes no sabían, incluso complejas epistemologías científicas y matemáticas. Resuelven problemas de ingeniería sin tener la menor idea de cómo lo hicieron. No obstante, obtienen malas calificaciones en matemáticas, física e ingeniería, no porque no puedan obtener las respuestas adecuadas . . . *¡sino porque no pueden explicar paso por paso cómo han llegado a esas respuestas!*

El conocimiento innato extraído de la memoria profunda también está saliendo a la superficie con los nuevos niños. Se están desechando procedimientos antiguos a favor de la innovación creativa y la percepción intuitiva. ¡Y los niños dan información precisa! Se les están abriendo con tal facilidad las fuentes de información que no son capaces de apreciar lo que está sucediendo, no tiene manera de respetar ni sus aptitudes ni sus hallazgos. Rehúyen del trabajo detallado porque es demasiado tedioso y aburrido. Evitan participar en descubrimientos importantes porque es más entretenido seguir siendo un sabelotodo de computadoras. Prefieren evitar las molestias y el estrés . . . *porque no quieren terminar como sus padres.*

El rompecabezas que nos presentan es un gran enigma.

La inteligencia está avanzando a grandes saltos más allá de límites y fronteras y creencias. No obstante, al no haber ningún sentido del límite, comienzan a disolverse hasta caer en el caos los convenios que hacen posible la existencia de las sociedades y el florecimiento de las culturas. Esto asusta, hasta que uno se da cuenta de que el caos siempre lleva a nuevos comienzos y a la creación de mejores entornos.

A la larga, las escuelas que conocemos comúnmente será un fenómeno del pasado. La gente se sentirá inspirada a crear singulares formas de aprender, vivir y trabajar. Nuestros recuerdos, lo que sale a la superficie desde lo hondo de la sabiduría del alma, sustituirá al miedo que actualmente rige la conducta humana. Mientras llega ese momento futuro, recojamos los pedazos que tenemos ahora en nuestras manos, subámonos las mangas y pongamos manos a la obra. Tenemos cambios que realizar . . . sea a través de peticiones a las juntas escolares, reuniones con legisladores estatales o federales, o mediante el maravilloso fruto de la imaginación y el "capital del sudor".

Zippies, preadolescentes y adultolescentes

Tenemos, y somos, un mosaico de dones.
Para nutrir, ofrecer, aceptar.
Tenemos que ser.

MATTIE J. T. STEPANEK

¿Por qué los nuevos niños no quieren ser como sus padres? No se llame a engaño, estos jóvenes son empresarios de nacimiento. Les encanta el dinero y les encanta gastarlo, y no tienen miedo de trabajar intensamente o por largas horas. El problema surge cuando ven a sus padres encadenados a sus trabajos y sin tiempo que dedicar a familiares y amigos o a la diversión. Para ellos, este tipo de éxito no vale y no les interesa. Tomen nota los empleadores: nuestros nuevos ciudadanos están orientados al grupo y piensan y se mueven como un colectivo, incluso cuando están solos, e incluso de noche en las cuadrículas del éter que a menudo visitan.

Bienvenido al mundo de los sabelotodo, los tecnofanáticos, godos, chicos estrafalarios, punk, preppies, nacidos libres (born frees) de Sudáfrica, zippies de la India, preadolescentes y adultolescentes. Es el tribalismo manifestándose como culturalismo. Para entender esta visión del mundo, alquile el vídeo de la película de Jon Amiel *El núcleo* y fíjese en como "el Rata", el sabelotodo de computadoras, junto con los jóvenes científicos de la película, demuestra ser más listo y más hábil que los sabelotodo a la hora de salvar el mundo. O lea "Non Sequitur" la tira cómica sindicada de Wiley en la que la muy lista Dánae trata de manipular a su padre en una batalla entre valores y conveniencia.

Con el perdón de los pueblos aborígenes, el hecho de identificarse con una "tribu" se ha convertido en el equivalente moderno de encontrar su propio yo, de esquivar los tabúes culturales del día mediante la creación de nuevos tabúes. Por ejemplo, si es que no se ha enterado aún, "preadolescentes" es ahora el nombre oficial de los púberes (generalmente de diez a doce años de edad, aunque muchos de nueve años pueden también considerarse a sí mismos preadolescentes). No son niños ni adolescentes. Estos jovencitos ya un poco creciditos han echado a un lado cualquier vinculación con excentricidades. Han madurado . . . ¡son preadolescentes!

El fenómeno de encontrar expresión propia dentro de un contexto tribal está ocurriendo en todo el mundo. Veamos, por ejemplo, a los "nacidos libres" de Sudáfrica. Estos chicos de 15 a 25 años de edad están convencidos de que no hay nada que no puedan hacer. No hacen distinción de razas, son confiados en sí mismos, rebosan de opiniones, son apolíticos, y están dedicados de lleno al consumismo de productos de marca y a los artefactos de la tecnología. Les importa un comino el pasado o la supuesta sabiduría de los ancianos. La lucha de ellos es por la autenticidad, por la veracidad. Su credo es "ser fiel a quien uno es".

Por otra parte están los "zippies" de la India, los chicos maravillosos que andan con mucho brío y rebosan de actitud, ambición, aspiración y confianza en sí mismos. Este grupo, que representa en número alrededor de tres cuartas partes de los jóvenes de la India, se dejan llevar por sus pies, no por su destino; son extrovertidos en lugar de introvertidos y gozan de gran movilidad social, sin que los detengan las trabas tradicionales, religiosas o familiares. Son los "hijos de la liberalización", los primeros en la India que se apartan del socialismo y favorecen el comercio mundial, el carácter emprendedor y la tecnología.

En los Estados Unidos, el sociólogo Murray Milner, Jr., autor de

Freaks, Geeks, and Cool Kids—American Teenagers, Schools and the Culture of Consumption [Chicos estrafalarios, tecnofanáticos y chicos buena onda: Los adolescentes estadounidenses, las escuelas y la cultura de consumo], descubrió un vínculo directo entre, por una parte, las modas singulares y la búsqueda de estatus y, por otra, la evolución de un sistema de castas en nuestras escuelas, con su propio orden jerárquico.[1] Describe la jerarquía de la manera siguiente: los "sabelotodo" (los que sólo están interesados en la actividad académica) ocupan el fondo de la escala; luego los "tecnofanáticos" (los ineptos desde el punto de vista social); seguidos por los "godos", los "chicos estrafalarios" o los "punk" (según la afiliación tribal que profese el estudiante); y los "preppies" (los que visten adecuadamente y actúan con madurez para encubrir sus conductas descarriadas). Milner encontró que los nuevos niños sienten muy poca envidia por "los que están arriba"; más bien, mostraban una actitud de desinterés por la popularidad al mismo tiempo que insistían en la lealtad al grupo. De la educación secundaria, dijo lo siguiente: "Los sistemas de estatus de las escuelas preparatorias eran y siguen siendo un importante factor que contribuye a la creación y mantenimiento del capitalismo consumista". (Una razón más para deshacerse de ellos.)

Así tenemos, por ejemplo, las "chicas gamma", muchachas dueñas de sí mismas que están más interesadas en los deportes que en ser vitoreadoras, o en escribir una columna de opinión en el periódico escolar que en salir con un chico. Estas muchachas, que no son las típicas hijas de mamá, son agresivas, tienen fuertes valores y muestran actitudes desafiantes. Les interesan las revistas de adolescentes debido a la publicidad de modas provocadoras para chicas arriesgadas que estén dispuestas a experimentar con su identidad.

Pero no olvidemos a los "adultolescentes". Estos jóvenes, que suelen vivir aún en casa con sus padres, no tienen prisa para alcanzar los puntos de referencia tradicionales de la adultez, como el matrimonio, los hijos, la vivienda propia y la independencia financiera. Esto les produce estrés y ansiedad. Optan en lugar de ello por espacios vitales y rutinas negociados para poder ahorrar dinero. No es que sean perezosos, es que simplemente no tienen apuro en incurrir en grandes deudas.

¿Los nuevos niños tienen demasiado poder y libertad? ¿Están consentidos? Tal vez.

Pero tenga presente que el entorno en que se desenvuelven es un mundo cibernético de "juguetes" que redefinen la esencia misma de la vida. Son los chicos de "clic rápido" metidos en una especie de olla de presión de ondas de energía, con sus televisores, hornos de microondas, teléfonos celulares, ordenadores, mensajes con fotos, iPods para escuchar música en formato digital, y conexiones de Internet inalámbricas o de Wi-Fi que permiten a grupos de personas desconectadas conectarse mediante "redes virtuales" en autobuses, carros o prácticamente en cualquier lugar, conectando lo inimaginable con lo insondable.

Las conexiones Wi-Fi lo cambian todo. Junto con la geografía digital, representan el primer paso hacia un futuro en el que nadie podrá ocultarse, donde la privacidad pasa a ser un privilegio del pasado. También saldrán a la superficie conocimientos secretos una vez que todos los libros del mundo hayan sido escaneados en bases de datos (Amazon. com ya ha escaneado los índices de materias y varias páginas de más de 120.000 libros para su servicio de "Búsqueda dentro del libro"). Citas, hechos poco conocidos, la capacidad de hacer referencias cruzadas (la suma del pensamiento humano registrado, instantáneamente disponible) están justo al doblar de la esquina. No hay donde esconderse. No hay privacidad. Conocimiento sin secretos. ¿Podemos con esto? Ni siquiera los nuevos niños pueden. Pasarán generaciones y generaciones antes de que la humanidad esté en condiciones de dar ese salto. Cuestiones como ésta, de mayor profundidad y complejidad, corresponden a la sexta y séptima raza raíz, no a la quinta raza raíz ascendida. Como raza humana, tenemos que aprender la diferencia entre el "poder para dominar" y el "poder para hacer" y aplicar lo que hemos aprendido antes de poder desarrollar una conciencia tan elevada.

Lo mejor de lo mejor, y lo peor de lo peor, forman la olla de presión en la que residen los nuevos niños y los juguetes con que juegan. El delito en gran escala acompaña a los milagros de la World Wide Web y las maravillas que tenemos al alcance de nuestros dedos. Sólo para empezar, hay fenómenos como el robo de identidad, los ataques informáticos, el fraude y el acecho por Internet de niños y adultos. Economías y gobiernos enteros pueden ser cambiados o derrocados (y lo han sido) por "multitudes inteligentes"—personas que se comunican entre sí por correo electrónico para reunirse en un lugar a una hora determinada a fin de lograr metas específicas.[2] Cientos de miles de personas responden al llamado y acuden realmente a la cita. Son más benignas las "multitudes repentinas", formadas por personas que intercambian mensajes de texto para participar en bromas sencillas o practicar un poco de camaradería. Comoquiera que sea, con multitudes inteligentes o multitudes repentinas, el nuevo poder que tenemos para conectarnos lleva consigo una pesada carga de responsabilidad y conducta ética, *lo cual constituye un reto importante para los tipos de la quinta raza raíz.*

Para captar la enormidad de ese reto, tenga en cuenta que los niños de hoy alcanzan la madurez física antes de la edad en que la alcanzaban sus padres o abuelos . . . pero a los lóbulos prefrontales aún les falta un largo trecho que recorrer, lo que hace que los niños crean que son más inteligentes de lo que en realidad son y que tienen más control del que verdaderamente tienen, especialmente durante la adolescencia y comienzos de la juventud, cuando ya tienen casi el mismo acceso al poder que los adultos pero no la misma capacidad de hacer juicios adecuados. Durante la pubertad, cuando el cerebro consolida sus circuitos y comienza a deshacerse de los que ya no necesita, las elecciones que hagan los jóvenes determinarán la manera en que sus cerebros sigan formándose. Según prefieran ocupar su tiempo y su talento con el arte, la música, los deportes, los juegos de video, las actividades voluntarias o al aire libre, la literatura o la conducta delictiva, *la elección que hagan reconformará la estructura de sus cerebros,* su composición química y su función (ocasionando una ampliación o reducción de los lóbulos prefrontales).

Es digno de mención el vínculo que se puede establecer entre la percepción inicial de seguridad que tiene el feto cuando todavía se encuentra en el vientre y el creciente número de nacimientos de los tipos avanzados de la quinta raza raíz. Los entornos seguros y propicios son más la norma hoy en día. Al extenderse los movimientos democráticos, se amplían grandemente las oportunidades para los jóvenes, lo cual potencia la conciencia global. Los nacidos libres y los zippies son ejemplo de esto, prueba viviente de que una sociedad más libre produce mejores personas que a su vez contribuyen a mejorar aún más la sociedad. Es el efecto de la ola.

También sucede lo contrario. De modo similar, ¿sabía usted que la mentira produce cambios en el cerebro que son acumulativos y se pueden detectar y señalar? Las tomografías del cerebro son más exactas en este sentido que los detectores de mentiras. Saltan a la vista en esas tomografías los efectos que tienen las mentiras al limitar el potencial de una persona para alcanzar estados más elevados de creatividad y conciencia. Ahora que casi el 90 por ciento de la población tiene una mayor tolerancia a la mentira, y que nuestros líderes mienten con regularidad, vamos creando poco a poco una cultura del embuste que hace caso omiso de las consecuencias a largo plazo. Y nada es más indicativo de este fenómeno que lo que está sucediendo actualmente en las esferas de la mercadotecnia, la publicidad y la promoción.

Los especialistas en mercadotecnia, armados con los resultados más novedosos en materia de investigaciones sobre el cerebro, están tratando de llegar a clientes cada vez más jóvenes para implantarles en sus mentes imágenes y consignas relacionadas con marcas específicas antes de que se fortalezcan los lóbulos prefrontales. Su meta es crear lealtad de por vida a una marca, y producir "el virus de la abundancia" (el ansia de adquirir objetos materiales). Las escuelas sedientas de fondos cooperan gustosamente en esto al permitir que las empresas les provean de suministros (con logotipos y direcciones de Internet impresas en cada artículo) o al alquilar espacios para la venta de productos, por ejemplo, refrescos.[3] Algunas tiendas como K-Mart han comenzado recientemente a vender objetos con dispositivos de seguimiento que envían información a su productor mucho tiempo después de su compra. Varias farmacias y mercados de alimentos están imitando este proceder, al permitir que unos diminutos transmisores sustituyan a los códigos de barras. Las víctimas directas son las minorías con ingresos más bajos, sólo porque es menos probable que se percaten o que protesten. El público está siendo objeto de espionaje con chips más pequeños que una hormiguita, y esto no es de broma. Tampoco lo es la manipulación masiva del desarrollo cerebral de nuestros jóvenes, escondida tras la máscara de la "veracidad en la publicidad".

Una de las consecuencias del consumismo y la tecnología carente de ética es que los niños crecen sin la satisfacción de *haberse ganado* los objetos, el dinero o el respeto. En lugar de ello, buscan en las películas y juegos de video violentos o en las pandillas locales la satisfacción que desean obtener. La desventaja de los tipos avanzados de la quinta raza raíz, incluso los que han tenido un buen desarrollo de los lóbulos prefrontales, se hace ver contrastadamente en su ansia de obtener recompensas, sea mediante conductas egoístas o antisociales o el asesinato de personas inocentes. Las pandillas infantiles, gracias a la gran inteligencia de los nuevos niños, han evolucionado hasta un punto en que se cobran derechos, se hacen cumplir "declaraciones de objetivos", se establecen órdenes jerárquicos, y se aplican tácticas de coerción e intimidación. Estos niños son mejores organizadores y guardianes que los adultos, y más irresponsables con las recompensas del sexo, las drogas, el poder y el dinero.

Otra consecuencia de los desafíos que amenazan con consumir a nuestros niños es la epidemia de depresión. Desde los primeros días del siglo XX, en cada generación se ha duplicado la susceptibilidad a esta enemiga de la salud y la felicidad. Debido a la manera en que sus cerebros se desarrollan, los niños son particularmente vulnerables a experiencias emocionales estresantes que pueden desatar tendencias suicidas. El dolor social (el poder de las palabras para herir) afecta al cerebro de igual modo que una lesión física. Lo que nadie quiere reconocer es que los chicos de la generación del milenio, con su espíritu positivo, práctico, cooperativo y generoso son los peores en la historia cuando se trata de automutilación. A menudo se hacen cortaduras en su propia piel cuando sienten emociones que no pueden expresar. En las ocasiones en que he podido preguntarles por qué lo hacen, me han dado siempre la misma respuesta: *"Sólo quería sentir algo real"*.

¿Qué podemos hacer con respecto al lado negativo de nuestros valientes nuevos niños, que se ven obligados a sobrevivir dentro de la olla de presión del mundo actual? Ah, al fin nos hacemos esta pregunta. Hay que comenzar con la labor de los padres. "Las cosas que dan una imagen favorable de nosotros, los padres, casi nunca representan los mejores intereses de nuestros hijos", dicen Hugh y Gayle Prather. Recomiendo su libro, *Spiritual Parenting* [Paternidad espiritual], y también *A Parent's Toolbox for Spiritual Growth* [Herramientas para padres: crecimiento espiritual] de Johanna van Zwet. Joan Bramsch, creador del sitio web www.EmpoweredParent.com, también ofrece varias ideas y sugerencias excelentes.[4] La clave en este caso consiste en seguir un enfoque espiritual, que respete la intuición creativa y al mismo tiempo les inculque la necesidad de la autodisciplina y la responsabilidad. No hay que sermonear a los nuevos niños, hay que mostrarles cómo actuar mediante ejemplos directos, de una manera constante y amorosa.

Hágale al niño una lectura astrológica cuando todavía sea un bebé; asegúrese de que la lectura sea del tipo psicológico, *no* del tipo predictivo. Las inclinaciones básicas y los puntos fuertes y débiles de la personalidad, y la mejor manera de disciplinar al niño pueden ser determinadas desde una edad temprana por un astrólogo competente. Este tipo de información es de un valor incalculable para los padres. No busque lecturas predictivas, pues este estilo de interpretación tiene el efecto de programar a las personas y obstaculizar el libre albedrío. Quizás sea conveniente acudir a distintos astrólogos y comparar las técnicas de cada uno.

Compense el uso de computadoras con períodos de actividad en exteriores o con un animal doméstico. Son muy importantes los ejercicios de estiramiento. También es importante trabajar la tierra (actividades de jardinería u horticultura), trabajar con barro (creación de artesanías), o construir a mano moldes para galletas o esculturas con vegetales; además del baile, el alpinismo, el salto, los viajes y tareas con la familia y el aprendizaje de un instrumento musical.

Cuando el niño haya alcanzado la edad escolar, una rebanadita de limón o lima (o unas gotas de jugo concentrado) en un vaso de agua cada día ayudará a aliviar la mayoría de los vaivenes de estado de ánimo y a estimular el cerebro. Deben tomar toda el agua, debido a la acidez de esas frutas.

Enseñe a los niños a usar sabiamente el dinero: cómo ganarlo, ahorrarlo y gastarlo. La mitad del dinero que reciban o ganen debería destinarse a una cuenta de ahorros o invertirse. En cuanto pueda, explíqueles lo que significa su calificación de crédito y por qué es importante, e instrúyalos sobre las tarjetas de crédito y de débito y las cuentas bancarias. Es esencial que los nuevos niños entiendan el *concepto* del dinero, ahora que muchas sociedades están digitalizándose y ulteriormente pasarán al uso de medios ópticos. Si no se entiende el concepto en que se basa el dinero, estas conversiones podrían ser desastrosas para las personas.

A los padres: ustedes deben volver a familiarizarse con los conocimientos básicos sobre los alimentos y bebidas. Las grasas y los dulces son adictivos y contribuyen a la obesidad excesiva y a los problemas crónicos de salud. Los refrescos son agua azucarada; la comida chatarra es eso: chatarra. Ya me he referido a los hallazgos más recientes acerca de trastornos como el autismo y diversos trastornos del aprendizaje, los cuales indican que los problemas nutricionales y las alergias a los alimentos, así como las sustancias químicas que se aplican a los alimentos, pueden estar entre los culpables. Pero también pueden representar un problema los plásticos y los hornos de microondas. Esto significa que no deberían consumirse alimentos preempacados o instantáneos. Mientras más natural la dieta, mejor. Vuelvan a familiarizarse también con los medicamentos. Los remedios alternativos y complementarios suelen ser mucho más eficaces que los medicamentos convencionales, cuestan menos, y tienes menos efectos colaterales. Incluya en su exploración elementos como el agua, la luz, la oración y las terapias de vibración y afirmación, pues éstos constituyen la medicina del futuro.

La necesidad ha hecho que vuelva la tradición de la convivencia entre varias generaciones para que se presten apoyo mutuo. Las ventajas financieras y emocionales que esto representa para cada grupo de edad (no sólo para los adultolescentes) compensan con mucho las desventajas. No obstante, esta vez la división de los espacios de la vivienda no sólo responde al interés de mantener la privacidad, sino que su diseño inteligente la hace ser una opción conveniente, además de necesaria. La combinación de representantes de distintas generaciones (sin limitarse a personas que compartan lazos de sangre) no contrarresta, sino que estimula el desarrollo de una conciencia superior, siempre que se observen las reglas básicas de la paciencia, el respeto y el perdón y que se cultiven las fórmulas elementales de cortesía para expresar elogio y agradecimiento. Advertencia:

No excluya las manifestaciones de ira. Son naturales y aceptables. Ese rápido disparo de energía intensa tiene un efecto limpiador (de honestidad) y motivador (de estímulo). Otra cosa es cuando en lugar de la ira se nos escapan expresiones de rabia (emociones reprimidas). Busque un lugar seguro para expresar y liberar la energía de la ira (la limpieza del hogar y los ejercicios serían dos buenas opciones).

Los relatos didácticos de los aborígenes norteamericanos (y los de otros pueblos aborígenes) son excelentes para proporcionar a los niños y a sus familiares directrices positivas que sean simples y al mismo tiempo inculquen eficazmente conductas éticas. Paula Underwood, historiadora oral del proyecto Pueblo Caminante (Walking People), ha producido materiales excepcionales sobre este tema. Su video, *Learning Your Way Through Chaos* [Aprender a abrirse paso en el caos], y su libro, *The Great Hoop of Life* [El gran aro de la vida], ofrecen aclaración sobre el proceso de adopción de decisiones y sobre la manera de definir metas y valores.[5]

En el caso de las personas que no han podido recibir enseñanzas como ésta en sus años formativos y que hayan ido a parar a prisión, es posible llenar el vacío con la terapia de reconocimiento moral.[6] Este tipo de programa, impartido en grupo, ha sido un éxito rotundo en todas las prisiones donde se ha utilizado. En pocas palabras, se enseña a los presidiarios que dentro de ellos existe un código moral y que sólo tienen que ponerse en sintonía con él para que esto los ayude a no llevar a la práctica sus pensamientos, sueños y fantasías negativos. Entre los códigos morales que han existido por siglos se encuentran los Diez Mandamientos cristianos y los Cuatro Acuerdos de los toltecas mexicanos.[7] La "regla de oro" (trate al prójimo como quisiera que lo trataran a usted) existe de alguna manera en todas las culturas conocidas, y lo mismo ocurre con la certeza de que si uno le presenta a un niño antes de los siete años de edad un modelo de amor que el niño pueda comprender, ese niño se ajustará a los desafíos de la vida con un sentido incorporado de equidad y honestidad.

Ya he señalado la importancia de enseñar los elementos básicos de la conducta moral y ética, las buenas aptitudes de adopción de decisiones y un sentido adecuado de la individualidad, porque en el transcurso de sus vidas los nuevos niños harán trizas los tabúes sociales. Mientras hayan aprendido los elementos básicos, estarán en condiciones de participar en el discurso cívico y la búsqueda de soluciones.

Nuestra primera prueba en este sentido como sociedad tiene que ver con el tema del sexo. Y, entre todos los tabúes sociales, éste es el más delicado, volátil e inmediato.

Antes indiqué que la fusión de las polaridades comenzará durante la ascensión del quinto mundo. En términos que cualquiera pueda comprender, esto significa que habrá una modificación o equilibrio de las diferencias de género. ¿No le llama la atención el hecho de que últimamente ha habido tanto alboroto sobre las uniones entre homosexuales y entre lesbianas, y que el Vaticano haya deplorado el cambio social hacia la ambigüedad de género que esto representa? La cuestión lleva miles de años sobre el tapete pero, de pronto, se le da una importancia desmesurada. Y cada vez será más así. No culpemos solamente a la televisión y los medios de información por lo que está ocurriendo. Estamos actualmente en la fase preparatoria que el mundo debe atravesar antes de llegar al portal maya y a los comienzos de una matriz de energía completamente nueva y distinta: la intensificación de la ascensión del quinto mundo. En otras palabras, ha llegado la hora. En los Estados Unidos ya están teniendo lugar cambios de funciones en todas las esferas: amos de casa, mujeres en el sacerdocio, padres al cuidado de los niños, madres administradoras de empresas, mujeres que luchan junto a los hombres en el campo de batalla y en equipos de seguridad. Las funciones masculinas y femeninas ya no tienen una distinción clara.

Eso es en la superficie. Espere a ver qué más está pasando.

Debido a los impulsos concomitantes de la evolución y la involución, somos testigos de la fusión de polaridades que se manifiestan en tendencias simultáneas a presentar conductas exageradas o moderadas. A continuación explico lo que está sucediendo a este respecto.

Los nacimientos de hermafroditas van en aumento. Se trata de niños que nacen con los órganos reproductivos de ambos sexos (lo cual hace que los padres agonicen con la decisión de cuál procedimiento quirúrgico aplicar: ¿el niño debería ser hembra o varón o quedarse como está?). Además, hay niños de apariencia normal que, a edades cada vez menores, aseguran que han nacido con el sexo equivocado. Las prostitutas son cada vez más jóvenes. El estudiante promedio es bisexual; las estadísticas de 2004 muestran que el 47 por ciento de los estudiantes de preparatoria en los Estados Unidos han tenido relaciones sexuales con cuatro personas o más, a veces simultáneamente (aunque sea difícil de imaginar) y muchos ven el sexo oral con la misma informalidad que un apretón de manos. Algunos jóvenes participan en clubes y círculos de sexo y no ponen reparos en la desnudez. La pregunta que hay que hacer ahora a los padres no es ¿"Dónde están sus hijos esta noche?" sino ¿"Con quién o con qué están durmiendo?"[8]

No exagero cuando digo que muchos niños de hoy dedican mucha atención al sexo, la ropa sexy y la desnudez parcial o total. También les gustan los tatuajes, las perforaciones en la piel y la modificación de su fisonomía (por ejemplo, hacerse bifurcar la lengua o colocarse bajo la piel distintos tipos de injertos de teflón). ¿Ha visto usted a alguno de estos chicos? Yo los he visto. Las primeras veces me produjeron repugnancia. Desde ese entonces he aprendido a ser más tolerante. Son buenos muchachos. Son un poco raros, pero tal vez mi edad es la que me impide verlos de otra manera. Yo no soy tribal, pero ellos sí lo son.

La manera en que los sexos se interrelacionan y socializan entre sí también es fuera de lo común:

NetGen: Este software es el equivalente en Internet de una "piyamaza" para quienes quieran jugar o experimentar con la creación de distintos ambientes y situaciones que propician distintos tipos de relaciones; los usuarios le llaman una "herramienta contra la productividad". Esta tecnología conecta a personas entre sí con enlaces directos que no pasan por servidores. Ofrece lo más avanzado en materia de grupos sociales a través de computadoras. Cada claque puede estar formada hasta por diez personas que interactúan como en la vida real y comparten archivos de música.[9]

Patinetas: El movimiento constante, la sensación de riesgo, la suspensión en el aire y la música con ritmo intenso atrae a chicos delgaduchos con elevados coeficientes intelectuales que pueden llegar a practicar el deporte profesionalmente y ganar millones de dólares. El deporte emula la rápida acción de los juegos de vídeo, diseñados conforme a la manera en que funcionan los cerebros de estos jóvenes.

Fiestas "Rave": Los encuentros funcionan como "servicios de iglesia" al unir distintas afiliaciones tribales en una unidad filosófica. Movimiento constante, destellos de luz, la menor cantidad de ropa posible, pasos arriesgados de baile, música a alto volumen y muchas drogas, especialmente éxtasis (que se ha determinado que produce problemas cognitivos y psiquiátricas, y hace que la persona luego se sienta triste y perezosa).

Fiestas "Rave" de New Age: Un nuevo movimiento que utiliza una mezcla de música electrónica y maratones de baile con rituales espirituales y religiosos. No se permite el consumo de bebidas alcohólicas o drogas. Las reuniones comienzan con mantras y ejercicios yoga, masajes para relajar los músculos, bailes de trance, luces, círculos tántricos (redirección de la energía sexual para lograr estados mentales elevados), y una selección de bocados naturales e infusiones de hierbas.

Tanto los aficionados a NetGen, como a las patinetas y las fiestas "rave" (de ambos tipos) ven en estas actividades una oportunidad de participar en encuentros especiales en que los jóvenes "veneran" las sensaciones propias de la intimidad: sentir que sus cuerpos interactúan con otros con la libertad de experimentar al máximo cada sensación, buscando formas de potenciar su sensualidad (¡incluso NetGen puede ser atrevido y arriesgado!). Quieren ver hasta dónde pueden llegar y qué más son capaces de sentir.

El aspecto ritualista de los eventos sociales de los nuevos niños imita la actividad de las ondas cerebrales, que a su vez imitan las nuevas tecnologías, que imitan la estimulación excesiva ocasionada por el efecto de sobresalto de la televisión, y todo esto exige aún más estímulo, incluso si ocasionalmente ha de llegar a la violencia o el dolor, para poder *sentir* una emoción más, llegar al próximo nivel, a la próxima pulsación.

Hay muchos cambios distintos que están ocurriendo con demasiada rapidez para que la familia humana los absorba. No es de sorprender que los jóvenes se lastimen a sí mismos. Con todo, son listos y saben recuperarse. Si bien casi tres cuartas partes de los adolescentes estadounidenses han probado estupefacientes ilícitos antes de terminar la universidad (si es que la terminan), hay un gran número de ellos que están rechazando completamente las drogas. Los más jóvenes están viendo cómo las orgías y el desenfreno sexual producen un envejecimiento prematuro y el contagio con enfermedades de transmisión sexual; cada vez más jóvenes están optando por mantener la virginidad. La conexión entre las escuelas preparatorias, el consumismo y las modas pornográficas está perdiendo su atractivo. Muchos chicos están reaccionando con la actitud contraria: ahora está de moda la modestia.

Los niños de nuestro futuro seguirán echando por tierra los tabúes que antes constituían el fundamento de la sociedad. No se confíe por el hecho de que al fin los jóvenes están optando por la virginidad y las formas tradicionales de vestir. La moralidad sexual apenas está comenzando a cambiar a medida que se acelera el deseo de librarnos de las limitaciones de la identificación con un sólo género y con las funciones propias de un solo sexo. Se aproxima el día en que los sexos serán más difíciles de distinguir y los niños nacerán con conciencia de sí mismos. Hasta ese momento (que todavía está muy lejos), recomiendo encarecidamente que todos nosotros, niños también, redescubramos los simples placeres de la sensualidad.

Reconozcamos que somos seres sociales y sexuales que disfrutamos con el contacto y necesitamos sentir. Además, la sensualidad no es sólo cuestión de menear las caderas, bajar los párpados y hacer caricias con la lengua. Es también ese inmenso mundo de sensaciones despertadas de la insensibilidad de nuestro mundo que es como una olla de presión. ¿Qué sentidos favorece usted? ¿Qué lo hace despertar? ¿Qué le produce deleite? Los *sentimientos y sensaciones* son lo que da vida al mundo, lo que da color a la experiencia humana.

La sensualidad ocurre cuando permitimos que nuestros sentidos se abran a las sensaciones que nos rodea. Potencia nuestras facultades para que podamos saborear el viento y oír el agua, oler la felicidad, ver la voz interior que nos habla, sentir la luz. Podemos lograr esto con sólo decidirlo, y luego, con la intención, haciendo que nuestro cuerpo y nuestra mente se acerquen lenta y suavemente para acariciar lo que está a su alcance, para sentir de una nueva manera, despertar ante cada minúsculo estímulo de los sentidos. Con los serenos gestos de una mente internamente consciente, podemos sentir mejor el movimiento de los distintos órganos del cuerpo, la inhalación y exhalación del aire y los latidos del corazón al responder ante otros, y ante nuestras vidas y el mundo que nos rodea.

Aquí le presento un ejercicio. Lea este relato cuidadosa y pausadamente:

> *Amanda, una niña de ocho años, estaba comiendo y hablando con algunos de sus familiares.*
>
> *"Estoy harta de que me llamen la niña milagrosa". (Su madre tuvo que esperar quince años y pasar por dos abortos naturales antes de tener a Amanda.) "Además, fui yo quien los escogió a ellos". Cuando le preguntaron qué quería decir con eso, respondió: "Pues, que miré hacia abajo y te escogí a ti y a ti [señalando a cada familiar con el dedo], y escogí a mis padres porque ellos me necesitaban".*
>
> *"¿Dónde estabas?" le preguntó su tía Annette.*
>
> *"Estaba allá arriba, ¿sabes? Allá arriba".*
>
> *"¿Cómo era aquello, allá arriba?", insistió Annette.*
>
> *Amanda sonrió. "¡Es muy resplandeciente; todos los colores son muy vívidos y uno lo ve todo!"*

Pues bien, *sea* Amanda por un instante. *Sienta* lo que ella acaba de decir. *Concéntrese* en cada sensación. El relato tiene más significado ahora, ¿no? Tiene dimensión porque usted le ha dado vida con sus sentimientos.

Confíe en su cuerpo. Confíe en su corazón. Enseñe a los niños a hacer lo mismo. Por muchas generaciones, ser capaz de sentir las sensaciones de la vida será más valioso que las riquezas materiales.

Su responsabilidad con el cambio

15

PLAZA VACANTE: *Se necesita de inmediato de jóvenes visionarios en todos los ámbitos y en todas partes del mundo. Trabajo remunerador; flexibilidad mental; no hace falta experiencia anterior. Aproveche la oportunidad de empezar desde abajo en este campo en crecimiento y con alto potencial. Presente personalmente su solicitud solucionando un problema que le toque de cerca.*

WILLIAM UPSKI WIMSATT

A nuestros nuevos ciudadanos y los que están por venir: Apaguen la televisión. El mundo los espera y ustedes tienen trabajo que hacer. Le ha llegado la hora de deshacer entuertos y rediseñar la infraestructura y la política. Los argumentos de la extrema izquierda o de la extrema derecha promueven la filosofía de "Nosotros tenemos la razón", nulificando el proceso creativo que aporta soluciones progresistas y positivas.

Regístrese para votar. Tan pronto cumpla los dieciocho años de edad, regístrese para votar y vote en toda elección, sea local, estatal o nacional, año tras año. Si tiene que salir de viaje o le van a realizar una operación quirúrgica, vote en ausencia. No haga caso de los detractores. Su voto en verdad cuenta.

Sea un votante informado. Conozca a sus candidatos y las plataformas políticas de éstos. Si no le gusta lo que oye, haga algo al respecto. Conviértase en activista o incluso postúlese como candidato. Antiguamente, pertenecer a uno u otro partido político significaba algo importante. Ya no es así. Ayude a reformar los partidos existentes o comience uno nuevo. Y no se trata de afiliarse a los Verdes o a los Libertarios, pues ya ellos están estructurados. Usted es parte de un nuevo grupo de voces que los encuestadores han denominado "creativos culturales" (personas renacentistas) y conforman ya el sector político más grande y de más rápido crecimiento en los Estados Unidos.[1] El programa cardinal para usted está formulado en el libro *Radical Middle* [El centro radical] de Mark Satin;[2] la forma de proceder se explica en *The Future 500: Youth Organizing and Activism in the U.S.* [Los futuros 500: Las organizaciones juveniles y el activismo en los Estados Unidos] (de varios autores, entre ellos William Upski Wimsatt, citado al comienzo de este capítulo).[3]

Mantenga el capitalismo, pero mézclelo con la responsabilidad social para hacerlo más humano. Incorpórese a alguno de los grupos profesionales, incubadores de cambios en la actualidad. Conciba su trabajo, su profesión, como vehículo político. Las últimas transformaciones de los planes de estudios de las universidades son resultado directo de ese activismo. Por ejemplo: Muchas facultades de medicina ofrecen hoy cursos de medicina alternativa, la mayoría de las escuelas de empresariado ahora incluyen capacitación en materia de medio ambiente y carácter emprendedor, casi todas las facultades de derecho hacen hincapié en las técnicas de resolución de conflictos (habilidades para la mediación, el arbitraje, la justicia restaurativa y la conciliación).

Trabaje para construir una auténtica aldea global. No se puede parar el paso de la globalización, así que no lo intente. El ideal es consolidar el mercado libre, la democracia y el desarrollo económico y social progresivo. El camino hacia esta meta presenta dos dificultades: la falta de integridad y la responsabilidad cívica empresarial, y la amalgama de principios éticos dispares existentes en cada país. Ambas cuestiones tienen que ver con la percepción de los valores. Tanto los gobiernos y empresas como las propias personas están escudándose tras sus diferencias de valores para poner trabas a negociaciones comerciales, con lo que empeoran los propios problemas que la globalización debía subsanar y dan lugar a disparidades colosales.

Examinemos brevemente cómo ocurre esto en los Estados Unidos en la actualidad.

Los empleos basados en conocimientos, por ejemplo, la programación de computadoras y el servicio técnico al cliente, se están subcontratando a países como la India (donde se habla inglés). Las cadenas de producción se están mudando a lugares como China y Malasia (empleos en los que no importa el idioma). La fabricación de productos químicos y chips para computadoras, que requieren un alto nivel de conocimientos técnicos se lleva a cabo internamente en los Estados Unidos. Esto aún está lejos de ser un intercambio equitativo en el plano laboral, pero al menos las oportunidades de empleo se están distribuyendo por el mundo como nunca antes, lo que ayuda a las naciones deudoras a pagar los intereses de sus préstamos (para satisfacción de los banqueros).

Sin embargo, debido a la gran diversidad de interpretaciones de la ética, no existen reglamentos verdaderamente fuertes que obliguen a los países beneficiados a hacer llegar esos beneficios a sus trabajadores. Esto significa que los trabajadores estadounidenses deben competir ahora con chicas de catorce años en Indonesia, niños de ocho años en Pakistán, y obreros virtualmente esclavizados en China. Justo en el momento en que la clase media lleva sobre sus hombros una parte más grande de la carga impositiva de los Estados Unidos, obtiene menos ingresos para sí. Resulta interesante el hecho de que gigantes como Wal-Mart, Costco y Best Buy adquieren la mayor parte de su inventario de fuentes externas, lo que les permite vender a precios tan bajos que los demás comerciantes estadounidenses no pueden competir. Al mismo tiempo, pagan a su propios empleados sueldos más bajos y los hacen trabajar durante más horas, de modo que estos empleados se ven limitados a comprar en estos gigantes los mismos productos que antes producían ellos mismos por un buen sueldo. Esto estimula a los gobiernos locales a abusar de las leyes vigentes de "dominio eminente" (derecho de expropiación) mediante la incautación de bienes raíces para poder venderlos a los gigantes comerciales y aumentar así la base impositiva, con lo que socavan la competencia y la versatilidad en el mercado. Esto a su vez debilita a la clase media hasta el punto en que los políticos pueden controlarla fácilmente a través del miedo que predican (para satisfacción de las empresas).

Por si fuera poco, los trabajadores despedidos deben entrenar a quienes vienen a sustituirlos, y la mayoría de los trabajadores de más de cincuenta años de edad debe prepararse para la reducción de su carga laboral: menos horas, menos dinero, menos oportunidades. *Nuestros propios líderes empresariales* exigen a los zippies de la India que tomen "clases de transformación" para aprender a *no* ser amistoso y a *no* prestar un buen servicio (sobre la base de la falsa premisa de que deshacerse de clientes es más eficaz en función de los costos que buscar nuevos clientes).

¿Lo comprenden ahora? Si no existe ningún tipo de valores compartidos, el quinto mundo ascendido puede estancarse apenas en sus comienzos, y aportarnos poco más que una mediocridad mezquina y deshumanizada, o "dictablandas" que garanticen las necesidades vitales y se valgan de esto para socavar o controlar la innovación creativa y el pensamiento independiente (para satisfacción de los gobiernos).

Si ya ha terminado de lamentar las desigualdades de la aldea global, quisiera presentarle el tema de los holones. ¿Está preparado? Un *holón* es un todo formado por sus partes y es, a su vez, parte de un todo mayor. Los holones consisten en fuerzas opuestas que trabajan en conjunto para beneficio mutuo: por ejemplo, un firme deseo de mantener la identidad individual en la competencia con los demás, unido a un deseo integrador de cooperar con entidades o grupos más grandes por el bien de la sociedad. Así, un holón es como la partícula y la onda de la física: opuestos totales en plena concordancia. Este movimiento recíproco entre polaridades equilibradas desata la diversidad y el libre albedrío *en combinación* con las relaciones cooperativas y la planificación a gran escala.

Y este es el patrón de energía de la ascensión del quinto mundo, no dominado por el hemisferio izquierdo del cerebro ni por el derecho. Es la energía de un holón, o sea, el pensamiento con la totalidad del cerebro.

Un grupo de jóvenes activistas de Syracuse, Nueva York, me ha permitido compartir con mis lectores el texto de un cartel creado por ellos.[4] El sentimiento expresado en ese cartel se basa en la premisa del holón.

CÓMO CREAR UNA COMUNIDAD GLOBAL
según sugerencias del grupo "Syracuse Cultural Workers"

No piense que nadie es distinto de usted

No confunda su comodidad con su seguridad

Hable con desconocidos

Descubra otras culturas a través de su poesía y novelística

Escuche música que le parezca difícil de entender

Baile al ritmo de esa música

Actúe localmente

Infórmese sobre el funcionamiento del poder y los privilegios en su cultura

Critique el consumismo

Sepa cómo se cultivan la lechuga y el café: Percátese de la explotación

Compruebe que los productos tengan etiquetas sindicales y de comercio equitativo

Contribuya a la formación de economías de abajo hacia arriba

Tenga pocas necesidades

Aprenda un segundo (o tercer) idioma

Visite a personas, lugares y culturas, no atracciones turísticas

Aprenda la historia de los pueblos

Redefina el progreso

Conozca la geografía física y política

Participe en juegos de otras culturas

Vea películas extranjeras

Conozca su patrimonio cultural

Rinda honor a los días festivos de todas partes

Mire a la Luna e imagine que otra persona, en otro lugar, la está mirando también

Lea la Declaración Universal de Derechos Humanos, de la ONU

Entienda la economía global en términos de personas, tierra y agua

Sepa dónde su banco ejerce su actividad bancaria

No crea nunca que tiene derecho sobre los recursos de los demás

Niéguese a usar logotipos empresariales: desafíe el dominio empresarial

Cuestione los vínculos entre el ejército y los negocios

No confunda dinero con riqueza, ni tiempo con dinero

Tenga amigos por correspondencia

Respete las culturas indígenas

Juzgue a los gobiernos por cuán bien resuelven las necesidades de las personas

Sea escépticos con lo que lee

Atrévase a probar comidas nuevas

Disfrute los vegetales, los frijoles y los granos en su dieta

Elija la curiosidad antes que la certeza

Sepa de dónde viene su agua y a dónde van sus desagües

Jure lealtad a la Tierra: cuestione el nacionalismo

Tenga una mentalidad orientada por igual al Sur, el Centro y el Norte - hay personas como usted en todas partes

Considere que muchos otros comparten sus sueños

Sepan que nadie es silencioso sino que muchos no son oídos; ocúpense de cambiar esta situación

Ya van a quedar en el pasado los días en que la espiritualidad y la religión eran polos opuestos; lo mismo ocurrirá con la consigna de "divide y vencerás" y con la avaricia que exige grandes márgenes de ganancias. Necesitamos un nuevo paradigma para los hijos de la ascensión. Fíjese en Benjamín Franklin, uno de los personajes más cautivadores que se pueda imaginar. Según Thom Hartmann, este fundador de los Estados Unidos poseía todos los rasgos conocidos del gen del cazador, el alelo DRD4 7R (la mutación genética que en una ocasión salvó al género humano) y que reaparece en la población cada vez que ocurre una crisis. El lugar que Benjamín Franklin ocupa en la historia, así como su personalidad y hábitos, confirman la presencia de esos genes. Ustedes, los reparadores, líderes naturales, avituallados de una nueva energía y visión, entes del quinto mundo de diversas convicciones son, a mi modo de ver, los clones de Benjamín Franklin. Él se guió en su vida por el respeto a siete grandes virtudes: la aversión a la tiranía, la libertad de prensa, el humor, la humildad, el idealismo en política exterior, la disposición a transar, y la tolerancia.[5] Aprendamos de este paradigma.

La responsabilidad de ustedes con el cambio incluye también el establecimiento de los mecanismos, las medidas y los procedimientos necesarios para quienes vendrán después. La generación de ustedes, los del milenio, representa el primer ingreso masivo a nivel mundial de los azules ascendidos en el plano terrenal. Por esa razón, les corresponde establecer el patrón de crecimiento correspondiente a esta fase del más alto desarrollo de la conciencia que, según las profecías, durará unos mil años.

Con objeto de ayudarlos a centrar sus esfuerzos, les he preparado una lista de cuestiones hechas a la medida de su poder mental y físico. Vayamos por partes.

- *Regrese al civismo en el habla y en la conducta.* Las "expresiones de odio", para llegar al nivel que hoy han alcanzado, comenzaron con el auge de los programas radiales de debate de corte conservador y siguieron con los de corte liberal. Estas oleadas diarias de fuertes diatribas e intentos de satanizar al contrincante han menoscabado la posibilidad de mantener debates y desacuerdos más serios, y ofrecen cuando más "curitas" de corta duración en lugar de soluciones a largo plazo. Tantos años de tal cerco informativo han afectado a todos y han vulgarizado nuestra manera de hablar y de tratarnos mutuamente. El civismo en el habla no es sólo cuestión de cortesía sino de respeto, lo que implica como mínimo evitar las obscenidades y las insinuaciones sexuales y tomarse tiempo para escuchar. El Presidente Ronald Reagan no es recordado tanto por su legado político como por su cordialidad y por su voluntad de extender su mano a todos y decirles con un gesto "quiero lo mejor para ustedes". La aldea global hace del civismo una necesidad. El cambio ha de comenzar desde ahora mismo. Va a llegar un momento en que cualquier esfuerzo insuficiente podría provocar en el mundo un clima de hostilidad sin motivo, que se alimentará a sí mismo.

- *Vuelva a un lenguaje común.* "El tribalismo expresándose como culturalismo" ha ocasionado divisiones en la lengua franca, lo cual pone en peligro las normas de comunicación en los Estados Unidos. El vocabulario se modifica en función de los símbolos populares del momento; así es como evoluciona el idioma. Pero lo que está sucediendo ahora va más allá de lo típico. Debido a las chocantes diferencias entre los símbolos que se muestran en la televisión, las películas, los videojuegos, la música y la moda, se han quebrantado tanto el idioma como los valores. Literalmente, los distintos grupos no pueden entenderse entre sí. Al añadir a esto el aumento de los inmigrantes en los Estados Unidos, estamos ante la disyuntiva de convenir en que el inglés sea la lengua común de todos los estadounidenses, o perder nuestra capacidad como individuos y como ciudadanos. Este problema afecta directamente a la soberanía y la seguridad nacional.

- *Aprenda de la historia.* Harry Truman fue el único presidente contemporáneo que no tenía título universitario. Sin embargo, era un conocedor de la historia, y gracias a ello le fue posible tomar difíciles decisiones que otros no hubieran sido capaces de adoptar. La historia se repite infaliblemente si uno no aprende de ella. Nunca se conforme con lo que superficialmente parezca verdad. Profundice hasta encontrar lo que está oculto. La verdad puede ser dolorosa, pero siempre se puede enfrentar. La mentira, por su parte, corrompe y esclaviza con el paso del tiempo. La intuición, los conocimientos prácticos, no bastan si uno no aprende de la historia. Contribuya a salvaguardarla. Los datos digitales, las fotografías, las grabaciones magnetofónicas se van deteriorando o pueden ser destruidas por las sustancias químicas que deberían contribuir a su conservación. Mientras mayor sea el avance tecnológico de nuestra sociedad, más frágiles se tornan los elementos que nos definen. Hay que buscar formas de contrarrestar ese efecto. Respalde la información y use múltiples medios de almacenaje. Cuando sea posible, plastifique los materiales impresos.

• *No permita que las drogas le roben su cerebro.* Usted va a necesitar ese increíble cerebro que Dios le ha dado. Las emociones fuertes producidas por sustancias químicas no justifican el riesgo de dañar o arruinar la funcionalidad de su cerebro. Uno puede obtener emociones mejores, más duraderas, más intensas y más frecuentes por medio de búsquedas espirituales o de su prestación de servicios a personas necesitadas. Hay quienes se benefician al consumir ciertas drogas en determinados momentos, pero siempre han de tener en cuenta las reglas de preparación, la calidad de los ingredientes, los rituales consagrados, la supervisión de adultos y la ayuda profesional en la etapa posterior. El uso de drogas por entretenimiento o evasión no entretiene ni evade. Además, usted no sabrá hasta mucho más tarde, incluso años después, si su cerebro o sistema nervioso han quedado dañados, o si se han afectado sus capacidades reproductivas. A medida que aumenta la sensibilidad de los entes del quinto mundo, mengua su capacidad de tolerar sustancias adictivas. Una advertencia más: Sepa a dónde va a parar el dinero. ¿Qué pasa con lo que usted paga por las drogas? ¿Quiénes se benefician? ¿Qué país suministra los ingredientes básicos? ¿Está contribuyendo su dinero al bienestar o al empobrecimiento de ese país? Uno no puede desentenderse de las consecuencias de sus propias decisiones.

• *Protéjase ante los cambios de política con respecto a la industria de la televisión.* Será preciso contar con el firme apoyo de los jóvenes para frenar las actuales tendencias en la televisión que pretenden atiborrar cada media hora con quince minutos de anuncios comerciales y quince minutos de programación real. Para lograr esto, se enseña a los actores y actrices a hablar muy rápido de modo que nos parece ver una acción rápida cuando en realidad se trata de material comprimido. Valiéndose de los descubrimientos de la neuroeconomía (bioeconomía: la manera en que las investigaciones recientes sobre el cerebro pueden ser usadas por las empresas para influir en su rendimiento económico), los anunciantes pueden ahora manipular el cerebro de los televidentes con la combinación precisa de sobresaltos e imágenes simbólicas para poder influir en el razonamiento humano. Esta forma de proceder reconfigura hasta cierto punto la estructura del cerebro, aturde el sistema nervioso, entorpece el funcionamiento de los lóbulos prefrontales y en muchos casos constituye un factor causante de trastorno por déficit de atención. La industria de la televisión no va a escuchar las quejas de los adultos a este respecto, por lo que depende de los jóvenes de hoy buscar una solución o transacción. No alcanzan las palabras para insistir en la importancia de tener un funcionamiento óptimo del cerebro al hacer la transición de entornos terrestres a extraterrestres y más allá.

- *Lea más literatura.* No basta con lo que uno lee en Internet y en la prensa. Tome un libro en sus manos y léalo. Los lectores son más inteligentes que quienes no leen, y son más propensos a imaginar, visualizar, soñar, observar, hacer obras voluntarias y de caridad, ir a museos y espectáculos culturales y no caer en la trampa de la conducta narcisista. Para atontar a una sociedad, basta con desalentar la lectura. Para esclavizarla, hay que destruir los libros. Tarde o temprano, irá cambiando la configuración de nuestros materiales de lectura a medida que el "libro" clásico evolucione en cuanto a su presentación y diseño.

- *Conéctese con lo espiritual.* Comience cada día con una meditación en silencio. Bendiga el día. Afirme su propia sanación y la de los demás en armonía con el orden divino, y pida ser utilizado para un fin que trascienda sus propios intereses. La esencia de la depresión y la violencia se encuentra en el aislamiento, en la sensación de estar separado de Dios. Aniquilamos nuestro propio espíritu con esta creencia en la separación. No existe tal cosa. Somos, hemos sido siempre y siempre seremos parte de la gran familia de las almas creadas. El hecho de saber esto, de sentir esta verdad cada día, hace que su conciencia se abra a la tutela divina, a los ayudantes ultramundanos, y al bienestar de la comunidad sagrada. Gracias al auge del cine espiritual, hay incluso películas que ayudan a satisfacer esta necesidad, este deseo de conectarse con la verdad superior.[6] Las personas de conciencia espiritual son más felices y sanas que el resto de la humanidad, viven más tiempo y son más generosas. Cada generación sucesiva de nuevos niños será más espiritual e intuitiva que la anterior; su alcance real dependerá del florecimiento de los lóbulos prefrontales.

- *Mejore sus relaciones.* Ninguna relación puede llenar todas sus necesidades, ni tendría por qué hacerlo. Comprenda que el 10 por ciento de las personas en su vida lo aman incondicionalmente, otro 10 por ciento no lo pueden soportar y las relaciones con el 80 por ciento restante de las personas dependen de cómo usted las trate. De ahí la importancia del humor, la paciencia, el respeto y la capacidad de perdonar. La comunicación es la clave del éxito, lo que significa por igual escuchar y hablar, dar y recibir. Riane Eisler, autora de *The Power of Partnerships* [El poder de las asociaciones], nos explica cómo durante la transformación histórica de las sociedades matriarcales en patriarcales fue evolucionando un "modelo dominante" que desembocó en la sustitución del liderazgo femenino por el masculino.[7] El miedo y la violencia se convirtieron en una desventaja aceptable del dominio de los débiles por los poderosos. En el "modelo de asociación" más antiguo, las relaciones tenían más que ver con la confianza mutua entre las personas, en cuyo contexto se valoraba por igual lo masculino y lo femenino. La dominación no es hoy, ni nunca fue, algo normal. La ascensión libera la espiritualidad inherente a todos nosotros. Las relaciones del futuro estarán definidas por un significado, propósito y placer superiores.

- *Comprométase con los vínculos que establezca.* Usted vivirá su vida en fracciones de tiempo, de unos veinte años por tramo. Reinventarse a uno mismo, transformarse en cada tramo será la norma. Algunos podrán optar por asociarse con distintas personas y tener distintas profesiones en este camino. Gracias a los avances médicos será posible vivir más de 150 años y se extenderá la capacidad de reproducción hasta edades muy adultas. Las comunidades del futuro tendrán centros infantiles para el cuidado, la formación y el entretenimiento de la juventud. No obstante, la unidad familiar seguirá siendo el núcleo del apoyo afectivo y el establecimiento de vínculos personales. Las asociaciones basadas en el compromiso y la lealtad tendrán mayor importancia, pero no al punto de sustituir al matrimonio. A la larga se introducirán elementos de activismo en las ceremonias de bodas. Sugerencias: Hacer que los invitados acompañen a la feliz pareja para trabajar en una granja que produzca alimentos para los necesitados, o participar en una campaña de donación de médula ósea o de sangre, o enviar donaciones a sus organizaciones caritativas preferidas, además de regalos o en lugar de ellos. Con la congelación y adopción de embriones, el uso de madres de alquiler y la posibilidad de tener bebés probeta, la selección genética que esto supone redefinirá el concepto de paternidad y, al mismo tiempo, entrañará la evolución del tipo corporal de los azules ascendidos. Los niños aún no nacidos serán más valorados y respetados.

- *Viva en armonía con el medio ambiente.* Piense en serio en la posibilidad de vivir en una nave terrestre, aún cuando tenga que construirla usted mismo. Las naves terrestres son hogares autosuficientes que no están conectados a la red eléctrica.[8] Contrate a un zahorí (especialista en radiestesia) o a un experto en feng shui para que examine el terreno antes de comenzar a construir y también después de terminada la obra, para asegurarse de que la jardinería y la decoración sean acordes al flujo natural del *chi* (energía o "aliento" de la tierra).[9] Para asegurarse de que entiende la importancia de los sistemas naturales y cómo ponerse en armonía con ellos, aprenda todo lo que pueda sobre permacultura y diseño ecológico.[10] Mientras tanto, adéntrese en la agricultura con técnicas naturales, basada en la mezcla de diferentes granos en lugar de su separación. El objetivo es imitar a la naturaleza. Los resultados son asombrosos: cosechas más abundantes, mejor control de suelos, menos malas hierbas y plagas.[11] El pensamiento y la acción basados en el uso inteligente de recursos es conocido internacionalmente ahora como movimiento de sostenibilidad. Entre sus propuestas figura la preferencia por los barrios, intersecciones, jardines y mercados comunales de estilo tradicional, y el reconocimiento de que incluso las ciudades poseen un alma ligada a su carácter y patrimonio propios y singulares. El éxito del movimiento de sostenibilidad determinará nuestra calidad de vida en el futuro. La prueba de que podemos construir lo que soñamos se puede apreciar en los grandes biodomos del Proyecto Edén en Cornualles, Inglaterra.[12] Llegará el momento en que podremos crear casas a partir de membranas vegetales que crecerán y se conformarán según especificaciones establecidas por bioconstructores, y cultivaremos nuestras huertas en compañía de ángeles y hadas.[13]

- *Adéntrese en el medio ambiente.* Allí encontrará una asombrosa relación simbiótica y plena de energía entre el género humano y la naturaleza al estudiar las nuevas ciencias de la ecopsicología y la ecología profunda. La ciencia de sistemas terrestres reconoce que la Tierra posee una *biosfera* (el conjunto de los organismos vivos y un sistema planetario de circulación), una *atmósfera* (capa de gases), un *sistema geológico* (la superficie e interior de la tierra), una *hidrosfera* (sistemas de circulación de las aguas) y un *sistema energético* (la energía que alimenta todos los sistemas terrestres; solar, eólica, hídrica, volcánica). Nuestro planeta es una entidad viviente que respira y tiene alma propia. Familiarícese con él. Las soluciones que permitan a las sociedades progresistas ayudar al medio natural en lugar de dañarlo dependerán de su voluntad de modificar el sistema. Ya existen organizaciones y servicios de avanzada que exploran la energía de la vida y la Tierra, así como dispositivos para contribuir al dominio de la materia con la mente.[14] Interésese en ellas y tome lecciones.

- *Redescubra los atributos del agua.* El agua le sorprenderá. Su componente principal, el hidrógeno, está disperso por todas las galaxias, y se encuentra en forma de hielo en las nubes de polvo cósmicas. Lo que se puede hacer con el hidrógeno, cómo se configura, se autoorganiza y se recarga a sí mismo, representa un modelo que podría imitarse para propulsar las naves interestelares.[15] En 2003 se comprobó científicamente que el agua retiene la memoria de las sustancias que se disuelvan en ella, aún cuando dicha sustancia se haya diluido hasta el punto de no quedar ninguna de sus moléculas. Esto confiere validez al uso de la homeopatía con fines médicos. El científico japonés Masaru Emoto demostró que las manifestaciones de amor o gratitud cerca o encima del agua hacen que sus moléculas se reestructuren en hermosas formas cristalinas. Algo similar ocurre cuando se purifica el agua. Pero al decir obscenidades o tener expresiones de odio, o al contaminar el agua, hace que la molécula del agua se encoja, se nuble y asuma la apariencia de una célula cancerosa.[16] El agua, al igual la Tierra, está viva, es inteligente y posee memoria y sentimientos. Responde con reciprocidad al cuidado; incluso le afecta la naturaleza de los pensamientos.

- *Invente, invente, invente.* No espere a crecer. Comience desde ahora. Una niña de siete años de edad creó una línea de joyería que vende por Internet desde su habitación; un niño de once años obtuvo una patente por la creación de una tarjeta única que sustituya a las distintas tarjetas de crédito que las personas llevan normalmente; un joven inventó un escáner de pies que permite examinar rápidamente los zapatos de los pasajeros en los puntos de seguridad de los aeropuertos; un adolescente creó un sitio web político que deja chicos a los incitadores de los programas de debate.[17] Los héroes no reconocidos de la ciencia han sido siempre personas que trabajan en sus inventos en los patios de sus casas y que se atreven a desafiar el consenso. Así fue como se inventaron una bolsa plástica que se disuelve en agua y las redes miceliales (fungicidas a partir de hongos silvestres) que forman y retienen los suelos y filtran los contaminantes, incluso en superficies asfaltadas.[18] Así es como solucionaremos la crisis energética. "El cenit del petróleo" ese punto en que la demanda excede a la oferta, ya está aquí. Tenemos opciones: energía eólica, baterías que no necesitan recargarse, energía térmica proveniente de colosales invernaderos para mover turbinas que producen electricidad, dispositivos que aprovechan la energía del vacío espacial y la convierten en corriente alterna, aparatos de producción de energía *"over-unity"* o "por encima de la unidad" (que generan más energía de la que consumen), hidrógeno y fusión en frío.[19] El problema de la energía no está en el suministro, sino en los recursos para sufragar las nuevas tecnologías, la conversión y la distribución. Los inconvenientes que esto crea seguirán existiendo hasta que ocurra un desastre global que obligue a tomar medidas.

• *Pase la bondad.* Si ha visto el drama de Mimi Leder de 2000 *Cadena de favores*, entenderá el compromiso de conseguir un mundo mejor haciendo algo bueno en favor de personas totalmente desconocidas. Aún si no ha visto esta película, sabe en su corazón que tarde o temprano la bondad siempre se pasa de una persona a otra. Los jóvenes de hoy toman esto cada vez más en serio y se unen a movimientos pacifistas, impulsan proyectos a través de sitios web globales, organizan actividades de recaudación de fondos y crean clubes juveniles para beneficio recíproco.[20] No se trata de una moda pasajera. Es un rasgo del carácter de los azules ascendidos. La mayoría de ellos han nacido sabiendo lo que la Reverenda Dra. Margaret Stortz repite una y otra vez: "El servicio es amor en ropa de trabajo".

• *Conviértase en ciudadano del planeta.* La verdad es que 250 personas controlan más del 50 por ciento de las riquezas del mundo. Algunos asumen este privilegio con sentido de la responsabilidad y otros son "fascistas comerciales" que desean comprar todas las fuentes que satisfacen las necesidades de las personas para poder controlar los elementos de vida más importantes, como el agua potable y las semillas de granos. Dado que la mayoría de la población mundial tiene miedo a la libertad, porque ésta requiere demasiada responsabilidad personal y brinda muy poca protección, muchos de estos plutócratas y sus compañías campean por sus respetos. Esto tiene que quedar atrás. Ustedes, las nuevas generaciones, poseen el mayor discernimiento de la historia y no se amilanan frente a los gigantes. Ya han dado pruebas de lo que son capaces de lograr con las multitudes inteligentes. Ahora intenten esto: organicen y establezcan muchas pequeñas empresas conjuntas que creen empleos y mejoren las condiciones de vida globales. Con sólo hacer esto, contribuirán a atenuar la estrangulación económica que existe hoy. En verdad, ustedes no pertenecen a ningún país, herencia, raza, o tradición, así que llámense a sí mismos como son: ciudadanos del planeta, que se sienten en casa lo mismo en Dublín que en Sydney o Seattle, Calcuta o Johannesburgo.[21]

- *Manténgase alerta ante el lado oscuro.* El terrorismo proyecta su oscura sombra sobre todos ustedes y tiende una trampa a quienes no han aprendido a razonar, haciéndoles creer que la violencia soluciona los problemas o complace a Dios. No hay nada más lejos de la verdad. El terrorismo se esconde detrás de muchas caras: fervor religioso, genocidio, asesinatos por honor familiar, robos de identidad, epidemias y plagas globales, trabajo infantil, cualquier forma de esclavitud, e incluso se manifiesta en algunos entes espirituales y canalizadores que ofrecen poco más que facultades falsas y fantasías absurdas. A medida que se acelera la ascensión y aumenta la luz, también aumentan las tinieblas. Pero incluso las personas hostiles y las condiciones adversas pueden ser buenos maestros. Incluso el lado oscuro tiene su lugar en el plan del universo.

El gran viraje

El tiempo es la forma en que el hombre mide el transcurso de los acontecimientos. Su único poder es el que el hombre le adjudica.

Charles Fillmore

Según las tradiciones místicas los nuevos niños son reencarnaciones de lemures y atlantes, esos seres avanzados que provenían de una tierra muy antigua y han perdurado como evocación en sueños y mitos (de *Lemuria* "que se encontraba en el Océano Pacífico" y la *Atlántida,* "en el Atlántico o en sus cercanías"). Algunos psíquicos contemporáneos vaticinan que un grupo de almas aún más avanzado, denominados "los que no serán nombrados", deberá nacer aproximadamente dentro de una década; después de ellos, vendrán almas aún más singulares y poco comunes. Seres especiales como estos irán y vendrán durante siglos. Su misión es mantener el rumbo de la ascensión del quinto mundo, colocando a las personas indicadas en el momento oportuno. Pocos de nosotros tendrá alguna vez un encuentro con alguno de ellos, pues aparecen sin fanfarria y no pertenecen a ninguna raza raíz en particular. Son servidores del gran plan.

Por sí mismos, los azules ascendidos están bien dotados para desafiar a la sociedad y alterar el consenso sin ayuda de otros. No obstante, nuestro planeta tiene su propio destino. Los ciclos de vida de la familia humana y los de la Tierra están colisionando. Los cambios terrestres de significación bíblica, que comenzaron a finales de la década de 1980, se aceleran más cada día. Ha llegado el momento del gran viraje. Independientemente de la edad o la intención de cada uno, todos enfrentamos las mismas circunstancias.

Algo que tiene que ver con nuestra situación es el gran número de niños y adolescentes que he conocido que carecen del sentido del futuro personal. Además, muchos de nuestros adultos jóvenes están dejando de lado la búsqueda de oportunidades profesionales, pues prefieren viajar o tener empleos de poca monta en lugares tranquilos, "matando el tiempo" por así decirlo, con sonrisas en sus rostros, plenamente contentos, satisfechos con el conocimiento interior de que, cuando les llegue el momento de estar en otro lugar haciendo otra cosa, sabrán hacerlo o se dejarán guiar para saberlo. Los que he entrevistado parecen no tener ambición ni preocupación. Su respuesta, como si fuera a coro, era siempre "no veo futuro para mí, pero eso no me molesta". Los aconsejé de la manera que pude, tratando de convencerlos de que con un poco de esfuerzo y planificación podrían tener una vida maravillosa, además de ayudar a otros mediante su contribución al cambio social y político. La única respuesta a mis esfuerzos era de narices fruncidas, grandes muecas y un cortés "no, gracias".

El acertijo de los niños felices de estar aquí, de ser quienes son dondequiera que están, pero sin interés en crear su futuro, sólo tiene sentido si se toma en consideración la voluntad del alma. Porque eso es lo que somos: almas. Las almas vienen a la Tierra, asumen forma corporal, desarrollan personalidades, experimentan oportunidades positivas y negativas de aprender y crecer, emprenden misiones o ejercen empleos y luego regresan a la Fuente a través de la puerta de salida de la muerte física. Pero los grupos de almas pueden ponerse de acuerdo para hacer las cosas de un modo distinto, para aglutinar y combinar sus energías con el propósito de crear o participar en acontecimientos específicos, que llevan a consecuencias de un orden más elevado. Fui testigo de una impresionante versión de esto cuando, en forma de espíritu, acudí al lugar del atentado terrorista contra las torres gemelas el 11 de septiembre de 2001, con la intención de hacer lo que pudiera por ayudar a las almas de aquellos que habían perdido la vida o sufrido lesiones en el ataque a las torres gemelas de Manhattan. Dejé plasmado lo que allí se me reveló en un escrito de recordación sobre la tragedia que hice posteriormente.[1] Presento a continuación un fragmento de ese escrito:

"Cada persona involucrada en la tragedia, sin importar quién fuera, víctima o responsable, había accedido desde antes de su nacimiento a ser parte de este suceso, a estar en ese lugar, en ese momento, con esa identidad. Esas almas no se habían comprometido necesariamente a ser asesinados o a matar, sino a estar presentes y hacerse contar, a fin de garantizar la disponibilidad de la energía necesaria para que ocurriera la emergencia y para que tuviera el efecto que tuvo. Las decisiones finales sobre quiénes harían qué, sólo se tomaron en los últimos momentos. El propósito de estas almas era hacer un gran 'llamado a despertar', tan pavoroso que sacudiría al plano terrenal en su totalidad y afectaría a cada gobierno y religión, cada hombre, mujer y niño, y también al medio ambiente".

Comparto esto con usted para dejar algo sentado: No toda tragedia es exactamente lo que parece, como tampoco son igualmente gloriosos todos los triunfos. Poseemos voluntad individual. Pero también tenemos que lidiar con la voluntad de la familia, la comunidad, el gobierno, las empresas, la religión y el Estado. Existen niveles y redes, interconexiones y entretejimientos (toda clase de intención) que nos hacen producir los acontecimientos de nuestro mundo e historia, tanto a nivel personal como colectivo. Pero hay una voluntad superior que está presente a lo largo de toda la creación y en el interior de todo lo creado, cuyos planes son distintos a lo que parece obvio o previsto. Y en ocasiones, esta voluntad anula la nuestra. De los niños que he entrevistado que no estaban interesados en el futuro, la mayoría tenían un patrón de energía similar a los que detecté en el lugar del atentado terrorista contra las torres gemelas. Ellos ya sabían o presentían que no alcanzarían la longevidad en esta vida, pues su función era servir de puentes, no de constructores.

Los vaticinios sobre cambios catastróficos que ocurrirían próximamente en la Tierra han dejado de ser una abstracción. Los cambios ya han comenzado. Las pruebas se encuentran en informes oficiales de los que por algún motivo no se habla en los noticieros de televisión.[2] La lista de cambios catastróficos incluye, entre otros, los siguientes:

Se están incubando nuevos y peligrosos virus y bacterias en las aguas cada vez más cálidas de nuestros océanos. Ha habido un marcado aumento en el porcentaje de personas que han desarrollado infecciones del oído, malestares de garganta y ojos, así como enfermedades respiratorias y gastrointestinales, por bañarse en las playas. Lo mismo sucede con las criaturas del océano.

Los mariscos están desapareciendo en el Golfo de México, en un área tan grande como el estado de Nueva Jersey. Pero no se trata sólo de los mariscos, sino de todo ser viviente. Las zonas muertas como ésta van extendiéndose con rapidez. Se sospecha que los causantes sean los residuos de nitrógeno y fertilizantes de las granjas de la cuenca del Mississippi. Pero no se hace mucho por solucionar el problema.

El campo magnético terrestre está debilitándose cerca de los polos. Si alcanzara un valor nulo, ocurriría una inversión magnética. Este fenómeno sucede cada cierto tiempo. La última vez fue hace 700.000 años. La inversión de los polos magnéticos establecería una nueva polaridad en la Tierra, lo que expondría al planeta a un mayor impacto de partículas solares cargadas. Los satélites en órbitas bajas ya están encontrando al pasar sobre África Meridional evidencia de daños por radiación en esa zona, producidos como resultado del debilitamiento del campo magnético terrestre.[3]

Las aves están desapareciendo abruptamente y por cientos de miles. Las aves migratorias en América del Norte no están volviendo a sus territorios de anidación; ni los salmones están yendo a desovar donde siempre lo habían hecho. Los mamíferos marinos están desorientándose o quedan varados en las playas en cantidades sin precedente. Se supone que la razón sea la situación crítica del campo magnético terrestre.

La actividad volcánica terrestre en general se ha incrementado en un 500 por ciento desde 1975; los desastres naturales han aumentado en un 410 por ciento desde 1963.

Las llamaradas y las explosiones de plasma en el Sol son hoy de mayor intensidad que en los últimos mil años, y siguen en aumento. La temperatura de la Tierra ha subido extraordinariamente en los últimos treinta años, mientras que el brillo solar se ha amortiguado un poco. El último período cálido, similar al que ahora estamos experimentando, ocurrió durante la época de los vikingos (en la Edad Media, de 1100 a 1250 D.C.).

La luz reflejada por la Tierra, o "resplandor terrestre" se está atenuando; ha disminuido en un 10 por ciento desde 1950. La reducción más apreciable ha ocurrido desde el año 2000.

Al ritmo actual en que la Tierra está siendo deforestada para establecer explotaciones agrícolas comerciales; en 2006 habrá desaparecido el 30 por ciento de la selva amazónica. Si no se pone freno a esto, el clima mundial y la proporción de oxígeno en la atmósfera se verán drásticamente afectados.

El río Colorado es ahora menos caudaloso que durante la época de sequías de los años 30 conocida como "Dust Bowl". El Oeste de los Estados Unidos está experimentando la peor sequía en más de quinientos años.

En 2004 se detectaron por primera vez en la historia tornados que giran en sentido contrario al normal. Hay lugares en México donde el suelo está alcanzando temperaturas de más de 94° C. En un período de siete días a principios de julio de ese mismo año, se registraron 772 terremotos en la zona limítrofe entre California y Nevada, cerca del Lago Mammoth, y el 31 de mayo la corriente de chorro que se desplaza en las capas altas de la atmósfera descendió hasta el nivel del suelo (no existe ningún indicio de que esto haya sucedido anteriormente).

La capa de hielo que cubre a Groenlandia se está derritiendo; lo mismo sucede con la Antártida. El nivel del mar ha aumentado notablemente debido a esto. La concentración de dióxido de carbono en las capas bajas de la atmósfera alcanzó su más alto nivel en 420.000 años. La capa de permafrost en toda la región de Escandinavia también se está derritiendo, lo que hace que de los pantanos de turba se desprenda metano (un gas cuyo efecto invernadero es más potente que el dióxido de carbono).

Bajo el Lago Yellowstone, se ha producido un abultamiento de casi un kilómetro de largo. Fue preciso cerrar secciones del parque en 2003 debido a que la temperatura del suelo alcanzó los 94° C; en 2004 también hubo "dificultades" similares.

Hay otras importantes fallas tectónicas además de la de San Andrés (que se extiende por 1.200 km a lo largo de la costa del Pacífico) que están entrando en actividad. Son las de Cape Ann, cerca de Boston, Nuevo Madrid en Missouri, Meers en Oklahoma, y Charleston, en Carolina del Sur.

Cita de Eric Yensen, Doctor en Ciencias, profesor de biología y ecologista:[4] "Hoy tenemos pruebas fidedignas de que han ocurrido rápidos cambios climáticos en el pasado. Al parecer el calentamiento global podría derretir los hielos polares precipitadamente. Esto añadiría una cantidad excesiva de agua dulce a los mares alrededor de Groenlandia. Esta agua dulce no circularía hacia el fondo, lo que detendría la gran banda transportadora oceánica (también conocida como circulación termohalina global), que va desde la superficie hasta las profundidades oceánicas cerca de Groenlandia. Esto reduciría la distribución oceánica de calor hacia los polos, aumentando el potencial de fuertes tormentas y posiblemente nos llevaría a una edad de hielo. Los climatólogos piensan que esto puede ocurrir rápidamente, incluso en el transcurso de una década. Los cambios climáticos de esta magnitud crearían un caos ambiental y económico. El informe del Pentágono sobre el clima publicado en octubre de 2003 indicó que la amenaza más seria para el país no es el terrorismo sino el cambio climático mundial, aunque al parecer este informe no ha sido una noticia conveniente para la Administración y no ha recibido mucha atención. El futuro de la civilización depende de nuestra respuesta ante esta amenaza".

La "gran banda transportadora" es como un inmenso río en los océanos que fluye en forma de "número ocho" tridimensional, propulsado por la inmersión de agua salada fría del Atlántico Norte. Esto crea un vacío al que van a parar las aguas cálidas de la Corriente del Golfo, que son transportadas así hacia el Norte. La Corriente del Golfo aporta su calor a la atmósfera más arriba del Atlántico Norte, desde donde los vientos prevalecientes llevan el calor hacia el Este y contribuyen a moderar las temperaturas en Europa. Si esa gran banda transportadora perdiera el contenido salino que necesita para funcionar (lo que ya ha sucedido en épocas distantes y está volviendo a suceder ahora, al mezclarse con grandes volúmenes de agua dulce proveniente del derretimiento polar), podría ocurrir un abrupto y dramático enfriamiento en toda la región del Atlántico Norte, donde está la base del 60 por ciento de la economía mundial. El primer golpe se sentiría en el suministro de alimentos, que afectaría a los Estados Unidos, Canadá, Europa y Rusia. El efecto dominó de inversión climática se extendería por todo el mundo.[5] En la película de 2004 de Roland Emmerich *El día después de mañana*, aún si se considera que exagera el efecto dominó, se puede apreciar cuán inestable es en realidad el clima mundial.

¿Qué podemos hacer al respecto? Pues bien, sabemos que la capa de ozono puede reponerse por sí misma. Gracias al Acuerdo de Kyoto y otras medidas encaminadas a proteger el medio ambiente, la limitación de los fluorocarbonos en el aire ha logrado una diferencia ponderable. Cuarenta años atrás, un automóvil emitía la misma cantidad de contaminantes que veintes automóviles de hoy. El nivel de partículas contaminantes de plomo en el aire han disminuido en un 98 por ciento desde los años 70. Si las empresas, negocios y granjas despiertan ante la devastación causada por sus procesos de producción y de explotación agrícola y ante la falta de procedimientos inteligentes de ordenación de los territorios y eliminación de desechos, se podría reparar gran parte del daño ya hecho y podría reducirse considerablemente el daño futuro. Pero queda la gran interrogante: ¿podemos actuar a tiempo para salvar la gran banda transportadora? Sí, podríamos hacer más lenta la inmersión de la sal, pero no podremos evitar que la gran banda transportadora termine por detenerse a la larga, pues tales sucesos han ocurrido antes y volverán a ocurrir.

Todo lo que he mencionado hasta el momento representa únicamente una mínima parte de lo que está ocurriendo en el plano terrenal. Añadamos a estos cambios lo que nuestro gobierno está haciendo con las instalaciones del proyecto HAARP (Programa de Investigación de Aurora Activa de Alta Frecuencia) y del proyecto GWEN (Red de Emergencia de Ondas Terrestres). El primero produce ondas de frecuencia extremadamente baja (ELF) que imitan la Resonancia Schumann (creada por las ondas ELF que existen naturalmente en la cavidad electromagnética terrestre, o sea, el espacio entre el suelo y la ionosfera). El proyecto GWEN consiste en torres transmisoras que cubren todo el territorio de los Estados Unidos en un campo magnético artificial del mismo espectro de frecuencia que las ondas cerebrales humanas. Ambos sistemas fueron creados con el propósito de proteger al país frente a posibles sorpresas del enemigo. Si se usan indebidamente, estas instalaciones podrían interferir con el clima y el comportamiento humano. Las personas que viven cerca de ellas dicen sentir mareos y desorientación y tienen frecuentemente una sensación de escozor; algunos se quejan de sentirse deprimidos y aletargados, como si estuvieran drogados.[6] El gobierno niega todo efecto negativo, pero no da explicación a las anomalías que plagan los sitios de operación.

Nuestro país no es el único que experimenta con fuerzas que tienen un efecto directo en el equilibrio simbiótico entre la naturaleza y el género humano. Los experimentos en este sentido, no importa donde se conduzcan o por quién, generan efectos que de hecho aceleran el gran viraje. No obstante, lo que está ocurriendo en la Tierra no es sino un reflejo de lo que sucede en el espacio cósmico.[7] Todo nuestro sistema solar está cambiando. El universo que creíamos conocer está asumiendo una nueva apariencia y resonancia. Véalo por usted mismo:

Se está desarrollando una atmósfera en torno a la Luna a medida que ésta se aleja gradualmente de la Tierra.

Apenas desde 1997, la forma de la Tierra ha cambiado de ser levemente ovalada (alargada en los polos) a ser como una calabaza (achatada en los polos). En las capas superiores de la atmósfera se están formando gases que no estaban allí antes, y esto no está relacionado con el calentamiento global ni las emisiones de fluorocarbonos.

Los campos magnéticos y la brillantez de los planetas están cambiando. Venus tiene ahora un brillo mucho más intenso y resplandece en la oscuridad. El campo magnético de Júpiter ha aumentado en más del doble desde 1992. Hoy tiene tan elevada carga de energía que se ha formado una zona tubular visible de radiación ionizante entre el planeta y su luna, Io.

Tanto Urano como Neptuno muestran signos de la reciente inversión de sus polos magnéticos. Se han alterado sus características atmosféricas, en especial en Tritón, la luna de Neptuno, que ha experimentado un repentino salto de presión y temperatura, que en la Tierra sería comparable con un aumento de casi 6° C.

El campo magnético del Sol es un 230 por ciento más intenso de lo que era en 1901. La actividad energética básica ha aumentado sustancialmente, hasta alcanzar recientemente a un frenesí que ha desafiado las predicciones.

Los casquetes de hielo de Marte sufrieron un derretimiento recientemente, lo que ha ocasionado un cambio del 50 por ciento en la orografía del terreno. La densidad atmosférica en Marte ha aumentado en un 200 por ciento desde 1977. Se han encontrado en rocas de ese planeta fósiles de microbios, pruebas de que alguna vez hubo vida en Marte.

El brillo de las regiones polares de Saturno ha aumentado notablemente y su campo magnético se ha incrementado. Plutón ha experimentado un incremento del 300 por ciento en la presión atmosférica desde 1990, y al mismo tiempo su coloración se ha tornado considerablemente más oscura.

El plasma incandescente en el borde de nuestro sistema solar se ha incrementado recientemente en un 1.000 por ciento.

Un sonoro "¡vaya!" sería adecuado en este punto, seguido por un suave "hmm-hmm" al darse uno cuenta de las consecuencias. Debe reconocerse que todo cambio altera en cierto grado nuestro sentido de orden y seguridad. Así es la naturaleza humana. Pero los grandes cambios, los importantes, impactan a toda la sociedad y modifican el curso de la historia. El desconcertante libro de Simon Winchester *Krakatoa: The Day the World Exploded, August 27, 1883* [Krakatoa: El día en que explotó el mundo, 27 de agosto de 1883], nos hace recordar cuán inesperadas pueden ser las repercusiones de estos acontecimientos.[8]

La erupción del Krakatoa destruyó 165 aldeas, dejó un saldo de 36.417 víctimas mortales y produjo el sonido más intenso en la historia de la humanidad (se pudo escuchar a más de 4.800 km a la redonda). Era el ruido de una isla entera que se hacía añicos. De acuerdo con Winchester, el Krakatoa aterrorizó tanto a la población islámica de las Indias Orientales, cuyos gritos de auxilio no recibieron virtualmente ninguna respuesta, que convirtió una fe relajada y tolerante en una versión más furibunda del islamismo, fusionada con el anticolonialismo. Esta ferocidad aún hoy busca "venganza a muerte". Inversamente, la primera expresión de la aldea global surgió de este desastre. Debido a que ya existían el telégrafo y los cables submarinos, el mundo entero supo con prontitud lo que había sucedido. El mundo dejó de ser un conjunto de personas y hechos aislados y, en su lugar, comenzó a establecerse una red de interconexiones entre las personas y los sucesos mutuos. Con el fin de un mundo, comenzó otro.

Después del Krakatoa, hemos estado cerca de experimentar otros desastres de similar gravedad, y algunos aún peores (tormentas violentas, inundaciones, fuegos, vientos, plagas, genocidios, actividades criminales y terroristas de crueldad sin precedente, terremotos y varios encuentros cercanos con asteroides). Por ejemplo: el gran terremoto (de 9,0 grados en la escala Richter) que sacudió a la isla de Sumatra en el Océano Índico el 26 de diciembre de 2004 causó la ruptura más extensa nunca registrada en el fondo del océano y produjo un tsunami que dejó una estela de destrucción desde Sri Lanka hasta Tailandia. Alrededor de 300.000 personas perdieron sus vidas o desaparecieron. La mera fuerza del movimiento alteró el eje de rotación de la Tierra y su giro, desplazó levemente el Polo Norte y cambió la duración del día. En el estado de Virginia, el agua de los pozos se sacudió al ritmo del terremoto, en el lado opuesto del mundo.

La sabiduría maya advirtió que el quinto mundo terminaría con enormes virajes a partir del comienzo de su ascensión. Aunque la mayoría de los expertos concuerdan en la fecha final del 21 de diciembre de 2012, el calendario maya destaca varias fechas, en particular el período comprendido entre el 8 de junio de 2004 y el 6 de junio de 2012, como el "tiempo de preparación" de tribulaciones y pruebas, cuando la luz (el bien) y las tinieblas (el mal) se enfrentarán entre sí con igual ferocidad en batallas campales.

El calendario maya se basa principalmente en la órbita de Venus. Ya se habrá enterado de esto en la prensa: Venus cruza entre la Tierra y el Sol dos veces en un período de ocho años cada 105 y 120 años. Estos dos sucesos pareados, que se conocen como eclipse de Venus, han de ocurrir el 8 de junio de 2004 y el 6 de junio de 2012. Estamos exactamente en ese período, en el lapso de ocho años entre los eclipses de Venus, en el tiempo de preparación. Estos particulares hechos pareados traen consigo energías muy intensas, que representan un período de profundos cambios a nivel social y planetario. Presento a continuación algunas predicciones para este lapso, basadas en interpretaciones de estudiosos del calendario maya:

- Comienzo de la Tercera Guerra Mundial ("Guerra del Armagedón")
- Colapso de los gobiernos de los Estados Unidos y Rusia (que se convierten en dictaduras)
- Bancarrota de la bolsa de valores, la banca y los sistemas de reservas (el Tratado de Bretton Woods queda disuelto o es reemplazado)
- Traslado de los centros financieros a China
- Saltos extraordinarios en las investigaciones genómicas y médicas, la robótica y los medios de comunicación

Por su parte, muchos pueblos aborígenes alrededor del mundo han comenzado sus rituales finales, pues sienten que ya se nos acaba el tiempo, que lo que se ha profetizado ocurrirá ahora. "Solamente podemos prepararnos", nos dicen ellos, y con ese fin desalientan la procreación. Adjetivos ambivalentes describen la ambivalente actualidad: espectacular y horrífica. No creo en el día del juicio final, ni acepto los terribles mensajes que circulan últimamente en Internet. Hace tiempo que aprendí que lo que uno ve depende del lugar desde donde mira. Una catástrofe para una persona puede ser un milagro para otra; nuestra actitud es lo que determina nuestro sentido de comodidad y seguridad. He pasado por demasiadas tragedias como para dejarme llevar por los que gustan sembrar el miedo. Sin embargo, nadie puede negar que nuestro horizonte está marcado por acontecimientos de la magnitud de la erupción del Krakatoa, los ataques del 11 de septiembre y el tsunami en el Océano Índico; la senda que pisamos ya está pavimentada por desastres. En tanto seamos conscientes de la realidad de lo que está sucediendo (un cambio de mundos, de frecuencias energéticas, paisajes, prioridades y medidas, una especie de limpieza completa) podremos lidiar con esto, ayudarnos unos a otros y participar en la búsqueda y aplicación de soluciones. Por escabroso que sea el camino a seguir, *¡el éxito está asegurado!*

Aunque no haya aprendido nada más sobre el fenómeno de las experiencias cercanas a la muerte, me ha quedado esta enseñanza: la muerte no es el fin de la vida, solamente cambia la perspectiva desde la que vemos y valoramos la vida. Créame cuando digo que yo soy una de las personas que están deseosas de ver lo que nos deparará el futuro.

Mientras más entendamos, menos temeremos. Por eso le invito a ver otros calendarios además del maya para interpretar mejor los detalles. La astrología puede resultar útil, pues nos permite centrarnos en segmentos temporales más cortos, de modo que podamos descender del nivel de grandiosidad de los mundos cambiantes a la inmediatez de las vidas cambiantes.

El planeta Urano simboliza, entre otras cosas, las cualidades de rebeldía, humanitarismo, excentricidad, idealismo e iluminación. Su energía se vincula a las perturbaciones repentinas, las perspectivas visionarias, lo novedoso y lo diferente, el avance de la ciencia. Urano pasa de un signo zodiacal a otro en ciclos de siete años. Sus transiciones se muestran como una poderosa descarga eléctrica o el haz de luz de un colosal reflector, debido a la forma en que se destacan e iluminan los comportamientos y situaciones inesperadas vinculadas con el signo en que se encuentra este planeta. Por esta razón, Urano funciona como despertador.

Al estudiar los ciclos de Urano a lo largo de la historia, se comprueba que cada uno de ellos abarca toda una era social o revolución, o sea, virajes sociales significativos y de largo alcance. He aquí algunos ejemplos (los años de inicio y terminación de cada ciclo varían en función de la órbita de Urano):

CICLO		ERA SOCIAL
1975	Urano entra en el signo de Escorpión	Revolución sexual, contracultura, psicoterapias, drogas y actividad delictiva, hospicios
1981	Urano entra en el signo de Sagitario	Movimiento de la Nueva Era, iglesias carismáticas, tendencia a las fusiones, intercambios internacionales, adicción al juego
1988	Urano entra en el signo de Capricornio	Revolución política, caída del comunismo, "movimientos telúricos" a todos los niveles, adquisiciones hostiles, "la avaricia es buena"
1995	Urano entra en el signo de Acuario	Explosión de la información, Internet mundial, alta tecnología, comercio electrónico, "soluciones rápidas"
2003	Urano entra en el signo de Piscis	Revolución religiosa, tecnologías espirituales, búsqueda de significado, creatividad e imaginación, ética, "la era conceptual"

Si tiene alguna duda sobre la era social en que nos encontramos, es que no se ha puesto al día con las noticias, que no va al cine ni a las librerías, ni presta ninguna atención al elevado número de víctimas que hay en todo el mundo, a manos de terroristas islámicos y de muchos otros. Estamos en una etapa de fervor religioso, con seguidores demasiado concentrados en enfrentarse unos a otros para honrar el espacio sagrado el núcleo espiritual del "aliento del alma", que todos compartimos (una misma familia humana que proviene de una misma fuente y respira el mismo aire en el mismo planeta). No podemos dividir lo que comparte nuestra existencia sin negar a Dios al hacerlo.

La explosión de información nos tiene agotados, al punto de que más personas viven hoy solas que nunca antes, con menos niños, menos amigos, menos relaciones serias. La soledad, la fatiga y la sensación de aislamiento encabezan la lista de quejas de los pacientes de psicoterapia. A nivel colectivo, la necesidad de pertenecer a algún lugar está alimentando la tendencia actual a restablecer vecindarios y formar comunidades. Hay premura por encontrar significado, reevaluar los motivos y acciones y aminorar la marcha de la vida. Esta búsqueda de significado explica el interés cada vez mayor a lo largo y ancho de los Estados Unidos de personas que buscan asistencia de psicólogos, filósofos y pastores, junto a una avidez por las artes y la creatividad y los proyectos imaginativos. Todos son ejemplos de la celestial iluminación de la energía de Urano que se zambulle en el signo acuático de Piscis, donde la energía se esparce de modo natural y se difuminan las fronteras. Daniel Pink cataloga este cambio en la conciencia como la "era conceptual" en su oportuno libro *A Whole New Mind* [Una mentalidad totalmente nueva].[9]

La era social en que nos encontramos es única en la historia en el sentido de que, a lo largo de todo el período de siete años, Urano comparte su ciclo con Neptuno en Acuario. Neptuno es considerado el regente o correlativo planetario de Piscis; Urano tiene su hogar en Acuario (el signo en que mejor funciona, lo que explica la gran actividad de este último ciclo; Urano en Acuario ¡qué combinación!). Los dos han intercambiado sus puestos, diríase que se han entrecruzado (lo que se denomina "recepción mutua" en términos astrológicos). Si esto parece confuso, basta con saber que las recepciones mutuas intensifican la energía fuera de toda proporción y hasta niveles extremos. En este caso, la revolución tecnológica del último ciclo salta a una octava aún más elevada (Neptuno en Acuario), al tiempo que nuestra salud mental, nuestra psiquis, nuestra alma, piden atención a gritos (Urano en Piscis). La polarización que está ocurriendo es tan extrema que nos vemos obligados a aceptar la única solución que puede dar resultado . . . un holón, la característica principal de la ascensión del quinto mundo.

Si recuerda, un holón resulta de la coexistencia de fuerzas opuestas como benefactoras mutuas; cada una, aunque es distinta, trabaja con la otra para obtener mejores resultados. ¿Cómo es posible hacer que facciones opuestas accedan al menos a escucharse una a otra, para no hablar ya de hacerlas cooperar? Buscando una posición radicalmente centrista. Estamos moviéndonos en esa dirección en la política; tenemos que hacerlo si queremos evitar que sólo sobrevivan las dictaduras. Y estamos moviéndonos en esa dirección en las relaciones humanas. Mire no más lo que sucedió en Sudáfrica con el régimen del apartheid (la separación de una raza de la otra, los negros de los blancos). Lo que permitió que el país comenzara a sobreponerse del cruel legado del apartheid fue la *reconciliación*, lograda mediante la negociación y la capacidad de perdonar.

La reconciliación hace posibles los holones. La reconciliación es la forma más elevada de perdonar, es el perdón en acción. En nuestros días está renaciendo lo sagrado, se está redescubriendo el verdadero yo, y las tecnologías espirituales (meditación, oración, afirmaciones, visualización, contemplación, adoración, filosofía, servicio, compasión, yoga, danza, música, arte) presentan mejores resultados que la lógica inflexible. Aprovechemos plenamente estas oportunidades mientras podamos, porque necesitaremos esta gracia divina en los tiempos que nos esperan:

CICLO		ERA SOCIAL
2010	Urano entra en Aries	La era del desafío, aumenta el número de visiones del mundo opuestas, amenazas de guerra, nuevos descubrimientos, vuelos a Marte, termina el calendario maya
2018	Urano entra en Tauro	Era de cambios terrestres y climáticos, asuntos de seguridad y protección; fortunas que cambian de manos, transformación de la economía mundial
2025	Urano entra en Géminis	Comienza la Era de Acuario, armonización de las visiones del mundo opuestas, transformación y transmutación, asuntos del espacio cósmico

Las marcas distintivas generacionales de los nuevos niños a lo largo de estos ciclos son importantes para saber y establecer comparaciones cruzadas. He aquí un recordatorio de las marcas positivas y negativas de cada generación:

MARCAS DISTINTIVAS GENERACIONALES

GENERACIÓN	MARCA POSITIVA	MARCA NEGATIVA
Los del milenio (1982–2001): Reparadores	Tolerancia	Ira (una impaciencia peculiar)
Los del 11 de septiembre (2002–2024): Adaptadores	Adaptabilidad	Temor (inseguridad)
Acuarianos (2025–2043) Universalistas	Humanitarismo	Inestabilidad (crisis)

Los autores Neil Howe y William Strauss, al final de su libro *Generations: The History of America's Future, 1584 to 2069* [Generaciones: La historia del futuro de los Estados Unidos, 1584 a 2069] hacen conjeturas sobre las épocas por venir y sobre lo que podrían revelar las pautas generacionales acerca de los desafíos del futuro y las personas que los enfrentarán.[10] Ellos han identificado un período entre 2013 y 2029 en que los Estados Unidos enfrentarán las mayores sacudidas de su historia. Para comprender la importancia de este período, Strauss y Howe nos piden recordar las etapas de mayor trastorno (la Revolución Gloriosa de 1688, la Revolución Estadounidense, la Guerra Civil, la Gran Depresión y la Segunda Guerra Mundial). Ellos se preguntan: "¿Cómo terminará esta crisis?" A ese respecto ofrecen el comentario que sigue:

> Tres de los cuatro acontecimientos precedentes terminaron en triunfo, el cuarto (la Guerra Civil) en una mezcla de fatiga moral, gran tragedia humana y una endeble y vindicativa sensación de victoria. Actualmente podemos prever un abanico completo de posibles consecuencias, desde logros impresionantes hasta tragedias apocalípticas.

En mi investigación con niños que han tenido experiencias cercanas a la muerte, alrededor del 20 por ciento de ellos indicaron que habían encarnado en estos tiempos para participar en "los cambios", y que la Tierra y todos los pueblos que viven en ella experimentarán grandes transiciones que alterarán el mundo. Por supuesto, ninguno pudo darme fechas, por lo que les pedí que describieran o dibujaran el aspecto que ellos tendrían en el momento de los cambios. Normalmente se describían como abuelos o como padres con hijos ya mayores. Eché mano a mi calculadora e hice algunas proyecciones desde las edades que tenían en sus episodios cercanos a la muerte hasta el momento en que su edad se correspondería con la situación descrita. Y efectivamente, todos ellos se situaban en el mismo marco temporal, de 2013 a 2029. Era exactamente el mismo período que habían proyectado Strauss y Howe.

Franquearemos el pórtico maya bajo la égida de Aries, "el dios de la guerra". Para ese entonces, la generación del milenio será la que lleve sobre sí la mayor parte de la carga, con su marca distintiva de tolerancia e ira. Muchos se harán soldados. La generación del 11 de septiembre, acosada por temores subconscientes, les seguirá en la lucha por producir cambios físicos. Dada su habilidad como adaptadores y su pragmatismo realista, creo que llegarán incluso a moldear "los cambios", al actuar como guerreros espirituales comprometidos a transformar el impulso belicoso de la energía de Aries en medios más efectivos y positivos.

17

Las grandes eras

*Después vi un cielo nuevo y una tierra nueva, porque
el primer cielo y la primera tierra habían dejado de
existir, lo mismo que el mar.*

APOCALIPSIS 21:1

Ya dije antes que el albor de la Era de Acuario será en 2025, aunque
desde el punto de vista astronómico comenzaría alrededor de 2375 y terminaría aproximadamente en 4535. (Según las predicciones astrológicas,
comenzará más pronto que eso, quizás alrededor de 2133.) También dije
que 1981 fue el año en que comenzó el movimiento de la Nueva Era,
cuando en realidad comenzó en 1899. ¿Es que estoy chiflada? Yo diría
que no, pero lo que sí sé es que para calcular las fechas de acontecimientos grandiosos hay que tener en cuenta el "efecto precursor" (según el
cual los acontecimientos por venir siempre proyectan una sombra); mientras más importante la ocasión, más extenso es el tiempo de arranque.
Sentimos lo que vendrá antes de que se manifieste físicamente, como si de
algún modo se estuviera "anunciando", y actuamos en consecuencia. Así
pues, nuestro proceso de preparación para la Era de Acuario (incluido el
hecho de que llevamos treinta años cantando la canción) ha sido un juego
divertido que hemos jugado entre nosotros. Pero la verdadera energía
acuariana, esa exaltación visionaria, humanitaria, excéntrica, mundana,

agitadora, ha logrado penetrar en cada aspecto de la sociedad desde nada menos que 1899 y está creciendo en importancia. Para 2025 la recibiremos en grandes dosis, y sentiremos que la Era de Acuario ha llegado al fin (fíjese en el uso de la palabra "sentiremos"). El período de entrecruzamiento o superposición entre las eras es de aproximadamente 200 años. Durante esta superposición (aceleración de la energía), el signo opuesto es en realidad el que tiene la mayor influencia. Desde nuestro punto de vista, ese signo es Leo (la clase gobernante; generosa y participativa si no se le lleva la contraria o, en el caso opuesto, tercamente controladora, deseosa de riquezas, admiración y atención). Los rasgos de Leo parecen salidos de los titulares de las noticias de actualidad, ¿no es así?

Cada una de las grandes eras del zodíaco dura alrededor de 2160 años. Cada una se puede considerar equivalente a un mes en un año cósmico de la gran rueda. Por importante que sea el entrecruzamiento de la Era de Piscis a la Era de Acuario, eso no es lo que se ha ido manifestando en los sueños y la vida cotidiana de la población mundial. Los cambios en que estamos inmersos en este preciso instante son indicativos de algo mucho más inmediato y grandioso. Está ocurriendo un cambio de eras, sí, pero también está cambiando la gran rueda en sí misma.

El 21 de diciembre de 2012, la eclíptica (el plano aparente en que describen sus movimientos el sol, la luna y los planetas) cruzará sobre la Vía Láctea, cerca de la constelación de Sagitario. Esto creará una cruz cósmica denominada "el árbol sagrado" por los antiguos mayas. El centro mismo de esta cruz es donde se encontrará el sol al producirse el solsticio en esa fecha, con lo que se completará una rotación de 25.920 años de la gran rueda de la eclíptica en torno al Gran Sol Central del universo (un inmenso agujero negro que contiene una masa equivalente a unos 5.000 millones de soles. En torno a este núcleo rotan veinte y siete galaxias, incluida nuestra Vía Láctea. Miles de profecías vaticinan que este acontecimiento representará el nacimiento de la era dorada de la iluminación, que estará precedida por ocho años de "tribulación" (el período de duplicidad entre los dos eclipses de Venus). Los budistas dicen que este quinto cambio de mundos está regido por Venus (una energía del quinto rayo en la tradición esotérica), y que es la época de Kuan Yin, la diosa de la misericordia, conocida también como "la Madonna del Tibet".

El Gran Sol Central es el gran vientre del que nacen todas las estrellas y del que viene todo. El Gran Sol Central es la gran fuerza materna. El cambio de mundos que está teniendo lugar ahora hace que la conciencia del Cristo desarrollada en la Tierra se fusione con el núcleo de la propia creación. *El gran viraje es en realidad la gran exaltación.*

Los cristianos conservadores llaman a todo esto "la hora de Dios". Su creencia en el rapto, en el que el bien será elevado a las alturas y salvado de las tribulaciones, encaja con la exaltación y aceleración rápida de la energía que todos sentimos. Los profetas populares han aprovechado esta creencia en las visiones apocalípticas (la revelación bíblica del final de los tiempos) para poner en marcha un mecanismo multimillonario de publicación de libros en los que detallan la horrible ira de Dios contra los hacedores del mal, la salvación que supone el rapto, y la Segunda Llegada de Cristo . . . casi sin mencionar la capacidad de perdón y amor de Dios ni la era dorada que está comenzando ahora.

Para no quedarse atrás, algunos canalizadores y psíquicos advierten sobre situaciones similares, con la salvedad de que su versión del gran momento de exaltación incluye la posibilidad de ser rescatados por naves espaciales extraterrestres y llevados a la "nueva Tierra". Las creencias apocalípticas definieron la elección presidencial de 2004 en los Estados Unidos y creo que determinaron la elección del Papa Benedicto XVI. (Los cardenales católicos querían elegir a un hombre que mantuviera un rumbo estable y siguiera siendo fiel a la doctrina de la iglesia durante estos tiempos turbulentos; debido a su avanzada edad en el momento de su elección, quizás su influencia estabilizadora no se sienta durante tanto tiempo.) Incluso Sir Isaac Newton era muy aficionado a las ideas apocalípticas. En el ocaso de su vida, predijo que en el año 2060 caería Babilonia, la iglesia Católica dejaría de existir y Cristo regresaría para establecer por 1.000 años un reinado de Dios en todo el mundo.[1]

El Apocalipsis . . . eso es lo que está ocupándonos la mente en sueños y en la vida real.

El segundo día en que acudí en espíritu al lugar del atentado terrorista contra las torres gemelas para ayudar a las almas de las víctimas mortales y de los lesionados, me sorprendió encontrar lo lúcidas y coherentes que eran la mayoría de las almas, que se unían en forma de mano gigante para proteger el área de nuevas agresiones. Además de lo que ya he compartido con usted acerca de los que aprendí allí, me dijeron esto: la llamada a despertar representada por el ataque del 11 de septiembre abrió una herida en el éter. Esta rasgadura tenía que ser lo suficientemente grande y violenta como para liberar miles de años de dolor, sufrimiento e ira que se habían acumulado en el éter debido a los errores de juicio cometidos por la humanidad. Todas nuestras imprudencias, extravagancias, engaños y mentiras y torturas y asesinatos por razones triviales, nuestra estupidez, avaricia, santimonia y malicia, todo lo que está guardado en la madeja del tiempo se nos devuelve ahora para que procedamos a la necesaria sanación. No podremos avanzar hasta donde nos lleve el destino si vamos arrastrando el pesado fardo de nuestros pecados anteriores, o sea, de nuestros errores.

Así pues, el motivo profundo del ataque del 11 de septiembre fue obligar a los pueblos del mundo a encarar los eones de cuentas pendientes que siguen emponzoñando la psiquis colectiva. La "limpieza" comenzó el 8 de junio de 2004 (casi tres años después de la onda de choque inicial) y durará todo el tiempo que sea necesario para que "nosotros, el pueblo" busquemos la verdad, la revelemos y actuemos consecuentemente con ella. Bajo el pretexto del Apocalipsis y del enfrentamiento religioso entre musulmanes, judíos y cristianos, se esconde la única cuestión importante, *el amor,* y el único mandamiento real: *trate al prójimo como quisiera que lo trataran a usted.*

El componente que falta para comprender la tragedia del 11 de septiembre es la voluntad del alma. Casi todos ignoramos o negamos que existe una voluntad por encima de la nuestra o que pueda haber un plan para la Tierra y para la evolución de la conciencia en ella. No obstante, hay que reconocer la verdad: la inteligencia es de alcance ilimitado, está presente en todas partes y opera desde un núcleo de *intencionalidad* . . . que se ve al mismo tiempo influenciado y motivado por la conciencia existente dentro de su propia masa, y por la orientación recibida de los estados vibratorios y no vibratorios de conciencia más allá de la capacidad humana. Traducción: Lo que pensamos, sentimos y vertemos en nuestras emociones no se evapora después de expresarlo, sino que se incorpora a la atmósfera, y luego pasa al éter, y se unifica en una especie de mente masiva o de grupo hasta que pueda ser procesado y utilizado, o para que sirva de enseñanza.

El concepto de psiquis masiva tiene precedentes. Freud lo clasificó como *memoria racial*. Jung lo denominó *inconsciente colectivo*. De Chardin lo llamó *noosfera*. Cayce lo apodó el *archivo akáshico*. Últimamente, varios científicos han afirmado que las investigaciones en el nuevo campo de la física del vacío muestran que realmente existe un campo de punto cero, y que éste contiene la memoria constante y perdurable del universo, literalmente un registro de todo lo que existe, todo lo que ha existido y todo lo que aún está por ocurrir. Este campo es un océano de ondas vibratorias subatómicas que ocupa el espacio intersticial entre las moléculas.[2] Todo se reúne en ese vacío y vuelve a nosotros desde allí.[3]

Vivimos en un universo pleno de información debido a este campo, en el que cada molécula, átomo, pensamiento y emoción tiene conciencia de sí mismo, de su procedencia y de su finalidad. Estamos interconectados y entrelazados, sin acceso a los secretos que creemos ocultos. Quién puede ver qué parte de esta realidad invisible depende de la sensibilidad que haya alcanzado cada persona. Los acontecimientos del 11 de septiembre exigen que encaremos los múltiples aspectos de la oscuridad, lo que no queremos ver ni reconocer, para que podamos descubrir lo que realmente contiene.

Creámoslo o no, el Gran Sol Central carece por completo de lo que entendemos por luz. Consiste en una oscuridad tan densa, tan intensa, que la luz se pierde en sus profundidades. Mientras que una parte importante del universo está compuesta por materia oscura, el 90 por ciento de la creación y de todo lo creado consiste en energía oscura. *¡La energía oscura es el campo de punto cero!* Todo lo que comienza viene de la oscuridad. Todo lo que termina viene de la oscuridad. Los niños que han tenido experiencias cercanas a la muerte llaman "la oscuridad que conoce" al Alfa y el Omega . . . el alma secreta del universo.

No obstante, la mayoría de nosotros sentimos incomodidad al contem-

plar cualquier pensamiento sobre la oscuridad; tememos que se difumi-
nen los límites y perder la claridad. Más aún nos inquietan las referencias
a las tribulaciones, como si de algún modo estuviéramos destinados a
andar sobre el filo de la navaja de las guerras mundiales, los problemas
climáticos y los cambios planetarios, acercándonos más con cada paso a
la destrucción. Ciertamente puede suceder lo peor, pero también puede
suceder lo mejor. Al centrarnos en la luz liberada por la energía enaltecedora, se revela la inspiración que necesitamos para convertir los aspectos
negativos en positivos. Tal vez no podamos detener los cambios, pero
podemos modificar la forma en que tienen lugar y su magnitud. La luz
amolda y da forma a la oscuridad y le imparte el lustre de la voluntad,
ese toque creativo que sólo puede provenir de nuestro libre albedrío. La
diversidad es hija de la luz pues la capacidad de variación, garantizada
por el libre albedrío, es lo que hace realidad el gran plan de Dios.

Esa luz inspiradora y enaltecedora es exactamente lo que nos está
enviando el cielo. Tome nota: María Esperanza de Bianchini, reconocida por el Papa Juan Pablo II como una auténtica visionaria, vio "ríos
de luz" que corrían hacia la Tierra antes de morir en agosto de 2004.[4]
Ella predijo:

> Cuando llegue la luz, tendrá dimensiones sobrenaturales y Dios nos per-
> mitirá sentir Su Presencia en lo más hondo de nuestros corazones. Será
> una chispa Divina que despertará nuestra conciencia para que nos demos
> cuenta de que Dios lo es todo y que no somos nada sin Él. Cuando reci-
> bamos esta luz, podremos sentir a Dios de nuevo en nuestros corazones.
> Sentiremos que Él está siempre con nosotros.

La luz es acción cósmica, el fotón su elemento indivisible. Al aden-
trarnos en el quinto mundo, estamos literalmente entrando en una era de
luz. Los electrones, que son los caballos de batalla de la era moderna, ya
no pueden estar a la altura de las exigencias cada vez mayores de la sociedad. Por eso los científicos están prestando mayor atención a los fotones,
*que pueden portar el equivalente de más de 11.000 enciclopedias en un
segundo a través de una red de minúsculas fibras.*[5] En los Estados Unidos

se ha dado en llamar "valle de los fotones" a un conjunto nacional de miles de empresas, que están compitiendo por ser las primeras en traer la ciencia de los fotones a la superautopista de la información, o sea, en ponerlos al alcance de nuestras computadoras. Los progresos que han registrado son poco menos que espectaculares.

Vivimos en un mar de luz, natural y sobrenatural, gracias al dominio del fotón, una de las bendiciones de la revelación divina. Esta explosión de luz, y el hecho de que las personas la ven, la usan y la sienten, ha propiciado el surgimiento en todos los países de un mayor número de inventores y visionarios que nunca antes en la historia. Y tal vez no le sorprenda enterarse de que ya se han completado los planos para construir una computadora con hebras de ADN, la cual será tan increíblemente rápida que, con sólo doce átomos, se prevé que alcance una velocidad mayor que la de la luz.[6]

Los desafíos de la tribulación bien vale la pena. La energía frenética, ese intenso impulso que abruma en la actualidad a las poblaciones de todo el mundo, es la señal de que la ascensión ha llegado a nuestro umbral y está llamando a la puerta. No abandonaremos este planeta en una especie de rapto ni en naves espaciales. La conciencia se está elevando aquí mismo, donde nos encontramos, y colectivamente estamos poniéndonos a la altura de esa elevación: es nuestro destino. Clarissa Pinkola Estes, apreciada autora de varios libros, pone en perspectiva la situación que tenemos ante nosotros:[7]

> Desde el día en que accedimos a venir a la Tierra, nos hemos estado preparando para una época de tinieblas como ésta. Durante muchas décadas y en todo el mundo, almas como las nuestras han sido derribadas y dadas por muertas en tanto sentidos, víctimas una y otra vez de la ingenuidad, la falta de amor, las emboscadas y ataques vinculados a distintos extremos culturales y personales. Históricamente hemos sido destruidos, pero recordemos especialmente esto: también, por necesidad, hemos perfeccionado la capacidad de resurrección. Hemos sido una y otra vez la prueba viviente de que es posible devolver a la vida las almas desterradas, perdidas o desplomadas.

El calendario maya esboza en detalle el plan maestro de la Tierra, lo que nos da una idea de las fases y niveles y nos ayuda a determinar con precisión casi infalible el lugar y el momento de ciertos acontecimientos. Pero los yugas, o eras mundiales de la tradición védica, ponen en perspectiva el gran plan en un extraordinario formato fluido. En su libro *The Holy Science* [La ciencia sagrada], Swami Sri Yukteswar tradujo estos antiguos materiales y describió el calendario de los yugas.[8] A efectos de simplificar las palabras de Yukteswar, he elaborado el cuadro de las eras evolutivas que figura más adelante, y que he incluido aquí con permiso de la Asociación para la Autorrealización, titular de los derechos de reproducción de la obra de Yukteswar. Para quienes no lo saben, él es el mentor de Paramahansa Yogananda, uno de los más queridos proveedores de la filosofía oriental, el misticismo y la ciencia de la espiritualidad que se ha conocido en el Occidente.

Note en el cuadro que, a medio camino de la rotación de la gran rueda en torno al Gran Sol Central, la energía en la Tierra cambia de rumbo en su transcurso. Según la interpretación védica de este fenómeno, en el proceso del desarrollo de la conciencia, tanto la oscuridad como la luz son necesarias para purificar lo que va surgiendo; la plenitud de una lleva dentro de sí el potencial de la otra. Este potencial o "simiente" asegura que ambas fluyan una hacia la otra y luego en el sentido contrario, continuamente, hasta que la danza de los opuestos pasa a ser una corriente de elementos complementarios. Las eras se repiten de esta manera, girando sobre su eje de energía ascendente a descendente, una y otra vez, con lo que crean y sostienen el movimiento en espiral necesario para que todos los aspectos de la conciencia en desarrollo alcancen la trascendencia, o sea, se reunifiquen con Dios.

Los extremos de los recorridos direccionales se tocan entre sí dos veces, en el punto más bajo de la Edad de Hierro y en el punto más alto de la Edad de Oro. Los mesías más eficaces surgen durante las edades de hierro, y proporcionan la luz espiritual y el estímulo amoroso necesario en tiempos de oscuridad (de grandes batallas). Las edades de oro son cuando los seres humanos se parece más al Creador y son virtualmente como dioses y poseedores de gran conocimiento. Ni los puntos altos ni

ERAS EVOLUTIVAS

DESCENDENTES

Edad de Oro   11500 A.C. a 6700 A.C.   dura 4.800 años
Satya Yuga, de un nivel mental y espiritual avanzado. 100% de capacidad cerebral (Lemuria)

Edad de Plata   6700 A.C. a 3100 A.C.   dura 3.600 años
Treta Yuga, no tan avanzados, pero aún con grandes logros intelectuales, 75% de capacidad cerebral (Atlántida)

Edad de Bronce 3100 A.C. a 700 A.C.   dura 2.400 años
Dwapara Yuga, de gran inventiva, pero más materialistas, 50% de capacidad cerebral (Egipto y la India)

Edad de Hierro   700 A.C. a 500 D.C.   dura 1.200 años
Kali Yuga, la humanidad en su punto más bajo en cuanto a desarrollo mental y espiritual, 25% de capacidad cerebral (época de los Mesías)

ASCENDENTES

Edad de Hierro   500 D.C. a 1700 D.C.   dura 1.200 años
Kali Yuga, la humanidad aún está en un punto bajo, con lentas mejoras, 25% de capacidad cerebral

Edad de Bronce 1700 D.C. a 4100 D.C.   dura 2.400 años
Dwapara Yuga, comprensión de distintas formas de energía, tecnología, viajes interplanetarios, 50% de capacidad cerebral

Edad de Plata   4100 D.C. a 7700 D.C.   dura 3.600 años
Treta Yuga, la humanidad entera desarrolla la telepatía y los poderes mentales, 75% de capacidad cerebral

Edad de Oro   7700 D.C. a 12500 D.C.   dura 4.800 años
Satya Yuga, la tecnología se torna superflua con la manifestación plena de poderes mentales/espirituales, 100% de capacidad cerebral

---

los puntos bajos duran mucho tiempo. Todo ocurre en ciclos. El "final de los tiempos" sólo modifica el entorno al que estamos acostumbrados, pero no altera el plan Divino. La "graduación", nuestro reencuentro con la Fuente en calidad de cocreadores con el Creador, suele requerir un poco de esfuerzo de integración y perfeccionamiento antes de que ocurra. Pero no tiene que ser así. Nuestras almas no tienen que ceñirse a ningún calendario de acontecimientos para reunificarse con la Fuente. Ciertamente las cuestiones pendientes nos hacen avanzar más espacio, pero podemos liberarnos si aprendemos las lecciones del amor y el perdón, de modo que pasemos a ser guardianes del gran plan, no víctimas de éste.

Lo que ilustra el calendario maya lo ilumina el concepto de las eras evolutivas de los yugas.

Consulte otra vez el cuadro. Fíjese en que actualmente no estamos aún a medio camino en la pauta ascendente de la Edad de Bronce, una época en que se descubren distintas formas de energía, reina la tecnología y se realizan viajes interplanetarios. Según la interpretación védica, es posible que para el año 4100 d.c. se alcance un 50 por ciento la capacidad cerebral. Si bien el calendario maya y las eras evolutivas de los yugas no parecen estar en sincronía entre sí, yo creo que es a la inversa. En la tradición védica, en algún momento alrededor del punto medio de cualquier era en ascensión (dentro de un margen de unos cientos de años) el cociente de energía disponible registra un salto: se dice que ocurre un rompimiento o salto cuántico. Éste se intensifica pronunciadamente con cada año que pasa a partir de entonces.

Los yugas, al menos según mi forma de pensar, muestran la manera en que evoluciona la conciencia y por qué la historia registra las anomalías que registra: extensos "períodos sin grandes acontecimientos" (las edades de hierro) y logros casi increíbles (la "historia prohibida" de las edades de oro, de las que quedan muy pocas pruebas concretas, y confunden tanto a los científicos, que éstos se niegan a hacer comentarios al respecto; por ejemplo, el descubrimiento de una huella de sandalia pisoteando trilobites de más de seis millones de años de antigüedad, o el descubrimiento de diamantes en meteoritos que existían desde *antes* de la creación del sol). Una cosa es segura: el concepto del final de los tiempos se desvanece rápidamente cuando uno tiene en cuenta las eras evolutivas y su carácter cíclico.

De hecho, si uno estudia la evolución (la idea del cambio gradual basado en mutaciones genéticas) tropieza con tantos eslabones perdidos que no hay manera de explicarse su elevado número. Por ejemplo, ¿cómo se explica el origen de la floración en las plantas? No es posible explicarlo basándose en la teoría de la selección natural propuesta por Charles Darwin.[9] Ni la bioquímica ni el conocimiento del ADN existían en su época. Valiéndonos de la ciencia actual para hacer comprobaciones, encontramos que la teoría de la evolución presenta grandes defectos: no existen fósiles transicionales que respalden sus aseveraciones. Nuevos pensadores, a partir de nuevos modelos, encuentran que el diseño inteligente o la intervención de extraterrestres explican con mayor precisión lo sucedido con el comienzo de la vida en la Tierra y el surgimiento de los humanos. El relato de la creación es cíclico, con grandes trancos de crecimiento constante seguidos de espeluznantes declives, y nuevos ascensos y descensos, una y otra vez. Y siempre hay figuras como Noé, sobrevivientes que traen la simiente del próximo ciclo.

¿Quién es nuestro Noé en el presente cambio de mundos? Yo opino que sería Nelson Mandela, de Sudáfrica. Tras los horrores del apartheid, Mandela nos dio la posibilidad de la *reconciliación:* la única solución que permitiría la supervivencia de la razón, la tolerancia, la cortesía y el progreso en los tiempos en que vivimos. ¿Quiénes serán nuestros Adanes y nuestros mesías de este nuevo ciclo? Lo sabremos cuando nos corresponda.

Entretanto, las enseñanzas esotéricas de la teosofía nos indican que aún deberán tener lugar varias mutaciones más del cuerpo físico antes de que los niños índigo puedan aparecer en números apreciables en todo el mundo y antes de que haya una clara evidencia de la sexta raza raíz como presencia en el plano terrenal. Los pocos niños índigo que están surgiendo ahora son precursores de lo por venir. Corresponde a los azules ascendidos indicarnos el camino a través del portal maya y hacia la ascensión del quinto mundo y de los saltos de energía dentro de la Edad de Bronce al elevarse ésta a su vez.

Las hebras de ADN ya se están modificando para dar cabida a la nueva armonía.

Algunos psíquicos vaticinan que en el futuro el número de hebras de ADN aumentará a doce, se perfeccionará la clonación, será común toda clase de manipulación genética (incluida la elección de los genes que deseemos para nuestros descendientes) y que se dará respuesta a la cuestión de los extraterrestres. En otras palabras, se encontrarán pruebas de que hay seres inteligentes que viven en otros planetas y en los intersticios de lo que llamamos espacio cósmico.

No obstante, se han hecho muchas advertencias en lo que respecta a la manipulación de los genes. Los ancianos Hopi temen la posibilidad de crear (por clonación) niños sin alma que "no tendrán fuerza vital en sus ojos". Añaden que estos niños y sus madres serán discriminados por ser innaturales; que habrá "confusión entre los sexos y entre los niños y los mayores". Los Hopi se refieren a la época de duplicidad como los días de la estrella roja Kachina, que trae la purificación a la Tierra y a sus criaturas. "Los que vuelvan a la forma de vivir que se nos enseñó originalmente, y lleven una vida natural, quedarán intactos cuando venga el Purificador. Sobrevivirán y crearán el nuevo mundo".[10]

Jeremy Rifkin, autor de *The Biotech Century: Harnessing the Gene and Remaking the World* [El siglo de la biotecnología: Control de los genes y recreación del mundo], comparte el temor de los Hopi.[11] Advierte:

> Las nuevas tecnologías de corte y empalme de genes nos permiten abrir brechas en los muros de la naturaleza y hacer que el interior del genoma sea vulnerable a una nueva forma de colonización humana. La transferencia de genes sin importar las barreras biológicas es un logro tecnológico sin precedente en la historia de la humanidad. Estamos experimentando con la naturaleza en formas que nunca antes eran posibles, creando nuevas e inimaginables oportunidades para la sociedad y graves riesgos para el medio ambiente.

En el Libro de las Revelaciones (Apocalipsis) se nos dice que el gran cambio que tenemos por delante ocurrirá en un abrir y cerrar de ojos. En el libro *Last Cry: Native American Prophecies and Tales of the End Times* [El último grito: Las profecías y relatos de los aborígenes norteamericanos sobre el fin de los tiempos], del Dr. Robert Ghost Wolf, figura la siguiente cita de los ancianos Hopi:[12]

> Recibiremos muchas advertencias desde el interior de la Tierra y desde los cielos para que podamos cambiar nuestro modo de vivir. Entonces, en un instante de una mañana, despertaremos al Amanecer Rojo. El cielo será del color de la sangre y comenzarán a ocurrir muchas cosas cuya naturaleza no conocemos del todo en este momento. Porque gran parte de la realidad no seguirá siendo como es ahora. Ningún ser viviente quedará incólume, ni aquí ni en el cielo. Se dice que para poder sobrevivir en esos tiempos debemos buscar el camino en nuestros corazones y en la reunificación con nuestro yo espiritual.

Son mensajes sombríos. Y se pueden encontrar muchos más en Internet. El día del juicio final es un tema cada vez más candente. Lo que me da aliento, lo que me inspira y me llena de valor durante este período que las predicciones califican de apocalíptico es la obra de J.R.R. Tolkien, sobre todo la trilogía de *El Señor de los Anillos*.[13] He sido fanática suya durante casi treinta años y he leído casi todos sus libros, incluido *El Silmarillion* y lo que se ha publicado de su epistolario.

Podría decirse que su popular trilogía sobre la muerte y la inmortalidad presagiaba la llegada de la Segunda Guerra Mundial y de Hitler. El propio Tolkien luchó en las trincheras de la Primera Guerra Mundial y cayó enfermo de unas fiebres mortíferas. Durante su convalecencia en el hospital comenzó a escribir *El Silmarillion,* que luego consideró su obra más importante. Este libro es en esencia la biblia de la Tierra Media, desde la creación hasta la evolución del primer y segundo mundos y el comienzo del tercero. Su libro para niños, *El Hobbit,* describe a grandes rasgos el tercer mundo y nos presenta a sus habitantes. La intrincación y las intrigas de ese mundo se exponen con mayor amplitud en la obra maestra de la épica *El Señor de los Anillos*.

Esta epopeya profundiza en el gran viraje ocurrido en la Tierra Media del tercer mundo al cuarto y la batalla apocalíptica que tiene lugar entre las fuerzas del bien y del mal. Durante ese apocalipsis, las razas de los enanos, elfos, magos, hobbits, ents y otros desaparecen de la Tierra y ceden el paso a "la raza de los hombres", que representaría un giro de la inocencia del misticismo, la magia y la espiritualidad a la gimnasia mental de la invención, el comercio y el desarrollo de las naciones.

Tolkien indicó claramente en su epistolario que no inventó ninguno de los relatos de la Tierra Media; por lo tanto, no son fantasías.[14] Más bien, ingresó en ese mundo (cuadrícula) como reportero, fue testigo de lo que allí ocurría y luego regresó para escribir lo que había presenciado. Gracias a su gran atención a los detalles, hoy contamos con una obra tan realista y personal que puede utilizarse como modelo para ayudarnos a pasar del cuarto al quinto mundo: ese próximo salto en las grandes eras de la Tierra, de los ejercicios mentales exclusivos de la humanidad a las abstracciones de la ascensión, donde lo masculino y lo femenino, los hemisferios izquierdo y derecho del cerebro y la ciencia y la espiritualidad se unen en holones (el uso equilibrado de la energía).

Los principales motivos de ese modelo que ahora se pueden aplicar a nosotros son:

La gloria de los acontecimientos ordinarios nos vuelve a conectar con el espíritu universal.

Cada era requiere de héroes que tomen partido sobre alguna cuestión.

El hombre y la mujer comunes sirven como héroes.

La perseverancia en medio de la adversidad es necesaria, pues el sacrificio produce la materia prima para la creación de héroes.

La gente tiene que tener el valor de volver a la Fuente y cambiar de rumbo en lo que hayan dado un giro equivocado.

Todas las razas tienen que cooperar para encontrar paz y libertad y no dejarse arrastrar por las fuerzas maléficas.

Las palabras vacías deshumanizan el lenguaje y despojan a la cultura de su poder.

La lucha entre el bien y el mal nunca da como resultado una victoria permanente para ninguno de los dos lados.

El mal ocurre solamente cuando la vida se desequilibra y va a los extremos. El misterio profundo del mal es que a la larga, en un sentido superior, sirve al bien.

La relación del pasado mítico con la realidad presente y futura es necesaria para que todos los aspectos del conocimiento puedan integrarse plenamente.

El verdadero final de ese drama no llegó a aparecer en la versión cinematográfica de la trilogía de *El Señor de los Anillos* dirigida por Peter Jackson, porque al director no le gustaba. Lo que molestaba a Jackson era que, cuando los héroes vencedores regresaron a casa, los remanentes de las fuerzas del mal que ellos acababan de derrotar habían destruido la campiña casi por completo y habían esclavizado a los pobladores. Envalentonados por sus victorias anteriores, los héroes enseñaron a otros a pelear e idearon estrategias exitosas para imponerse a esta última afrenta a la paz. La resurrección subsiguiente es un poderoso mensaje del alma.

Jackson no logró captar uno de los temas más importantes (y menos atractivos) del Apocalipsis: *Nadie quedará incólume.* No hay inocentes en el gran viraje. Todos nos vemos afectados, directa o indirectamente.

La energía del quinto chakra se extiende entre todos los seres humanos durante el Quinto Mundo, acelerándose en su desarrollo a medida que continúa la ascensión, y desafiando la manera en que nos relacionamos con el poder. Ésta es la energía que abre la puerta a los estados más elevados de conciencia que se puedan alcanzar en la forma humana. Cambiamos con el número cinco. Éste es el momento.

La transición al ahora

Siempre hay en la niñez una puerta que se abre
para dejar que entre el futuro.

BARTON GREGORIAN

Sincronía . . . la dinámica fluida de la mente en movimiento.

El mismo mensaje surge por todas partes, diciéndonos lo que debemos saber en el momento que debemos saberlo. Por ejemplo:

Sucedió durante el mismo período: Tres obras cinematográficas, *La Pasión de Cristo* (sobre el Hijo de Dios), *Hellboy* (sobre el hijo de Satanás), y *El Señor de los Anillos* (el modelo para entender el gran viraje que estamos experimentando actualmente y cómo sobrevivir y prosperar pese a las amenazas que tratan de impedirlo), representan la extrema derecha, la extrema izquierda y la tercera vía (el camino intermedio) y destacan, a través de impresionantes imágenes de gran actualidad, las cuestiones de importancia mundial que son imposibles de ignorar. *Sincronía.*

Sucede durante el mismo período: Los niños en el mundo entero están siendo objeto como nunca antes del abandono de sus padres y víctimas de drogadicción. La carnicería religiosa y cultural y el genocidio racial están sometiendo los niños a una mezcla constante de temor y violencia. Estamos encarando nuestro pasado y desperdiciando nuestro futuro, justo en el momento en que están entrando en el plano terrenal millones de niños que han estado entre los más inteligentes, intuitivos, inventivos, generosos y espirituales de la historia. *Sincronía.*

Sucede durante el mismo período: Los descubrimientos científicos muestran que el universo opera más bien como un gran sistema de pensamiento que como una gran maquinaria, que la observación es necesaria para que el universo alcance la plenitud, que la conciencia no es ningún accidente, ni tampoco lo somos los humanos. Al mismo tiempo, otros científicos impresionados por ciertos experimentos (por ejemplo, la demostración de que la palabra hablada puede provocar cambios estructurales en el agua) están demostrando que los pensamientos, sentimientos, palabras e intenciones conforman físicamente no sólo el funcionamiento y la salud del organismo, sino el entorno de nuestras vidas. La biología molecular está contribuyendo a establecer el carácter primario del vínculo entre el cuerpo y la mente; un experimento tras otro demuestran lo mismo: que nuestras mentes están vinculadas con la mente de grupo, la mente universal, la Mente Superior (Fuente). *Sincronía.*

Lo mejor y lo peor y el camino entre uno y otro. Todo ello sucede AHORA.

AHORA, en este momento particular de la historia en que la mente se encuentra con la materia, en que se aproxima el Apocalipsis y el mundo gira, las personas están despertando a su propio punto de poder . . . el momento PRESENTE.

El PRESENTE, ese momento de claridad, de conciencia y perfección, de unidad, es el umbral hacia el poder. Es posible encontrarlo al buscar el silencio, y al descansar en ese silencio, uno encuentra dentro de sí el "centro del ser", en su núcleo interior, en el fondo de su corazón. La verdad sale a la superficie al hacer que el pasado y la identidad que uno cree tener, el presente y la forma que aparentan las cosas, y las posibilidades de un futuro aún sin manifestar, floten a la deriva ante su mirada y se disuelvan en la nada. La verdad sale a la superficie al meditar o contemplar o fusionarse con lo que uno considere mejor y más elevado, en el momento en que la identidad deja de ser identidad y todo lo que existe es aliento y pulsación.

Hace falta práctica para aquietar el cuerpo y la mente pero, cuando uno lo logra, aunque sólo sea por un momento, los sistemas internos comienzan a encontrar su lugar y la mente se corrige a sí misma. Entonces, en el silencio, uno despierta a su verdad interior y al mundo que lo rodea. Ningún hechizo, ritual, ejercicio, técnica, maestro, gurú, ministro, imán ni sacerdote es más poderoso que el silencio de su fuero interno, del fondo de su corazón. Los místicos y visionarios de antaño nos han dicho que en el silencio uno se encuentra con su alma. Tenían razón . . . a Dios lo llevamos dentro.

Descubrí esto a través de mi experiencia cercana a la muerte, y lo mismo sucedió a Don Miguel Ruiz, quien ha tenido estas experiencias en varias ocasiones.[1] Don Miguel Ruiz asevera lo siguiente:

> La humanidad entera es sólo un órgano de un ser viviente más grande, que es el planeta Tierra. Nuestro planeta tiene distintos órganos. La humanidad es sólo uno de ellos; otros son el reino animal, el reino vegetal y los océanos. Y todos funcionan al unísono en un metabolismo perfecto, porque el planeta Tierra está vivo. Al mismo tiempo, el planeta es como un átomo que gira en torno a su núcleo, que es el sol. Así podemos ver toda la cadena, que nos dice que hay un solo ser viviente. El universo entero, el universo de los universos, es un solo ser viviente.

La humanidad está despertando ante la sabiduría sagrada de los antiguos: la totalidad del sistema solar constituye la universidad del alma.

Estamos comenzando a reconocer que en este momento PRESENTE, la propia conciencia está comenzando a tener conciencia de sí misma. Está despertando el todo.

Al ocurrir esto, la humanidad se percata cada vez más de que juntos podemos crear la realidad del mundo mediante su proyección en nuestras percepciones de la verdad (no necesariamente de la verdad propiamente dicha). A la vez que aceptemos la responsabilidad de lo que nosotros mismos hemos hecho, nos incorporamos al ritmo del AHORA, esa sincronía natural que vibra a cuarenta ciclos por segundo, la longitud de ondas cerebrales denominada "beta elevado" o "el zen de la fusión", en el que las ondas en resonancia se fusionan entre sí. El poder del AHORA, en términos sencillos, es un retorno al estado natural de conciencia y claridad, donde las polaridades se fusionan y se obtienen holones.

Los nuevos niños, en su mayoría, traen este conocimiento intacto al nacer. Se desplazan fácilmente con el ritmo y la pulsación de la conciencia colectiva, la memoria colectiva, el sueño colectivo, el pensamiento colectivo, los intereses colectivos y las voces colectivas. Son como conjuntos de células de un cerebro más grande que es parte de un cerebro universal, que es a su vez parte de una mente tan inmensa, que no hay en ningún idioma la manera de nombrarla o describirla. Y esa mente está compuesta por TODOS nosotros, junto con el Único.

Trate de explicar esto a los nuevos niños y le responderán con una risotada. Intenté explicarlo a un jovencito y me dijo riendo entre dientes: "¿Por qué no puedes ver lo que tu mente ya sabe?"

Chris Van Cleave, un baladista excepcional que ha dado conciertos en muchos lugares, escribió una canción sobre estos jóvenes y tuve la suerte de escucharla una vez en concierto. Ésta es la primera estrofa de su composición "Los niños (The Children):"[2]

> *Somos a quienes los nuevos niños salvarán*
> *Veamos cómo nos muestran el camino*
> *Somos la generación, eso dicen los niños,*
> *Que logrará pasar de la noche al día*

El estudio de la marcha de las generaciones nos permite atisbar el camino de la conciencia en evolución a su paso por la experiencia humana. Es una manera de reducir grandes volúmenes de información a fragmentos pequeños que nuestro intelecto pueda procesar. Con ese fin, hagamos un último repaso de las generaciones.

La generación X es el grupo de entrecruzamiento que nos ayudó a pasar de los valores tradicionales a los valores globales. Son los que se encontraban en la "planta baja" de la explosión informativa y quedaron marcados con su expeditivo método de circunnavegación. (En su mayor parte, esta generación abarca las personas nacidas entre 1961 y 1981.)

La generación del milenio representa la primera ocasión en que surge verdaderamente en todo el mundo una mentalidad que trasciende fronteras. Sus representantes no sólo llevan sobre sus hombros el paso de la humanidad a través del portal maya, sino que también poseen la energía necesaria para desencadenar grandes acontecimientos, tanto positivos como negativos, en el mundo entero. En China, hay millones de estos jóvenes que están afiliándose al Partido Comunista; con su buen nivel de instrucción y su orientación social, están dedicados a ayudar y a prestar atención a otros integrantes del colectivo. En los países predominantemente musulmanes, otros millones de jóvenes están haciéndose luchadores o contribuidores a conflictos, mostrando la misma dedicación a su creencia de que la fuerza es la única respuesta a sus problemas. (Esta generación suele vincularse con los nacidos entre 1982 y 2001.)

La generación del 11 de septiembre, marcada por la violencia del terrorismo, es la que estará llamada a encontrar la solución al terrorismo y participar directamente en la transformación de las prácticas actuales del Islam, y de cualquier dogma, máxima o credo religioso que anule o degrade a la mujer, los niños y la libertad de elección. El punto cardinal de todas las guerras del tercer milenio será el derecho de las personas a pensar por sí mismas. La tarea a largo plazo de la generación del 11 de septiembre será velar por que en los años por venir no dominen ni los iluminados ni los servidores de las tinieblas. (Los representantes de esta generación son los nacidos entre 2002 y 2024.)

La sanación a nivel planetario comenzará y se propagará durante el lapso de la generación acuariana. Antes de que ellos lleguen se instituirán medidas de este tipo, pero el proceso de transformación pudiera verse obstaculizado según el grado en que ocurran cambios climáticos y planetarios. Las cuestiones de seguridad y supervivencia siempre tienen prioridad. Esto no impedirá que haya logros espectaculares en materia de invenciones, comunicaciones y viajes, así como una total reevaluación de los órganos de gobierno y las fronteras nacionales en su forma actual. Los mapas cambiarán radicalmente, y también habrá cambios en los mercados de productos e ideas. La gente comenzará a reconocer el hecho de que el mal (la oscuridad del negativismo) nunca podrá ser destruido ni dominado. La única manera de desarmar al mal y lo que parezca maligno es mediante la sencillez de la apertura de corazón. Nunca ha habido ni habrá otro remedio. Esta generación llevará sobre sus hombros la carga del desafío más importante con que tropezará el quinto mundo ascendido: el "poder para dominar" o el "poder para hacer". (Lo más probable es que esta generación abarque los años 2025 a 2043.)

El lapso de 2013 a 2029 es el que más me preocupa. Es el período en que los expertos en estadísticas y algunos de los niños que han tenido experiencias cercanas a la muerte aseguran que ocurrirán los mayores desafíos en los Estados Unidos y en el mundo entero. Ocurrirán situaciones muy disímiles, desde "logros impresionantes hasta tragedias apocalípticas" (según las acertadas palabras de Strauss y Howe). Independientemente de cuán fuertes sean los chicos del milenio, el cansancio debilita. Cualquier persona de cualquier edad encontraría gran dificultad para pensar adecuadamente si está confundido, extenuado, hambriento o sometido a estrés excesivo. Por esta razón, quisiera hablar un poco más de la energía de la ascensión . . . pues puede engañar a la mente.

Las personas tienen reacciones físicas ante las presiones de energías intensas en espiral (lo mismo sucede a los animales). Entre los posibles efectos se encuentran la migraña, la sensación de cansancio entremezclada con repentinas crestas de energía, sensaciones electrizantes en las extremidades y la espina dorsal, calambres musculares, síntomas parecidos a la gripe, visiones y sueños intensos, trastornos digestivos y exceso de gases, irritabilidad, vaivenes inusuales del estado de ánimo, recepción de información por vía psíquica, sensación de aislamiento y una sensación simultánea de pesadez, ligereza, rapidez y lentitud.[3]

También puede suceder otros fenómenos extraños. Algunos dicen oír música sin sonido o infrasonido. El infrasonido, de tonalidad extremadamente baja, puede ser captado por los elefantes. No sólo lo produce la energía en espiral, sino también las tormentas, determinadas corrientes de viento y fenómenos climáticos y los terremotos. Suele haber emisiones de infrasonido en casos genuinos de presencia de fantasmas. Los tonos elevados, por otra parte, son de naturaleza eléctrica y suelen ser captados por las aves, perros y gatos. Estos tonos pueden acompañar los avistamientos de extraterrestres o de ángeles, y pueden hacerse sentir en sitios sagrados o durante ceremonias sagradas. Las ondas sonoras sin sonido (de tono bajo o alto) son cada vez más comunes.

Ya es común la posesión.

¿Le sorprende esto? En cualquier momento en que uno no esté "conectado a tierra", puede verse sujeto a distintos tipos de experiencias de posesión en las que, por ejemplo, un ser incorpóreo pueda deslizarse dentro de su cuerpo y asumir el control. El abuso de los estupefacientes y alcohol debilita automáticamente las defensas naturales, lo cual constituye una invitación a la invasión psíquica. Estas posesiones suelen ser temporales, pero a veces duran mucho tiempo, lo que provoca trastornos de personalidad y enfermedades mentales. Asimismo, durante las guerras y especialmente cuando hay explosiones y fenómenos climáticos violentos, tanto la corteza terrestre como el éter pueden sufrir sacudidas excesivas. Esto libera a cualquier objeto o entidad que esté en descanso, desde partículas de polvo y polen hasta productos de las emociones, residuos psíquicos (restos de nuestra energía) y "entidades aferradas al plano terrenal". Estas entidades son fundamentalmente el producto de la perversidad psíquica, como las maldiciones, los pensamientos negativos o las pasiones que sólo contribuyen a desperdiciar energía. Después de los ataques del 11 de septiembre, mi médico me relató que había tenido que vérselas con toda una serie de entidades de este tipo que estaban afectando la salud de sus pacientes. No son difíciles de exorcizar. Suele lograrse con la oración y la meditación, y también con afirmaciones positivas, una dieta saludable, el ejercicio físico y la luz solar.

Mucho más dañina es la energía del espíritu embustero. Esta energía simplemente se refiere a las ocasiones en que otras personas o acontecimientos nos hacen creer que algo es real o valioso cuando en realidad no lo es. Es una prueba de claridad y discriminación. Pero los espíritus embusteros pueden ser también manifestaciones plenas, como la aparición súbita de un supuesto ángel, santo, extraterrestre, animal, demonio o cualquier otro tipo de ser ultramundano que sepa exactamente cómo explotar sus deseos, necesidades y puntos débiles. Los espíritus embusteros pueden asumir cualquier tamaño o forma y actuar con sabiduría y conocimiento. Debido a esto, los canalizadores pueden tomar erradamente a los embusteros por maestros auténticos. De ahí que algunos libros muy populares sobre visitas de santos puedan ser en realidad una engañifa o exageración. Para poder reconocer la energía de los espíritus embusteros, esté atento a cualquier "gancho" negativo o intento de control dentro de lo que se ofrece, incluso si los mensajes parecen llenos de amor y luz. La meta del espíritu embustero es despojarlo de su libre albedrío y hacer de usted un seguidor o un iniciado que vuelve a él una y otra vez para obtener la próxima "revelación".

Los poseedores, espíritus embusteros y entidades aferradas al plano terrenal son los "microinsectos" de los residuos psíquicos y emocionales y de los deseos del ego que cubren nuestra vida interior o exterior. Guíese por esto: las personas felices rara vez experimentan estos fenómenos. Con todo, debido el estrés de la ascensión, incluso las personas realizadas pueden ser embaucadas. De ahí que no haya forma de sustituir una vida centrada, sana, con buenas amistades, relaciones amorosas y una ética laboral basada en el esfuerzo propio, el sentido común, la caridad y el servicio.

"El Centro de Mensajes", una meditación guiada para niños elaborada por Janet Gaddie Grimm y Patricia K. Manthey, es un maravilloso relato que inspira y enaltece al niño que todos tenemos dentro y al mismo tiempo nos aparta de las distracciones y deseos improductivos.[4] Las autoras me han dado permiso para compartir con usted esta meditación. Antes de leerla, relaje su cuerpo de cualquier manera que le resulte fácil y sencilla.

~

EL CENTRO DE MENSAJES

*Una meditación para niños, por Janet Gaddie Grimm
y Patricia K. Manthey*

Vamos a crear en nuestras mentes imágenes sobre un lugar especial donde podremos hablar con Dios y recibir mensajes de Él. Este lugar especial será nuestro Centro de Mensajes. Para poder llegar a tu Centro de Mensajes, haz como si salieras de tu casa. Imagínate que, al hacerlo, te alejas de tu barrio y te adentras en el campo circundante. El aire es fresco y delicioso. Puedes ver que está lleno de remolinos de colores. También hay pinceladas de luz blanca. Siempre es divertido dar este paseo, porque sabes que vas a ir a un lugar muy especial.

Pronto llegas a un puente y lo cruzas. Al otro lado de este puente hay un pequeño estanque. Junto al estanque hay un lugar donde puedes sentarte y pasar un rato de tranquilidad. Cuando estás junto al estanque puedes sentir un gorgoteo porque hay una corriente de agua que desemboca en el estanque. El gorgoteo es relajante y pacífico. Cada vez que vienes a tu Centro de Mensajes, te haces rodear por la luz blanca del Espíritu Santo. Esto te ofrece protección y te mantiene seguro.

Cuando te encuentras en tu Centro de Mensajes, debes estar lo más quieto posible. Ésta es tu oportunidad de hablar con Dios y también de escuchar Sus mensajes. Los mensajes pueden llegar de distintas maneras. No será como en una conversación telefónica, pero podrás recibir ideas o sensaciones que te serán de utilidad. Cuando te encuentres en tu Centro de Mensajes, es un buen momento para pensar en cómo ayudar a otras personas. Tal vez alguien de tu familia o de tu escuela necesita ayuda. Tal vez tienes una idea que ayudaría a muchas personas. No importa si tu idea es grande o pequeña. Para Dios, todas las ideas de ayudar al prójimo son GRANDES. De hecho, por eso es que todos estamos aquí en la tierra: para ayudarnos unos a otros. Pero es fácil olvidarlo si tenemos que pensar en nuestros problemas o dificultades en la vida o si estamos muy atareados.

Cuando sepas que has terminado tu conversación con Dios, recuerda siempre agradecerle por haberte escuchado y por Su ayuda. Entonces llega la hora de volver a casa. Vuelves a cruzar el puente y atraviesas el prado y la arboleda. Ya conoces el camino de regreso a casa. A tu regreso, te sientes más ligero y, de algún modo, más blando. Es hora de que te prepares para el resto del día. Trata de encontrar al menos a una persona con quien puedas ser amable o a quien puedas ayudar.

Los dos pilares de la creación son el amor y la ley.

Los dos poderes de la manifestación son la alabanza y la alegría.

Las dos realidades de la existencia son la luz y la oscuridad.

Al comenzar este libro, le prometí contarle algo muy importante. Creo que coincidirá conmigo en que cumplí mi promesa. Independientemente de como usted se refiera al quinto mundo y a su ascensión, la época que lo comprende ya está aquí. Nos encontramos en el momento PRESENTE y podemos rediseñar cualquier cosa que encontremos en el presente o el futuro. Para lograr esto, debemos crear holones (situaciones en que las fuerzas opuestas acceden a cooperar entre sí por el beneficio mutuo) por el bien de toda la humanidad. Esto se puede lograr si al fin reconocemos que todos somos hijos de la misma Fuente, que todos llevamos el mismo rumbo y participamos en el mismo drama.

La única cuestión real es el amor.

El único mandamiento real es: Trate al prójimo como quisiera que lo trataran a usted.

Notas

*Qué maravilloso es que nadie tiene que esperar ni un
instante para empezar a mejorar el mundo.*

Anne Frank

INTRODUCCIÓN

1. P. M. H. Atwater, L.H.D., *Children of the New Millennium* (New York:
   Three Rivers Press, 1999).
2. P. M. H. Atwater, L.H.D., *The New Children and Near-Death Experiences*
   (Rochester, VT: Bear & Co., 2003).

CAPÍTULO UNO

1. Lecomte du Noüy, Ph.D., *Human Destiny* (New York: Longmans, Green
   and Co., 1947).
2. Actualmente existen varias fuentes de interpretación del calendario maya.
   Uno de los más autorizados y reconocidos estudiosos occidentales del calendario maya y sus diversos ciclos es el Doctor en Ciencias Carl Johan Calle-
   man, *The Mayan Calendar* (Albuquerque, NM: Acalan, 2003); también
   disponible bajo el título *The Mayan Calendar and the Transformation of
   Consciousness,* del mismo autor (Rochester, VT: Bear & Co., 2004), www.
   calleman.com. Ver además la obra de Carlos Barrio y la Organización para
   Estudios Espirituales Mayas e Indígenas (Organization for Mayan and Indi-
   genous Spiritual Studies) en www.sacredroad.org y también los trabajos de
   Ian Xel Lungold (www.mayanmajix.com, o contáctelo en la dirección electrónica Ian@mayanmajix.com).
3. Una de las fuentes de esta información es John Major Jenkins, *Galactic
   Alignment: The Transformation of Consciousness According to Mayan,
   Egyptian, and Vedic Traditions* (Rochester, VT: Bear & Co., 2002). Ver
   además www.Alignment2012.com.

4. *Intuitive Flash* es un boletín producido por Gordon-Michael Scallion y su esposa Cynthia Keyes. Información de contacto: Intuitive Flash, P.O. Box 367, West Chesterfield, NH 03466; 1-800-628-7493, fax (603) 256-6614; www.IntuitiveFlash.com.

CAPÍTULO DOS

1. Las pruebas al respecto provienen de investigaciones realizadas por la Institución Oceanográfica Woods Hole así como de otros prestigiosos grupos de científicos. En octubre de 2003, se puso a consideración del Pentágono un informe ejecutivo elaborado por Peter Schwartz y Doug Randall titulado El contexto de un cambio climático repentino y sus implicaciones para la seguridad nacional de los Estados Unidos (An Abrupt Climate Change Scenario and its Implications for United States National Security"). El informe argumenta en detalle lo que pudiera suceder en distintas partes del mundo si el clima del planeta cambiara de modo tan abrupto como sucedió en la prehistoria.

2. La revista *Newsweek* fue la primera en divulgar esta noticia al público en general, el 10 de noviembre de 1986, en el artículo "Así éramos (The Way We Were)" (páginas 62–72). Desde entonces se han hecho muchos otros descubrimientos. Por ejemplo, el descubrimiento referido por Konrad Spindler, líder de la expedición científica que encontró un cuerpo atrapado por 5000 años en los glaciares de los Alpes, en el enigmático libro *The Man in the Ice: The Amazing Inside Story of the 5000-Year-Old Body Found Trapped in a Glacier in the Alps* (London, England: Weidenfeld and Nicolson, 1994).

3. Contacte a la Sociedad Teosófica de América: Theosophical Society in America, P. O. Box 270, Wheaton, IL 60189-0270; (630) 668-1571; fax (630) 668-4976; dirección electrónica: olcott@theosmail.net; www.theosophical. org.

4. C. W. Leadbeater, *The Masters and the Path* (Madras, India: Theosophical Publishing House, 1925). Este libro se puede adquirir aún a través de la Sociedad.

5. Colonel Arthur E. Powell, *The Solar System* (Madras, India: Theosophical Publishing House, 1930). Este libro se puede adquirir aún a través de la Sociedad.

6. Sancta Sophia Seminary, 11 Summit Ridge Drive, Tahlequah, OK 74464-9215; (918) 456-3421; dirección electrónica: lccc@sanctasophia.org; www.sanctasophia.org.

7. Carol E. Parrish-Harra, Ph.D., *The New Dictionary of Spiritual Thought*, Second Edition (Tahlequah, OK: Sparrow Hawk Press, 2002). El dibujo de las razas raíz aparece en la página 242.

8. La Association for Research and Enlightenment (A.R.E.) es una organización que ofrece muchos servicios, incluida una amplia oferta editorial, revistas, oportunidades holísticas de atención de salud, y una biblioteca con servicio de préstamos. Patrocinan grupos de estudio en distintas partes del mundo. Información de contacto: A.R.E., 215 67th Street, Virginia Beach, VA 23451-2061; (757) 428-3588; 1-800-333-4499; www.are-cayce.com or www.edgarcayce.org.

9. John Van Auken, Lora Little, Ed.D., y Gregory L. Little, Ed.D., *Ancient Mysteries*. Ésta es una de las distintas publicaciones mensuales producidas por la asociación A.R.E. Pídala por su nombre cuando se comunique con la sede de la asociación (ver la nota 8 de este capítulo).

CAPÍTULO TRES

1. John Van Auken es un talentoso conferencista y orador sobre misterios antiguos, arqueología, religión y espiritualidad. Ha sido coautor de dos libros: John Van Auken y Lora Little, Ed.D., *The Lost Hall of Records: Edgar Cayce's Forgotten Record of Human History in the Ancient Yucatan* (Memphis, TN: Eagle Wing Books, Inc., 2000) y Gregory L. Little, Ed.D., John Van Auken, y Lora Little, Ed.D., *Mound Builders: Edgar Cayce's Forgotten Record of Ancient America* (Memphis, TN: Eagle Wing Books, Inc., 2001).

2. He aquí algunos de los sitios web que visité mientras buscaba más información acerca de las leyendas mayas sobre el Sol: www.dartmouth.edu; http://members.aol.com/TPrinty/mexico.html. Artículo titulado "Los OVNIs avistados en la ciudad de México el 11 de Julio de 1991" ("The July 11, 1991 Mexico City UFO's") de Tim Printy; http://wintersteel.homestead.com/files/Folklore/Quetzalcoatl.htm; www.geocities.com/Athens/4903/Mexica.html. Artículo titulado "La teocracia azteca: una organización social y política ("Aztec Theocracy: A Social & Political Organization") de R. S. Cartwright. Este material fue originalmente un ensayo escolar y se conserva en la Universidad de Idaho, Moscow, ID.

CAPÍTULO CUATRO

1. Bahá'u'lláh vivió en Irán en el siglo XIX. Fue un talentoso visionario y maestro espiritual en toda ley, y su vida y muerte siguieron el patrón mesiánico ejemplificado por Jesucristo. La única variación del patrón es que Bahá'u'lláh tenía además el don de escritor. Dejó constancia por sí mismo de sus pensamientos y revelaciones, hasta completar numerosos volúmenes. Su obra dio origen a una religión, la Fe Bahá'í, surgida en 1884. Esta fe se basa en el concepto de la unidad en la diversidad. Si bien los seguidores de Bahá'í tratan de restar importancia a las iglesias como edificaciones (prefieren llevar

a cabo sus encuentros en las casas de sus seguidores), hay un gran templo Bahá'í en Wilmette, Illinois. Información de contacto: Bahá'í National Center, Wilmette, IL 60091; (708) 869-9039.

2. Caroline Myss, Ph.D., *Anatomy of the Spirit: The Seven Stages of Power and Healing* (New York: Harmony Books, 1996).

3. Gordon-Michael Scallion, *Notes from the Cosmos: A Futurist's Insights into the World of Dream Prophecy and Intuition.* Matrix Institute, West Chesterfield, NH, 1997. Ver también Swami Amritasvarupananda, *Mata Amritasvarupananda: A Biography.* Mata Amritasvarupananda Center, San Ramon, CA, 1988.

4. Atwater, *Children of the New Millennium.*

5. Atwater, *The New Children and Near-Death Experiences.*

6. Joseph Chilton Pearce, *The Biology of Transcendence: A Blueprint of the Human Spirit* (Rochester, VT: Park Street Press, 2002). Pearce es autor de muchos libros con gran éxito de ventas (incluidos *The Crack in the Cosmic Egg* y *Magical Child*). Estos libros, junto con muchos otros, todos sobre el desarrollo cerebral infantil y cómo criar niños saludables y bien adaptados, han establecido a Joseph Chilton Pearce como un especialista renombrado en su campo.

7. Paul Pearsall, Ph.D., *The Heart's Code* (New York: Broadway Books, 1998).

8. Si desea más información acerca del Institute of HeartMath y las investigaciones que realizan, escriba al siguiente apartado postal: P.O. Box 1463, Boulder Creek, CA 95006; 1-800-450-9111; (408) 338-8700; www.heartmath.org.

9. Si desea más información sobre la ciencia de la sincronía, lea: Steve Strogatz, *Sync: The Emerging Science of Spontaneous Order* (New York: Hyperion, 2003).

10. Consulte a James Gleick, *Chaos: Making a New Science* (New York: Viking, 1987); James Gleick y Eliot Porter, *Nature's Chaos* (New York: Viking, 1990); John Briggs y F. David Peat, *A Turbulent Mirror: An Illustrated Guide to the Chaos Theory and the Science of Wholeness* (New York: Harper and Row, 1989).

CAPÍTULO CINCO

1. William Strauss y Neil Howe, *Generations: The History of America's Future, 1584 to 2069* (New York: William Morrow, 1991).

2. Consulte *Millennials Rising: The Next Great Generation,* Neil Howe y William Strauss (New York: Vintage Books, 2000).

CAPÍTULO SEIS

1. Lee Carroll y Jan Tober, *Indigo children: The New Kids Have Arrived* (Carlsbad, CA: Hay House, 1999).

2. Aunque existen muchas fuentes de información reveladora acreditadas a Drunvalo Melquizedec, he resumido los comentarios particulares que aquí aparecen a partir de una entrevista que le hizo Diane Cooper el 22 junio de 1999. Agradezco a Diane que me haya enviado una copia del texto por correo electrónico. Un video en dos cintas de Melquizedec titulado *A través de los ojos de un niño* (*Through the Eyes of a Child*) debe estar disponible en la mayoría de las tiendas de video, o se puede adquirir a través de la revista *Atlantis Rising*, P.O. Box 441, Livingston, MT 59047; teléfono para hacer pedidos: 1-800-228-8381; www.AtlantisRising.com.

3. Paul Dong y Thomas Raffill, *China's Super Psychics* (New York: Marlowe & Co., 1997.)

4. Twyman ha escrito varios libros, entre ellos *Emissary of Love* (Charlottesville, VA: Hampton Roads, 2002). Si desea recibir *Letters from James Twyman,* inscríbase con un mensaje electrónico a list@emmissaryoflight.com.

5. Al examinar estudios médicos y artículos sobre este tema puede verificarse hasta cierto punto la autenticidad de cualquier fenómeno de este tipo. En un artículo del *Washington Post* (30 de marzo de 1995) titulado "Recuperación documentada de un niño que portaba el virus del SIDA" ("Boy's Recovery from AIDS Virus is Documented") se estableció ciertamente que un niño nacido VIH positivo quedó libre del virus a la edad de cinco años. Sin embargo, si se investiga en profundidad sobre esto, se encuentra una y otra vez que se han cometido errores en la identificación de especímenes y que un segundo análisis no ha demostrado ningún vínculo entre el niño y la madre. Por ejemplo, la Dra. Lisa Frenkel pudo refutar la idea de que el sistema inmunológico de los niños es capaz de recuperarse de infecciones de VIH (revista *Science* 15 de mayo, 1998; 280: 1073–77). Existen muchos otros informes similares. La realidad es que actualmente no hay pruebas suficientes que respalden las extravagantes alegaciones de recuperación hechas por personas que por su profesión deberían abstenerse de hacer este tipo de afirmaciones infundadas.

6. La Dr. Berrenda Fox publicó el 30 de marzo de 2002 su anuncio sobre las mutaciones de la doble estructura helicoidal del ADN. Este documento fue circulado ampliamente en Internet. Su clínica era el Centro Avalon Wellness en Mt. Shasta, California. Aunque varias personas afirmaron que la doctora había sido detenida al ser clausurada la clínica, nadie ha podido confirmar esto ni localizarla a ella.

7. La canalizadora australiana Susanna Thorpe-Clark mantiene un sitio web en la dirección www.hotkey.net.au/~korton/index.html. Su dirección electrónica es korton@hotkey.net.au.

8. Twyman hizo su confesión en un mensaje electrónico, de fecha 8 de abril de 2003, dirigido a su "Querida Comunidad". La carta se titulaba "Practico lo que predico" ("Practicing What I Preach") y fue escrita como contrapunto a las acusaciones formuladas en su contra.

Las prácticas de Twyman han generado gran controversia. Muchos han opuesto objeciones al uso excesivo y desorientador que hace Twyman de la etiqueta "índigo", y a sus actividades de autopromoción que parecen ser explotadoras de los niños. Su centro en Oregon, donde se ofrecen estancias de retiro para los miembros de su "querida comunidad", está registrado como organización eclesiástica que ofrece programas de ordenación de Ministros de Paz y concede un título de maestría. Celebra grandes conferencias en las que muestra a niños con dones especiales, financiadas mediante proyectos como los de entrenamiento para doblar cucharas con la fuerza de la mente, perfeccionar las aptitudes psíquicas de los niños y experimentar con las propiedades sanadoras del nardo (o espicanardo), una planta que según él procede únicamente de una pequeña región de Nepal. La forma de llevar a cabo estos proyectos ha suscitado críticas, en especial en lo que se refiere al espicanardo. Es bien conocido que esta planta, incluso la de mayor calidad, se puede obtener fácilmente en toda América del Sur a una fracción de lo que él cobra. Cuando declaró el 29 de enero de 2005 Día Mundial de los Índigo, muchos consideraron que se trataba de una campaña para dar publicidad a su película *Índigo*.

Por el lado positivo, los esfuerzos de Twyman ciertamente han despertado al público acerca de la existencia de una nueva generación de niños que son distintos a cualquier otra generación conocida, lo que es de agradecer. Del lado negativo, sus métodos hacen que muchos pongan en entredicho sus motivos e intenciones y el efecto que sus presentaciones tienen en los propios chicos. Yo me cuento entre ese número creciente de personas preocupadas.

9. Marshall Stewart Ball toca la fibra emocional de las personas a través de un velo de silencio. Aunque no puede hablar ni caminar y depende de la ayuda de otros para moverse, es una fuente constante de inspiración y guía para las personas en asuntos de la mente y el corazón. Su capacidad de pensamiento y sentimiento asombra a todos: desde los nueve años alcanzó un nivel de comprensión de lectura equivalente a duodécimo grado. Marshall conoce el significado y la ortografía de palabras que nunca antes había visto. Aún más increíble es el potente efecto que tiene en las personas que conoce. Sus

libros, *Kiss of God; Marshall Ball, Prodigy: The Wisdom of a Silent Child;* y *A Good Kiss* se pueden obtener a través de su sitio web (www.Marshall-Ball.com) o a vuelta de correo escribiendo a Thoughtful House Press, P.O. Box 340045, Austin, TX 78734.

10. Mattie J. T. Stepanek murió en julio de 2004. Su enfermedad le afectaba las funciones automáticas y le causaba debilidad muscular y problemas respiratorios, digestivos y cardiacos. Usaba una silla de ruedas eléctrica, respirador artificial y oxígeno extra cuando era necesario. Podía caminar con soportes ortopédicos pero necesitaba su silla de ruedas para transportar las cien libras de equipos médicos que le mantenían con vida. Su madre padeció de la misma discapacidad en la edad adulta; sus tres hermanos ya habían muerto por la misma causa. Mattie escribió tres hermosísimos libros de poesía. El más conocido es *Heartsongs* (New York: VSP Books/Hyperion, 2001). Para encontrar artículos sobre él tecleando en Google (www.google.com) basta con escribir el nombre "Mattie Stepanek" en la casilla de búsqueda.

11. William T. Dickens y James R. Flynn, "Heritability Estimates Versus Large Environmental Effects: The IQ Paradox Resolved," *Psychological Review* 108, no. 2 (2001): 346–69.

12. Atwater, *The New Children and Near-Death Experiences.*

13. Pearce, *The Biology of Transcendence.*

CAPÍTULO SIETE

1. Fragmento del artículo de Anna Quindlen, "Our Tired, Our Poor, Our Kids," *Newsweek*, 12 de marzo de 2001, p. 80.

2. Lori Lite ha escrito ya cuatro libros infantiles que se refieren a las necesidades especiales de los azules ascendidos. Los títulos de sus libros son *A Boy and a Turtle, The Goodnight Caterpillar, The Affirmation Web,* y *A Boy and a Bear.* Los recomiendo encarecidamente. Sólo es posible comprarlos a través del sitio web de Lori en www.LiteBooks.net. Puede contactarla por teléfono: (770) 321-4066 o a través de la dirección electrónica Lori@LiteBooks.net. "Enseñar a los niños a mejorar sus vidas" es su consigna. Desde 2004, los cuatro libros están disponibles en un solo CD (versión de audio).

3. La comunidad escolar de Greensboro Wonder & Wisdom, Inc. está ubicada en una pequeña zona rural de Vermont. La escuela se financia con una donación no renovable, muchas otras pequeñas donaciones, apoyo comunitario y oración. Los programas que ofrece son tan sobresalientes que no sólo estimulan el uso de las facultades mentales de los niños, sino que sus propias vidas han cambiado. Si desea más información sobre la escuela y sus increíbles programas comuníquese con: Trish Alley, Greensboro, VT 05841; o escriba a la dirección electrónica: tpalley@together.net.

4. Puede contactar a Gary W. Hardin en la dirección electrónica dreamer@ boulder.net. Su libro se titula *The Days of Wonder: Dawn of a Great Tomorrow* (Missoula, MT: Dream Speaker Creations, 2003). Joey Klein mantiene su propio sitio web en www.joeyklein.com. Joey viaja por el mundo ofreciendo sesiones de curación, impartiendo charlas y talleres, y haciendo lo que esté a su alcance para ayudar a otras personas como él que son parte de la quinta raza raíz ascendida (Joey los sigue denominando "índigos"). Puede contactarlo a través de la dirección postal Health and Wellness Center, P.O. Box 44, Andover, KS 67002.

5. Cynthia Sue Larson ha publicado dos libros: *Aura Advantage: How the Colors in Your Aura Can Help You Attain What You Desire & Attract Success* (Avon, Mass.: Adams Media, 2003); y *Karen Kimball & the Dream Weaver's Web* (Lincoln, NB: iUniverse, 2003). Puede hacer pedidos a través del número 1-877-823-9235. Cynthia Sue Larson es una investigadora del campo de la bioenergía. Ofrece charlas y talleres que, al igual que sus libros, son perfectas para los tipos de los azules ascendidos, y publica con regularidad un boletín de Internet titulado *Reality Shifters*. Su labor es excepcional. Para contactarla o suscribirse al boletín, puede escribir a Cynthia Sue Larson, P.O. Box 7393, Berkeley, CA 94707-7393. Su sitio web es http://realityshifters.com; dirección electrónica: cynthia@realityshifters.com.

CAPÍTULO OCHO

1. Bobbie Sandoz ha escrito *Parachutes for Parents: 10 New Keys to Raising Children for a Better World* (New York: Select Books, 2004) y *In the Presence of High Beings: What Dolphins Want You to Know* (San Francisco, Calif.: Council Oak Books, 2005). Recomiendo encarecidamente ambos títulos. Su sitio web es www.bobbiesandoz.com; contáctela en la dirección electrónica SandozB@aol.com.

2. El primer libro de la serie de Harry Potter de J. K. Rowling es *Harry Potter y la piedra filosofal* (Scranton, PA: Scholastic, Inc., 1998). Los distintos tomos de la serie de Harry Potter ya se pueden comprar juntos, y quedan algunos más por venir. Esta obra literaria de J. K. Rowling ha demostrado ser un éxito sin precedente.

3. Mary Summer Rain, *Mountains, Meadows, and Moonbeams: A Child's Special Reader* (Charlottesville, VA: Hampton Roads, 1992). En la nota 3 del capítulo 7 se hace referencia a materiales sobre Lori Lite y sus libros infantiles. La serie *Freddie Brenner's Mystical Adventure,* de la Doctora en Ciencias Kathy Forti está conformada por los títulos *The Door to the Secret City, The Team Dream, An Everyday Miracle, The Great Tree House War, Looking for a Rainbow,* y *The Indian Haunting at Malibu Canyon.* Los recomiendo encarecidamente. Sólo pueden obtenerse a través de su sitio

web en www.FortiBooks.com; dirección electrónica: info@FortiBooks.com; o por teléfono (310) 709-7221.

4. Judith Orloff, M.D., *Second Sight* (New York: Time Warner Bookmark, 1996). Visite su sitio web en www.drjudithorloff.com. Henry Reed, Ph.D. y Brenda English, *The Intuitive Heart: How to Trust Your Intuition for Guidance and Healing* (Virginia Beach, VA: A.R.E. Press, 2000). Reed es experto en onirismo, mantiene un excelente sitio web y ofrece muy diversos servicios e ideas. Comuníquese con: Henry Reed, Ph.D., Flying Goat Ranch, 3777 Fox Creek Road, Mouth of Wilson, VA 24363; 1-800-398-1370 ó (540) 579-2883; www.creativespirit.net; dirección electrónica: STARBUCK@LS. net. Su sitio web también resultará entretenido para los niños. Sonia Choquette, *The Diary of a Psychic: Shattering the Myths* (Carlsbad, CA: Hay House, 2003). Para hacer indagaciones sobre su "Universidad Psíquica" en Internet, contáctela en la dirección electrónica emails@PsychicUniversity. com. Ver la nota 6 del capítulo 7 si desea información sobre los libros de Cynthia Sue Larson.

5. El campamento de la asociación A.R.E. (A.R.E. Camp) se ha mantenido en funcionamiento durante más de cuarenta años y actualmente tiene once ofertas distintas para niños, adolescentes, adultos y familias. Basado en las lecturas de Edgar Cayce, el campamento es excepcionalmente positivo, alegre y bien administrado. Contacte a: The Association for Research and Enlightenment (A.R.E.), 215 67th St., Virginia Beach, VA 23451-2061; www.edgarcayce.org/are_camp/index.html; teléfono general 1-800-333-4499, o para hacer preguntas sobre el campamento, llame al (276) 686-8493, dirección electrónica: arecamp@valink.com. El campamento Rowe Camp tiene una merecida reputación de excelencia y ofrece distintos programas según la edad de los chicos. Contacte a: Rowe Conference Center, Kings Highway Road, Box 273, Rowe, MA 01367; (413) 339-4216; fax (413) 339-5728; dirección electrónica: RoweCenter@aol.com. El campamento Enchanted Forest Intuitive Camp es más bien nuevo pero ha sido objeto de excelentes recomendaciones. Ofrece programas para niños de 2 a 19 años, para padres y de entrenamiento de mentores. Está dirigido por Nancy Baumgarten y se lleva a cabo en Enota Mountain Resort, Hiawassee, Georgia. El programa y los formularios de registro se encuentran en www.psykids.net. Para contactar a Nancy, llame al (828) 254-5880, escriba a la dirección electrónica nancy@celestial-dynamics. com, o envíe una carta a Profound Awareness Alliance, P.O. Box 16522, Asheville, NC 28816. Su consigna es "Armonía planetaria a través de la conciencia global, punto de encuentro de la ciencia y la espiritualidad".

6. "Smart Hearts", un programa para promover la seguridad de los niños y su conciencia de sí mismos, fue creado por la investigadora psíquica

criminalista Pam Coronado. Está disponible actualmente en cintas VHS. Su libro, *Kid Safe,* puede ser adquirido con el video a través de su sitio web www.pamcoronado.com/SmartHearts.html. Puede escribirle al correo electrónico iampam@earthlink.net o comunicarse con ella llamando al teléfono (805) 216-4115. El programa es tan valioso que debería utilizarse en todos los sistemas escolares.

CAPÍTULO NUEVE

1. El Reverendo Don Welsh es ministro de la Iglesia de la Ciencia Religiosa (Church of Religious Science) en Lancaster, California.
2. Tobin Hart, Ph.D., *The Secret Spiritual World of Children: The Breakthrough Discovery that Profoundly Alters Our Conventional View of Children's Mystical Experiences* (Makawao, HI: Inner Ocean Publishing, 2003). Hart y su esposa Mary Mance Hart fundaron el Instituto ChildSpirit, una organización no lucrativa dedicada al entendimiento y promoción de la espiritualidad de niños y adultos. A través del Instituto, realizan proyectos de enseñanza e investigación y patrocinan conferencias anuales. Contacte a: ChildSpirit Institute, 35 Camp Court, Carrollton, GA 30117; (770) 836-8584; www.childspirit.net.
3. Neale Donald Walsch, *Tomorrow's God: Our Greatest Spiritual Challenge* (New York: Atria Books, 2004).
4. Se ofrecen lecciones de cómo convertirse en mentor espiritual a través de Atlantic University, 215 67th Street, Virginia Beach, VA 23451-2061; 1-800-428-1512 o (757) 631-8101; fax (757) 631-8096; www.atlanticuniv.edu/mentor.
5. Simplemente escriba "iglesias emergentes" en la casilla de búsqueda de Google (www.google.com) y aparecerá una gran cantidad de resultados, desde artículos de prensa hasta los sitios web de las propias iglesias. Una importante fuente de información sobre las iglesias emergentes es www.christianitytoday.com.
6. Puede encontrar más información sobre el movimiento fundado por Russell Hobbs en un artículo escrito por Arian Campo-Flores, *Newsweek,* 19 de abril de 2004, pp. 56–57, publicado en la siguiente dirección de Internet: http://msnbc.msn.com/id/4710900/.
7. Dos sugerencias de lectura sobre este tema: Lauren Artress, *Walking a Sacred Path: Rediscovering the Labyrinth as a Spiritual Tool* (New York: Riverhead Books, 1995); y E. Barrie Kavasch, *The Medicine Wheel Garden: Creating Sacred Space for Healing, Celebration, and Tranquillity* (New York: Bantam, 2002). También puede hacer indagaciones a través de: Veriditas: The Worldwide Labyrinth Project, Grace Cathedral, 1100 California Street, San Francisco, CA 94108-2209; www.gracecathedral.org.

8. Ya se han publicado incontables libros sobre feng shui; y puede encontrar profesionales en su localidad. Se encuentran entre los mejores los de Sally Fretwell, en especial *Sally Fretwell's Make the Ordinary Extraordinary: Homes to Live In.* Para pedir un ejemplar, llame al teléfono (434) 970-1860; dirección electrónica: fengshui@pagesystems.com; en Internet: www. feng-shui-tips.net. También existen muchas fuentes de información sobre geometría sagrada, pero mi experto favorito en la materia es el Doctor en Ciencias Robert J. Gilbert. Junto a su esposa administra la institución Vesica, una escuela y centro de recursos dedicados a la geometría sagrada y sus múltiples componentes. Sus charlas y clases son sobresalientes. Contacte a: Vesica, Spirit and Science Resources, P.O. Box 27, Asheville, NC 28802; (828) 296-8324; dirección electrónica: info@vesica.org; www.vesica.org.

9. Dos de los nuevos seminarios que están surgiendo en distintas partes del mundo son OneSpirit Interfaith Seminary, 330 West 38th St., Suite 1500, New York, NY 10018; (212) 931-6840; www.onespiritinterfaith. org.; y The New Seminary, PMB 344, 2565 Broadway, New York, NY 10025-5657; (212) 222-3711; fax (212) 864-8355; dirección electrónica: info@newseminary.org; http://newseminary.org.

10. Deborah Koff-Chapin comenzó por publicar *Soul Cards* en 2000, seguido rápidamente por su libro *Drawing Out Your Soul.* Toda su obra ha sido publicada por The Center for Touch Drawing, Langley, Wash.; www. touchdrawing.com. Paul Ferrini publicó *Wisdom Cards* en 2002, junto con su libro *Everyday Wisdom.* Toda su obra ha sido publicada por Heartways Press, Greenfield, Mass.; www.paulferrini.com; 1-888-HARTWAY. Rowena Pattee Kryder creó *Vibrational Medicine Cards: A Sacred Geometry of the Self* in 2000. Ha escrito varios libros similares, incluidos *Sophia's Body: Seeing Primal Patterns in Nature* y *Source: Visionary Interpretations of Global Creation Myths.* Toda su obra ha sido publicada por Golden Point Productions, Crestone, Colo. P. M. H. Atwater descubrió las runas de las diosas antiguas y "la manera de leerlas" en 1978. Este grupo de runas que data de las sociedades matriarcales de la Vieja Europa, conocidas también como "runas familiares", fue utilizado por la autora como parte de una terapia después de haber tenido tres experiencias cercanas a la muerte en 1977. Descubrió que eran un medio eficaz para ayudar a desarrollar el funcionamiento de los dos hemisferios del cerebro y lograr una vida saludable. Escribió dos libros sobre el tema; el segundo de ellos, *Goddess Runes,* ha sido reeditado por A. Merklinger Publishing, una división del popular programa de radio "Mysteries of the Mind" (www.mysteriesofthemind.com; email amerklinger@usa.net). Consulte su sitio web donde encontrará enlaces a la nueva editorial. El folleto *Goddess Runes Instruction Booklet* y el CD

titulado *The Adventure Begins* pueden ser comprados directamente del sitio web de Atwater en www.cinemind.com/atwater o www.pmhatwater.com. Dirija sus preguntas a vuelta de correo a: P. M. H. Atwater, L.H.D., P.O. Box 7691, Charlottesville, VA 22906-7691.

11. Para mayor conocimiento sobre discernimiento espiritual, véase: Elizabeth Lesser, *The Seeker's Guide: Making Your Life a Spiritual Adventure* (New York: Random House, 2000).

12. Edie Jurmain, "Searching," *Science of Mind* November (2003): 58. Agradezco tanto a Edie como al editor de la revista por haberme autorizado a reimprimir este material extraordinariamente creativo.

CAPÍTULO DIEZ

1. En el artículo "Culture of lies is rubbing off on our children," Susan E. Tifft, profesora de periodismo y política pública en la Universidad de Duke, acuñó el término "cultura de Pinocho" para referirse a la peculiar tendencia estadounidense de convertir a los fracasados en celebridades. En su opinión, los jóvenes de hoy, si bien en gran medida son más conservadores que algunas generaciones anteriores, aceptan con pasmosa indiferencia la idea de manipular la verdad. Su comentario apareció publicado por primera vez en el periódico *Los Angeles Times*. Lo encontré en una reimpresión de 29 de junio de 2003, en el diario *The Daily Progress*, de Charlottesville, VA.

2. Ron Taffel, *Parenting by Heart* (Boulder, CO: Perseus, 1993).

3. Ver el artículo "Helping Depressed Kids" por Mary Carmichael, *Newsweek*, 5 de abril de 2004, 65–66.

4. Neil C. Warren, *Make Anger Your Ally: Harnessing Our Most Baffling Emotion* (Garden City, NY: Doubleday, 1983). Este libro tiene en la actualidad tanta validez como cuando fue escrito.

5. Frank DeMarco, *DreamHealer: His Name is Adam* (Charlottesville, VA: Hampton Roads, 2004).

6. Amy Z. Rowland, *Essential Reiki for Our Times* (Rochester, VT: Healing Arts Press, 1998). Ellen Louise Kahne es profesora, maestra de Reiki y especialista en trabajar con niños, a quienes enseña los fundamentos del sistema Reiki de sanación y cómo emplear esas técnicas diariamente de una manera saludable. Ha obtenido reesultados increíbles. Puede enviar cartas o llamar a Ellen Louise Kahne, en Reiki Peace Network, Inc., P.O. Box 754217, Forest Hills, NY 11375; 1-877-432-5638; dirección electrónica: HealNet@aol.com; www.ReikiPeaceNetwork.com.

CAPÍTULO ONCE

1. Daniel G. Amen, M.D., *Change Your Brain, Change Your Life* (New York: Three Rivers Press, 1998).
2. En un reportaje publicado en *USA Today* el 12 de noviembre de 2001, se afirma que el Ritalin puede producir cambios permanentes en el cerebro, basándose en las conclusiones del jefe de investigadores Joan Baizer de la Universidad de Buffalo. Véase además el artículo de Shankar Vedantam, "More Kids Receiving Psychiatric Drugs", que originalmente fue publicado en el periódico *The Washington Post* y posteriormente en *The Daily Progress*, el 14 de enero de 2003; y el artículo de Claudia Pinto "Illegal drugs help kids? Cannabis considered for ADHD" publicado el 11 de mayo de 2004 en *The Daily Progress*, Consulte en Internet el sitio de la International Coalition for Drug Awareness, www.drugawareness.org.
3. Atwater, *The New Children and Near-Death Experiences,* 94.
4. Actualmente existen numerosos libros sobre este tema. Comience con Neil Z. Miller, *Vaccines, Autism, and Childhood Disorders: Crucial Data that Could Save Your Child's Life* (Santa Fe, NM: New Atlantean Press, 2003).
5. Thom Hartmann, *The Edison Gene: ADHD and the Gift of the Hunter Child* (Rochester, VT: Park Street Press, 2003), 121.
6. Algunos libros excelentes sobre este tema: Doris Rapp, M.D., *Is This Your Child?* (New York: William Morrow, 1991); Michael Lyon, M.D., *Healing the Hyperactive Brain* (Calgary, Alberta: Focused Publishing, 2000); Michael Lyon, M.D. y G. Christine Laurell, Ph.D., *Is Your Child's Brain Starving?* (Coquitlam, B.C., Canada: Mind Publishing, Inc., 2002); William Shaw, Ph.D., *Biological Treatments for Autism and PDD* (Lenexa, KS: The Great Plains Laboratory, Inc., 2002).

Para contactar a la Red de Padres de Autistas por la Intervención Dietética (Autism Network for Dietary Intervention), visite www.autismndi.com. Para enterarse de lo más reciente sobre el tema del autismo, visite el sitio web www.theautismperspective.org.

Se puede encontrar nueva información sobre el espectro del autismo en http://williamstillman.com. Stillman ha escrito varios libros importantes sobre este tema y aún tiene otros libros en proceso. Puede contactarlo directamente en billstillman2@aol.com, o escribirle a la dirección postal P.O. Box 167, Hummelstown, PA 17036-0167; (717) 566-5538. Su más reciente investigación, "Autism and the God Connection: Divine Experiences of Exquisitely Sensitive Beings", será publicada en la primavera de 2006, por Sourcebooks, Chicago, IL. No deje de leer también Marcia Angell, *The Truth about Drug Companies: How They Deceive Us and What to Do About It*

(New York: Random House, 2004). Consulte su artículo del mismo título en www.nybooks.com/articles/17244.

7. "TV may weaken capacity to focus," Associated Press, Chicago, 5 de abril de 2004. Consultar además la revista en línea de pediatría en www.pediatrics. org.

La Asociación Estadounidense de Medicina (American Medical Association), la Academia Estadounidense de Pediatría (American Academy of Pediatrics), la Asociación Estadounidense de Psicología (American Psychological Association), y la Academia Estadounidense de Psiquiatría Infantil y Adolescente (American Academy of Child and Adolescent Psychiatry), emitieron conjuntamente en Washington, D.C. una declaración conjunta acerca del vínculo entre los medios de información y la violencia infantil. Esta declaración fue distribuida por los servicios cablegráficos el 26 de julio de 2000. Ver además *The Angry Child*, de Tim Murphy (New York: Crown Publishing, 2001). El Dr. Murphy hizo comentarios adicionales sobre el daño causado a los niños por la exposición excesiva a los medios de información en *USA Today*, de marzo de 2003. Consulte además los estudios y talleres de Joseph Chilton Pearce.

8. Marie Winn, *The Plug-In Drug* (New York: Penguin Books, 1977). Consulte además Keith Buzzell, M.D., *The Children of Cyclops: The Influence of Television Viewing on the Developing Human Brain*, disponible a través de la Association of Waldorf Schools of North America, 3911 Bannister Road, Fair Oaks, CA 95628.

9. Véase Atwater, *The New Children and Near-Death Experiences*, y el caso de Alice Morrison-Mays en las páginas 135–36. En este caso el estrés se debió a que la madre de Alice recibió la noticia de la muerte de su padre. En lugar de expresar su aflicción y liberar así el estrés, se lo reprimió hasta que nació su hijo.

10. Las mejores referencias sobre la obra de Barbara McClintock se encuentran en Internet. Recomiendo particularmente visitar los sitios www.cshl. org/public/mcclinock.html y www.wisc.edu/dysci/usex/brochures/ brochures/addproceedings98.pdf.

11. Hartmann, *The Edison Gene: ADHD and the Gift of the Hunter Child* (Rochester, VT: Park Street Press, 2003).

CAPÍTULO DOCE

1. Neil Howe y William Strauss, *Millennials Rising: The Next Great Generation* (New York: Vintage Books, 2000).

2. Christine Gorman, "The New Science of Dyslexia," *Time* 28 de julio de 2003, pp. 53–59.

3. Sharon Begley, "The IQ Puzzle," *Newsweek* 6 de mayo de 1996, pp. 70–72.

4. Dickens and Flynn, "Heritability Estimates Versus Large Environmental Effects," 346–69.

5. Soleira Green, "Quantum Intelligence, Beyond IQ, EQ and SQ . . . The Evolution of Intelligence," publicado en su sitio web. En su calidad de visionaria, se dedica activamente a organizar conferencias sobre cuestiones como el "alma corporal" y las "transformaciones globales". Viaja mucho debido a su trabajo, por lo que la mejor manera de contactarla sería a través de su dirección electrónica Soleira@SOULutions.co.uk, o de www.AlchemicalCoach.com o www.CorporateSOULutions.com. Agradezco a Soleira su generosidad al darme entera libertad para utilizar citas del artículo publicado en su sitio web.

6. Pearce, *Biology of Transcendence.*

7. Educational Kinesiology Foundation, 1575 Spinnaker Drive, Suite 204B, Ventura, CA 93001; 1-800-356-2109 ó (805) 658-7942; dirección electrónica: edukfd@earthlink.net; www.braingym.org.

8. Pegasus Group, P.O. Box 1455 Stn. Main, Winnipeg, MB, Canada R3C 2Z4; (204) 298-3584; dirección electrónica: pegasusgroup@shaw.ca. Carolynne Gladstone es su fundadora y Presidenta.

9. Martha Loving (Orgain), 3685 Dots Drive, Charlottesville, VA 22903; (434) 295-5706 ó (434) 996-5766; dirección electrónica: lovingcolor@aol.com; www.lovingcolor.org.

10. Helen Garabedian, *Itsy Bitsy Yoga: Poses to Help Your Baby Sleep Longer, Digest Better, and Grow Stronger* (New York: Fireside Books, 2004). Su sitio web es www.itsybitsyyoga.com.

11. Consulte Cleve Backster, *Primary Perception: Biocommunication with Plants, Living Foods, and Human Cells* (Anza, CA: White Rose Millennium, 2003).

12. Candace B. Pert, Ph.D., *Molecules of Emotion: Why You Feel the Way You Feel* (New York: Scribner, 1997).

13. Lynne McTaggart, *The Field: The Quest for the Secret Force of the Universe* (New York: Quill, 2003).

14. Los avances rusos en la investigación del ADN chatarra son numerosos y abarcan varios frentes. Hay que estar atento al nombre del Doctor en Ciencias Konstantin Korotkov, Profesor de Biofísica en San Petersburgo, Rusia. Su análisis científico de los campos de energía humana y su invención de la cámara de visualización por descarga de gas (más avanzada que el método fotográfico de Kirlian, una modalidad muy conocida de fotografiar campos de energía), son dignos de ser estudiados. Su sitio web es www.Korotkov.org. También puede consultar el Forum for Border Science en el sitio web

www.fosar-bludorf.com. Grazyna Fosar y Franz Bludorf relatan algunos descubrimientos recientes en materia de ADN en su libro, *Vernetzte Intelligenz* (ISBN 3930243237; sólo en alemán). Su sitio web es www.fosar-bludorf.com. Otra referencia es http://noosphere.princeton.edu/fristwall2.html.

15. Sara Lyara Estes es autora de *Operation Terra: Messages from the Hosts of Heaven, a New Revelation on Earthchanges, ETs, the End Times and the Journey to the New Earth, Terra* (1999–2002) y *Operation Terra: Messages from the Hosts of Heaven* (2001–2003). Oroville, WA: Celestial Cooperatives. Los dos libros books pueden comprarse en su sitio web, www.operationterra.com.

CAPÍTULO TRECE

1. Diane Ravitch, *The Language Police: How Pressure Groups Restrict What Children Learn* (New York: Knopf, 2003).
2. Thomas L. Friedman, "In Pakistan, it's Jihad 101," *The New York Times,* 13 de noviembre de 2001. Esta pieza fue publicada en muchos periódicos estadounidenses.
3. Lo invito a explorar las investigaciones y las ideas de la Doctora en Ciencias Daria M. Brezinski. En breve, publicará un libro que ahonda aún más en cómo se configuraron los sistemas de educación modernos y qué puede hacerse para hacerlos evolucionar y ponerlos en concordancia con las necesidades de nuestros niños. Información de contacto: Dr. Daria M. Brezinski, P.O. Box 3017, Charlottesville, VA 22903; 1-877-PRO-KIDS; dirección electrónica: dr.daria@earthlink.net.
4. Si desea más información, consulte el libro: *Frames of Mind: The Theory of Multiple Intelligences,* Howard Gardner (New York: Basic Books, 1983; edición revisada en 1993). Consulte también: *In Their Own Way: Discovering and Encouraging Your Child's Personal Learning Style,* Thomas Armstrong (New York: Tarcher/Putnam, 1987).
5. Jane Healy, Ph.D., *Endangered Minds* (Topeka, KS: Sagebrush Education Resources, 1999). Consulte además Clare Cherry, Douglas Godwin y Jesse Staples, *Is The Left Brain Always Right? A Guide to Whole Child Development* (Carthage, IL: Fearon, 1989).
6. Linda Kreger Silverman, Ph.D., *Upside-Down Brilliance: The Visual-Spatial Learner* (Denver, CO: Deleon Publishing, 2002).
7. La Doctora en Ciencias Benay Dara-Abrams, es Ejecutiva Principal y Presidenta de BrainJolt, una empresa de desarrollo que diseña y aplica programas de "aprendizaje multiinteligente en línea" destinados a ofrecer enseñanza a cualquier persona, en cualquier manera, lugar y momento. Ellos adaptan los contenidos a la persona de que se trate mediante las

metodologías de enseñanza que consideren más adecuadas al estilo de aprendizaje de esa persona, en cualquier lugar y momento. Puede contactarla en: BrainJolt, 961 Andover Way, Los Altos, CA 94024; (650) 964-6094; dirección electrónica: benay@brainjolt.com; www.brainjolt.com.

8. Bronwyn Fryer, "Meet Generation Net" *Newsweek,* primavera de 2000. En este número especial de *Newsweek* se destaca a todos los miembros de la familia Dara-Abrams. El efecto completo de lo que se trataba de mostrar no caló en mí hasta que conocí más adelante a Benay Dara-Abrams y tuve la oportunidad de conversar con ella. Ese número especial de la revista fue extraordinario. Lo que está sucediendo en el campo de las escuelas en Internet es impresionante. Véase el texto completo del artículo en www.dara-abrams.com/news/newsweek-score.html.

9. Para enterarse de más detalles sobre la obra de la Dra. Linda Kreger Silverman, contacte al Institute for the Study of Advanced Development, 1452 Marion Street, Denver, CO 80218; 1-888-443-8331 o (303) 837-8378; fax (303) 831-7465; www.gifteddevelopment.com.

10. Carla Hannaford, *Smart Moves: Why Learning Is Not All in Your Head* (Alexander, NC: Great River Books, 1995). Ver además el sitio web de Great River Books en www.greatriverbooks.com. Este editor independiente ha publicado algunos de los mejores libros y materiales disponibles sobre aproximaciones al desarrollo humano y al aprendizaje para todas las edades en cualquier contexto. Contáctelos directamente en 161 M Street, Salt Lake City, UT 84103-3877; (801) 532-4833; dirección electrónica: info@greatriverbooks.com.

11. El juego de ayuda para el sueño "My Little Angel Helps Me Go To Sleep," fue creado por la intuitiva médica Caroline Sutherland. Otros juegos son "My Little Angel Tells Me I'm Special," "My Little Angel Helps Me and My Family," "My Little Angel Helps Me in the Hospital," y "My Little Angel Loves Me". Información de contacto para hacer pedidos: Sutherland Communications, 816 Peace Portal Drive, Box 199, Blaine, WA 98230; 1-800-348-0404 ó 1-800-575-6185; fax (360) 332-4174; dirección electrónica: comments@carolinesutherland.com; www.angels4kids.com.

12. Para empezar, consulte Debra Keller, *Feng Shui: For the Classroom* (Kansas City, MO: Andrews McMeel Publishing, 2004).

13. Si desea más información sobre el Centro de Bienestar (Center for Well Being), llame al (631) 907-5555. Para enterarse de más detalles sobre la escuela Ross, vea su sitio web en www.rossinstitute.org.

14. Linda Redford, en su experiencia cercana a la muerte, recibió el mensaje de que ayudara a los hijos de Dios. Dedicó muchos años a desarrollar y probar las Enseñanzas Adawee, guiada por el instinto de sus antepasados

Cherokee. Su consagración y vocación espiritual se evidencian indudablemente en este eficiente aunque simple programa de enriquecimiento escolar. Si desea más información, comuníquese con la autora en Honor Kids International, 11672 Rochester Ave., Apt. 302, Los Angeles, CA 90025-2388; dirección electrónica: HonorKids7@aol.com; www.honorkids.com.

15. Las técnicas de "congelación de la imagen" fueron desarrolladas por los especialistas del Institute of HeartMath, a quienes puede contactar para recibirlas. Información de contacto: HeartMath, 14700 W. Park Avenue, Boulder Creek, CA 95006; (831) 338-8500; dirección electrónica: info@heartmath. org; www.heartmath.org.

16. La dirección de Internet de Edutopia Online es www.glef.org. A George Lucas le ha preocupado desde hace tiempo la escasez crítica de maestros que se prevé para la segunda década del siglo XXI. A través de su fundación para la enseñanza y de este sitio web, está tratando de crear una comunidad de maestros que puedan hacer frente a este desafío con ideas innovadoras.

17. Comience por contactar a la Association of Waldorf Schools for North America (AWSNA), 3911 Bannister Road, Fair Oaks, CA 95628; (916) 961-0927; dirección electrónica: awsna@awsna.org; www.awsna.org. Pregunte sobre las escuelas cercanas a su localidad. Las enseñanzas de Steiner abarcan toda la vida humana, de la cuna a la tumba, y constituyen la más amplia colección de obras de una sola persona. También podría interesarle conocer más sobre el Sunbridge College (www.sunbridge.edu), la Biodynamic Farming and Gardening Association (www.biodynamics.com), y la Anthroposophical Society in America (www.anthroposophy.org). Todas estas esferas están incluidas en las enseñanzas de Steiner.

18. La Dra. Maria Montessori se percató de que en una atmósfera de aceptación y confianza, de libertad dentro de ciertos límites, florece la vocación natural del niño por aprender. Todos los instructores de Montessori están bien instruidos en un plan de estudios holístico que comprende tanto modos verbales como no verbales de aprendizaje. Para indagar sobre escuelas cerca de su localidad, comience por The Montessori Group, 1240 Banana River Drive, Indian Harbour Beach, FL 32937; (321) 779-0031; fax (321) 777-9566; www.montessorischools.org.

19. La escuela Mead se basa en las enseñanzas e innovaciones de su fundadora, la Dra. Elaine de Beauport. Es un centro de enseñanza con precios un tanto elevados, y se encuentra en Stamford, Connecticut. Envíe sus indagaciones a 1095 Riverbank Road, Stamford, CT 06903; (203) 595-9500; fax (203) 595-0735; dirección electrónica: mschool@optionline.net; www.mead-school.org.

20. Contacte directamente a la organización principal: Greensboro Wonder & Wisdom School, Inc., P.O. Box 300, Greensboro, VT 05841. El objetivo de esta escuela, como organización no lucrativa, es inspirar la pasión por el aprendizaje a lo largo de toda la vida compartiendo la sabiduría de la comunidad y las maravillas de la vida mediante programas imaginativos para personas de todas las edades. Su Programa de enriquecimiento más allá de la escuela (Beyond School Enrichment Program) está concebido para niños de primer a cuarto grados, y de quinto a sexto. Trish Alley merece felicitaciones por su visión al crear este tesoro en una pequeña comunidad.

21. iEARN ha transcendido globalmente de forma casi increíble. Contáctelos y aprenda con ellos sobre la posibilidad de transformar el mundo a través de nuevas perspectivas de la educación y cómo participar en ello: iEARN, 475 Riverside Drive, Suite 540, New York, NY 10115; (212) 870-2693; fax (212) 870-2672; dirección electrónica: iearn@us.iearn.org; www.iearn.org.

22. No alcanzan las palabras para elogiar los programas educacionales de Schumacher y St. James, y me satisface que estén ampliando su alcance a otros países, con inclusión de varias zonas de los Estados Unidos. El contacto principal en Inglaterra es: Schumacher College, The Old Postern, Dartington, Totnes, Devon TQ9 6EA, U.K.; teléfono: (011) 44 1803-865934; fax: (0) 1803-866899; dirección electrónica: admin@schumachercollege.org.uk; www.schumachercollege.org.uk. En los Estados Unidos, contacte a St. James Schools, 12 East 79th Street, New York, NY 10021; (212) 744-7300; fax (212) 744-5876. Este sistema de instrucción sostiene que todas las materias han de guiar al alma humana hacia la libertad. En ese sentido, sus programas de estudios se basan en principios espirituales.

23. Si desea más información, comuníquese con: Union Institute & University, 440 East McMillan Street, Cincinnati, OH 45206-1925; 1-800-486-3116 or (513) 861-6400; fax (513) 861-3218; dirección electrónica: admissions@tui.edc; www.tui.edu.

24. Laura L. Sawyer recibió su doctorado en ciencias en Aprendizaje Transformacional en el Union Institute & University en 2004. Su disertación titulada "Fostering Transformative Learning, Development, and Spiritual Growth in Higher Education: A Case Study" se encuentra en los archivos de Union Institute & University (consulte la nota 23 de este capítulo).

25. Bobbie Sandoz, *Parachutes for Parents: 10 New Keys to Raising Children for a Better World* (New York: Select Books, 2004). Sandoz es altamente intuitiva, tiene muchas ideas "que rompen el molde" de la enseñanza tradicional y están bien asentadas en la experiencia real. En ocasiones patrocina conferencias educativas para maestros y profesores.

26. El Doctor en Ciencias Jeffrey Mishlove es conocido como anfitrión del programa de televisión *Thinking Allowed*. Su labor en el campo de la investigación de la conciencia ha sido plasmada en varios libros con gran éxito de ventas, con inclusión de Jeffrey Mishlove, Ph.D., *The Root of Consciousness: The Classic Encyclopedia of Consciousness Studies* (Tulsa, OK: Council Oak Distribution & Books, 1993). Su sitio web es www.Mishlove.com.

CAPÍTULO CATORCE

1. Murray Milner Jr., *Freaks, Geeks, and Cool Kids—American Teenagers, Schools and the Culture of Consumption* (New York: Routledge, 2004).
2. Howard Rheingold, *Smart Mobs: The Next Social Revolution* (Cambridge, Mass.: Perseus, 2002).
3. Susan Linn, *Consuming Kids: The Hostile Takeover of Childhood* (New York: The New Press, 2004).
4. Existen muchas fuentes para obtener una buena asesoría. Recomiendo en especial: Hugh y Gayle Prather, *Spiritual Parenting: A Guide to Understanding and Nurturing the Heart of Your Child* (New York: Harmony Books, 1996); Johanna van Zwet, *Parent's Toolbox for Spiritual Growth* (Virginia Beach, VA: A.R.E. Press, 2001). El sitio web de Joan Bramsch es www.Empowered-Parent.com. *The Empowered Parenting Journal* y casi todo lo demás que ella ofrece constituye una valiosa fuente para los padres que desean ayuda. Puede ver un ejemplar de su publicación en la dirección de Internet http://epjournalapril2004.blogspot.com. Empiece con esa fecha y explore a partir de ahí; el sitio se actualiza ocasionalmente.
5. Para obtener un folleto sobre los mejores escritos de Paula Underwood, escriba a: A Tribe of Two Press, P.O. Box 133, Bayfield, CO 81122; 1-800-995-3320; www.tribeoftwopress.com. He estado al tanto del trabajo de Paula Underwood por varias décadas y lo encuentro auténtico y extraordinario en todos los sentidos.
6. La terapia de reconocimiento moral es un tratamiento de conducta cognitiva aplicado en grupos de personas que presentan abuso de sustancias y personalidad antisocial (o sea, la mayor parte de la población penal). Dado que muchas personas nunca reciben educación moral en su niñez, crecen sin saber que existe un código moral que impide a la mayoría de los seres humanos llevar a la realidad pensamientos, sueños o fantasías negativas. Comience por los sitios web www.moral-reconation-therapy.com y www.ccimrt.com si desea más información acerca de este exitoso programa para centros penitenciarios.
7. Don Miguel Ruiz, *Los cuatro acuerdos* (San Rafael, CA: Amber Allen, 1997).

8. Resulta difícil pasar por alto este tipo de estadísticas en las noticias de actualidad, incluido el reportaje especial realizado por Katie Couric a principios de 2005 sobre sexo en la adolescencia, en la cadena televisiva NBC, y la profusión de artículos en revistas y periódicos de todo el país. He asistido a numerosas charlas y talleres sobre el tema. A continuación enumero algunos de los artículos que he recopilado:

"Unsweet Thirteen," entrevista de Michele Hatty a la actriz Evan Rachel Word, quien trabajó en una película sobre el lado oscuro de la adolescencia, en *USA Weekend,* 12–14 de septiembre de 2003.
"The Sex Lives of Kids," por los editores contribuyentes Dr. Drew Pinsky y Dennie Hughes, *USA Weekend,* 23–25 de agosto de 2002.
"Choosing Virginity," por Lorraine Ali y Julie Scelfo, *Newsweek,* 10 de mayo de 1999, 61–71.
"How Well Do You Know Your Kid?" por Barbara Kantrowitz y Pat Wingert, *Newsweek,* 10 de mayo de 1999, 36–48.
"This Could Be Your Kid," por Suzanne Smalley, *Newsweek,* 18 de agosto de 2003, 44–47.
"Vatican Disapproves of Gender Ambiguity," servicios cablegráficos de Associated Press, *The Daily Progress,* 1 de agosto de 2004.
"Beyond the Birds and Bees," por Karen Springen, *Newsweek,* 25 de abril de 2005.

Quisiera agradecer a Glenn Mingo y su servicio privado de noticias "Notes from a Hermit" y a mi hija Natalie DeGennaro, quienes me mantienen siempre al día sobre las noticias más recientes en los Estados Unidos.
9. Net Gen es ahora un programa de computación producido por Microsoft. Una versión popular es Threedegrees (de la misma empresa).

CAPÍTULO QUINCE

1. Paul H. Ray y Sherry Ruth Anderson, *The Cultural Creatives: How Fifty Million People are Changing the World* (New York: Harmony, 2000).
2. Mark Satin, *Radical Middle: The Politics We Need Now* (Boulder, CO: Westview Press, 2004).
3. Jee Kim, Mathilda de Dios, Pablo Caraballo et al., eds., *The Future 500: Youth Organizing and Activism in the U.S.* (New Orleans, LA: New Mouth from the Dirty South, 2002). William Upski Wimsatt es también uno de los tantos que han contribuido a este libro.
4. "Cómo construir una comunidad global" ("How to Build Global Community") es el título de una postal y un cartel creados por los activistas de Syracuse Cultural Workers, un grupo de jóvenes decididos a ayudar a hacer de este mundo un mundo mejor. Escríbales a la dirección P.O. Box 6367,

Syracuse, NY 13217, o visite su sitio web en www.syrculturalworkers.org. Les agradezco que me hayan autorizado a usar su material.

5. Walter Isaacson, *Benjamin Franklin: An American Life* (New York: Simon & Schuster, 2003).

6. El productor cinematográfico Stephen Simon ha creado un sitio web denominado Moving Messages Media (también conocido como Spiritual Cinema Circle), en el que reseña películas enaltecedoras, sobre temas místicos o espirituales. Teniendo en cuenta que muchos realizadores de películas están finalmente apostando por el cine espiritual, Simon ofrece lecciones a través de su sitio web sobre cómo interpretar tales películas y beneficiarse de sus mensajes. Además viaja a distintas ciudades, en las que hace presentaciones especiales y ayuda a las personas a redescubrir la sabiduría interior y el poder divino a través de la pantalla grande. Para enterarse de más detalles sobre este nuevo género y sobre los servicios que Simon ofrece, visite su sitio web en www.SpiritualCinemaCircle.com; 1-888-447-5494.

7. Riane Eisler, *The Power of Partnership: Seven Relationships that Will Change Your Life* (Novato, CA: New World Library, 2002).

8. Si desea enterarse de otras ideas, consulte *Natural Home Magazine*, Interweave Press, 201 E. Fourth Street, Loveland, CO 80537-5655; (970) 669-7672; dirección electrónica: webmaster@naturalhomemagazine.com; direcciones de Internet: www.interweave.com y www.naturalhomemagazine. com. Consulte además: International Institute for Bau-Biologie, 1401 A Cleveland Street, Clearwater, FL 33755; (727) 461-4371, fax (727) 441-4373; http://buildingbiology.net.

9. Si desea información acerca de profesionales del feng shui en su localidad, consulte los boletines de las tiendas de productos naturales o de vitaminas. Se han popularizado los libros de iniciativa propia, como: Angi Ma Wong, *Feng Shui: Do's & Taboos* (Williamstown, MA: Storey Books, 2000). Aunque existen muchos libros y fuentes de información sobre radiestesia, el mejor sitio para iniciarse sigue siendo la propia sede de la asociación de zahoríes o expertos en la materia: The American Society of Dowsers, P.O. Box 24, Danville, VT 05828; (802) 684-3417; fax (802) 684-2565; dirección electrónica: ASD@dowsers.org; www.dowsers.org. Es una organización de miembros, y tiene museo y librería.

10. Entre las fuentes más acertadas sobre permacultura y diseño ecológico se encuentra: The Permaculture Activist, P.O. Box 1209, Black Mountain, NC 28711. Publican un pequeño catálogo, excelente y gratuito. Si desea comunicarse con un experto en permacultura, escriba a: Lee Barnes, Ph.D., P.O. Box 1303, Waynesville, NC 28786-1303; (828) 452-5716; dirección electrónica: lbarnes@primeline.com (se especializar en la "biorregión" de

Katuah/Apalaches Meridionales). Si desea información sobre lecciones, semiarios y talleres, visite Earthaven Ecovillage. Información de contacto: Culture's Edge, 1025 Camp Elliott Road, Black Mountain, NC 28711; (828) 669-3937; dirección electrónica: culturesedge@earthaven.org. Estas personas pueden remitirlo a grupos especializados en permacultura en otras partes de los Estados Unidos o del mundo.

11. En muchas universidades se imparten actualmente cursos sobre agricultura de sistemas naturales u otros similares. Uno de ellos forma parte de un programa en la Universidad del Norte de Iowa. Un libro que examina los errores de las industrias agroquímicas y presenta alternativas viables a sus procedimientos es: Andrew Kimball, ed., *Fatal Harvest: The Tragedy of Industrial Agriculture* (Washington, D.C.: Island Press, 2002).

12. Si desea saber más sobre el Proyecto Edén, contacte a: The Visitor Centre, Bodelva, St. Austell, Cornwall PL24 2SG, United Kingdom; teléfono: (011) 44 1726-811911; fax: (011) 44 1726-811912; www.edenproject.com.

13. Los experimentos más satisfactorios de cocreación de jardinería con ángeles y hadas se hicieron en dos instalaciones, Findhorn y Perelandra. De estos dos lugares y de sus precursores ha surgido una enseñanza y una técnica que pueden aplicarse en cualquier lugar del planeta. Información de contacto: Fundación Findhorn, The Park, Findhorn Bay, Forres IV36 0TZ, Scotland; teléfono: (011) 44 1309-673655; www.findhorn.org; y Perelandra, P.O. Box 3603, Warrenton, VA 20188; 1-800-960-8806 y (540) 937-2153; fax (540) 937-3360; www.perelandra-ltd.com.

14. El laboratorio Orgone de Investigaciones Biofísicas continúa la obra de Wilhelm Reich sobre la ciencia de la energía vital. Información de contacto: Orgone Biophysical Research Laboratory, Greensprings Center, P.O. Box 1148, Ashland, OR 97520; (541) 552-0118; dirección electrónica: demeo@mind.net; www.orgonelab.org. La asociación estadounidense U.S. Psycho-tronics Association experimenta con dispositivos de energía y "dominio de la materia con la mente". Información de contacto: U.S. Psychotronics Association, P.O. Box 45, Elkhorn, WI 53121; (262) 742-4790; fax (262) 742-3670; dirección electrónica: uspa@elknet.net; www.psychotronics.org. Vesica Spirit & Sciences Resources se centra en la labor del Dr. Robert J. Gilbert y la ciencia de la geografía sagrada y la biogeometría. Ver la nota 8 del capítulo 9 si desea la información de contacto. El Dr. Gilbert ofrece una amplia y dinámica selección de lecciones y talleres que no se limitan a la geometría sagrada sino que tratan de temas del corazón y el alma de los misterios espirituales. La investigación de Paul Devereux sobre energías terrestres, senderos de hadas y rutas de espíritus profundiza y amplía sobre el tema (como en todos sus libros). Consulte: Paul Devereux,

Fairy Paths and Spirit Roads: Exploring Otherworldly Routes in the Old and New Worlds (New York: Sterling, 2003).

15. Viktor Schauberger, guardabosques austriaco de hace aproximadamente un siglo, tenía muchas ideas sobre el agua que eran desconocidas para la mayoría de las personas. Cuando descubrí su obra, quedé muy sorprendida de cuán avanzados eran sus conceptos y cuán pertinentes para el futuro de la vida en la Tierra. Recomiendo este pequeño libro como introducción a su obra: Olof Alexandersson, *Living Water: Viktor Schauberger and the Secrets of Natural Energy* (Lower Lake, CA: The Great Tradition, 1990). El libro fue publicado en sueco en 1976.

16. Masaru Emoto, *The Message from Water* (Tokyo: Hado Publishing, 1999). El libro se puede conseguir en inglés en los Estados Unidos.

17. Este joven inteligente es Andre Hilliard y su sitio web es www.black-sheepnews.com.

18. El científico Paul Stamets es uno de los líderes en el trabajo con las cepas de hongos silvestres. Forma parte de una red de investigadores innovadores, inventores y pensadores que estudian la complicada obra de la naturaleza para encontrar en ella modelos novedosos y eficaces que permitan solucionar problemas ambientales, sociales y económicos. Si desea más información sobre estos "bioneros", comuníquese con: Bioneers, c/o Collective Heritage Institute, 901 West San Mateo Road, Suite L, Santa Fe, NM 87505; 1-877-246-6337; www.bioneers.org.

19. Algunas de las fuentes que puedo recomendar en Internet son: www.enviromission.com.au (información sobre la retención de gases de efecto invernadero) y www.seaspower.com (información sobre cómo aprovechar la energía del vacío cósmico). Si desea más información sobre la fusión en frío, consulte este informe de la fuerza naval estadounidense: "Technical Report 1862, febrero de 2002. Thermal and Nuclear Aspects of the Pd/D20 System," escrito por el Dr. Frank E. Gordon. Un gigante en el campo de las formas alternativas de energía fue el difunto Dr. Eugene F. Mallove. Uno de sus libros, nominado a los premios Pulitzer, se refería a la fusión en frío: *Fire from Ice: Searching for the Truth Behind the Cold Fusion Furor* (Concord, NH: Infinite Energy Press, 1991). Si desea más información sobre el hidrógeno como fuente de energía, consulte Jeremy Rifkin, *The Hydrogen Economy: The Creation of the Worldwide Energy Web and the Redistribution of Power on Earth* (New York: Tarcher/Penguin, 2002). Si desea más información sobre tecnologías de energía alternativa, visite http://whitetiger511.tripod.com. Es el sitio web de White Tiger Organic Farm and Techno Eco Village (TEV), la persona a quien debe contactar es Greg O'Neill, Spokane, WA. Consulte además *Infinite*

Energy magazine (para obtener información sobre la nueva energía y la nueva ciencia): New Energy Foundation, Inc., P.O. Box 2816, Concord, NH 03302-2816; (603) 228-4516; fax (603) 224-5975. Otra excelente fuente de información muy actualizada sobre actividades en distintos frentes es: Institute for Frontier Science, 6114 LaSalle Avenue, PMB 605, Oakland, CA 94611; (510) 531-5767; fax (510) 531-7224; dirección electrónica: brubik@earthlink.net; www.concentric.net/~explore. La dirección del Instituto está a cargo de la Doctora en Ciencias Beverly Rubik. Responden gustosamente a indagaciones.

20. Algunos excelentes sitios web de personas y grupos que aúnan sus esfuerzos para marcar la diferencia:

> www.payitforwardfoundation.org
> www.WantToKnow.info/resources#community
> www.Kidscare.org
> www.treemusketeers.org
> www.gregoryrsmith.com
> www.callforpeace.org
> www.planusa.org/index.php

Además, si le interesa un libro sobre un joven que está prestando una gran ayuda a las personas necesitadas, lea Craig Kielburger y Kevin Major, *Free the Children: A Young Man Fights Child Labor and Proves that Children Can Change the World* (Glenville, NY: Perennial, 1999).

21. Algunos sitios web relacionados con esta filosofía de los seres humanos como ciudadanos del planeta: http://allianceforthenewhumanity.org; www. sfcg.org (Search for Common Ground); www.globalexchange.org; www. newdimensions.org; http://worldwatch.org; www.globalissues.org; www. ips-dc.org (Institute for Policy Studies); y www.centresa.ch (Center for Social Architecture). Una organización de la que valdría la pena hacerse miembro es Global Heart Foundation, 3251 West 6th Street, P. O. Box 75127, Los Angeles, CA 90075; (213) 388-2181; fax (213) 388-1926; dirección electrónica: touching@globalheartfdn.org. Una organización que ofrece diversas lecciones y talleres de orientación espiritual: The Center for Visionary Leadership. East Coast: P.O. Box 2241, Arlington, VA 22202; (202) 237-2800; West Coast: 369 3rd Street, #563, San Rafael, CA 94901; (415) 472-2540. Comparten su dirección electrónica (cvldc@visionarylead. org) y su sitio web (www.visionarylead.org). Publican una revista electrónica titulada *Soul Light*. Dos revistas de calidad y contenido superior: *Utne* (llame al 1-800-736-UTNE, o envíe una carta a Utne Subscriber Service, Box 7460, Red Oak, IA 51591-0460; www.utne.com) y *Ode*, con sede en los Países Bajos (Ode International, 101 West 23rd Street, PMB 2245,

New York, NY, 10011-2490; www.odemagazine.com. Dos libros relacionados con este tema: Howard Gardner, Mihaly Csikszentmihaly, y William Damon, *Good Work: Where Excellence and Ethics Meet* (New York: Basic Books, 2002) y Thom Hartmann, *The Prophet's Way: Touching the Power of Life* (New York: Three Rivers Press, 2001).

CAPÍTULO DIECISÉIS

1. *The Challenge of September 11, A Memorial* puede bajarse gratuitamente del sitio web de P. M. H. Atwater en www.cinemind.com/atwater o www.pmhatwater.com. Si desea materiales más detallados sobre temas del alma, la voluntad y los ciclos del alma, y mucho más, consulte los libros de Atwater *Future Memory* (Charlottesville, VA: Hampton Roads Publishing, 1999) y *We Live Forever: The Real Truth about Death* (Virginia Beach, VA: A.R.E. Press, 2004).

2. Estudio y analizo muy diversos informes para mantenerme actualizada sobre este tipo de información. Entre otras fuentes, he recurrido al Observatorio Solar Nacional en Nuevo México, U.S. Geological Survey, British Geological Survey, World Transformations en www.worldtrans.org, Volcanoes.com (sitio mantenido por la Universidad de Dakota del Norte), Environmental News Network en www.enn.com/news, el servicio "Earth Alert" del Discovery Channel en www.discovery.com/news/earthalert/earthalert.html, el Centro de Control de Enfermedades en www.cdc.gov/od/oc/media/news.htm y el enlace Envirolink en www.envirolink.org.

3. "Satellites in low-Earth orbit over southern Africa are already showing signs of radiation damage" de Bonny Schoonakker, publicado en el periódico sudafricano *Sunday Times*, que se puede consultar en la siguiente dirección de Internet: www.sundaytimes.co.za/2004/07/18/news/news14.asp.

4. De un mensaje electrónico personal del Dr. Yensen a la autora, de fecha 29 de abril de 2004, en el que reafirma la anterior lista de cambios planetarios y aclara la situación actual de la gran banda transportadora en el Atlántico.

5. Puede obtener en Internet una copia del resumen operativo del informe del Pentágono sobre los cambios climáticos. El informe, de Peter Schwartz y Doug Randall, se titula "An Abrupt Climate Change Scenario and Its Implications for United States National Security". Visite www.ems.org/climate/pentagon_ climate_change.html#report.

6. Si desea más información acerca de HAARP, consulte este libro: Nick Begich y Jeane Manning, *Angels Don't Play This HAARP—Advances in Tesla Technology* (Eagle River, AR: Earthpulse Press, 1995).

7. Además de mis anteriores fuentes de información sobre los cambios en el medio ambiente, he pedido a científicos rusos que me den información más

clara y actualizada en materia de descubrimientos sobre el Universo. La institución más dispuesta a facilitar estos informes es el Instituto Laboratorio Vernadski de Planetología Comparada en Moscú, y su científico más dispuesto a compartir información es el Dr. E. V. Dmitriev. Entre sus estudios se cuenta "Cuando Marte era similar a Júpiter". El Instituto Vernadski y la Universidad Brown en Providence, Rhode Island, participan regularmente en los simposios del grupo de ciencias geográficas de la Universidad Brown. En el 49° simposio, celebrado del 11 al 13 de octubre de 2004, en Moscú, Dmitriev presentó la ponencia "Nuevos objetivos en las investigaciones de Marte en lo que respecta a la Cosmogonía, la Planetología y la verificación de las hipótesis de Giordano Bruno sobre el gran número de mundos habitados". Si desea consultar este documento visite el sitio web www.geokhiru/~planetology/program. El sitio web de Brown de donde se extrajo este material es www.planetary.brown.edu. Las conclusiones que presento en esta sección son de los estudios de Dmitriev y de sus colegas. Si desea comunicarse directamente con Dmitriev, puede hacerlo a través de la dirección electrónica deva1001@mtu-net.ru.

8. Simon Winchester, *Krakatoa: The Day the World Exploded, August 27, 1883* (New York: HarperCollins, 2003).

9. Daniel Pink, *A Whole New Mind: Moving from the Information Age to the Conceptual Age* (New York: Riverhead Books, 2005).

10. Strauss y Howe, *Generations* (véase la nota 1 del capítulo 5).

CAPÍTULO DIECISIETE

1. Sir Isaac Newton, *Observations Upon the Prophecies of Daniel, and the Apocalypse of St. John* (Cave Junction, OR: Oregon Institute of Science and Medicine, 1991). Publicado por primera vez en 1733.

2. P.M.H. Atwater, L.H.D., *Future Memory* (Charlottesville, VA: Hampton Roads, 1999). Examino detalladamente la "fase intermedia".

3. Un libro excelente sobre este tema: Ervin Laszlo, Ph.D., *Science and the Akashic Field: An Integral Theory of Everything* (Rochester, VT: Inner Traditions, 2004).

4. "Death of Famous Mystic Raises Questions about Prophecies Pertaining to the Year 2004", artículo de Michael H. Brown que se puede encontrar en www.spiritdaily.org. La cita que utilizo aquí fue enviada por un amigo que quedó muy conmovido por ese pasaje en particular. Para conocer más detalles sobre María Esperanza de Bianchini y su don profético, lea el libro *The Bridge to Heaven: Interviews with Maria Esperanza of Betania*, por Michael H. Brown (Lima, PA: Marin Communications, 1994).

5. "Photons: Coming Even Faster to a Computer Near You" de Patricia King, *Newsweek*, 20 de abril de 1998, 13.

6. Científicos israelíes crearon una computadora de ADN. Si bien la computadora puede ejecutar 330 billones de operaciones por segundo, lo que supera en más de 100.000 veces la velocidad de la computadora personal más rápida, aún sólo puede ejecutar tareas rudimentarias. La investigación sigue en curso. Si desea más información, consulte el sitio web de noticias de *National Geographic* en news.nationalgeographic.com.

7. La Doctora en Ciencias Clarissa Pinkola Estes es conocida por su exitoso libro titulado *Women Who Run with the Wolves: Myths and Stories of the Wild Woman Archetype* (New York: Ballantine Books, 1992). Este libro resultó ser un cambio paradigmático porque alentaba a las mujeres a aceptar plenamente todos los aspectos de su propio ser, incluido su carácter natural y libre, fuerte e independiente.

8. Swami Sri Yukteswar, *The Holy Science* (Los Angeles: Self-Realization Fellowship, 1990). Quisiera dar las gracias a los editores por haber accedido a revisar el cuadro que diseñé basado en la extensa obra de Yukteswar y por haberme dado autorización para publicarla.

9. Richard Milton, *The Facts of Life: Shattering the Myths of Darwinism* (Rochester, VT: Park Street Press, 1997).

10. Del artículo "Hopi Prophecy Fulfilled" que me envió el 19 de marzo de 2004 el Sr. Glenn Mingo, del servicio privado de noticias "Notes from a Hermit". No se menciona el nombre del autor, pero el artículo presenta un enlace a este sitio web: www.wolflodge.org/bluestar/bluestar.

11. Jeremy Rifkin, *The Biotech Century: Harnessing the Gene and Remaking the World* (New York: Tarcher/Putnam, 1999).

12. Dr. Robert Ghost Wolf, *Last Cry: Native American Prophecies & Tales of the End Times* (Victoria, British Columbia: Trafford Publishing, 2003).

13. J. R. R. Tolkien, *El Señor de los Anillos* (London: George Allen and Unwin Ltd., 1954, 1955). La trilogía fue publicada por partes en un período de dos años. El editor estadounidense es Houghton Mifflin Company, de Boston; Se han publicado diversas ediciones desde mediados de los años 60. Es un clásico de la literatura. *El Hobbit* fue publicado por primera vez en 1937. *El Silmarillion* fue publicado en 1977 por George Allen y Unwin Ltd; se encuentra actualmente disponible a través de Houghton Mifflin.

14. Humphrey Carpenter, *The Letters of J. R. R. Tolkien* (Boston: Houghton Mifflin Company, 1981).

CAPÍTULO DIECIOCHO

1. Don Miguel Ruiz, *La voz del conocimiento: Una guía práctica para la paz interior* (San Rafael, CA: Amber Allen Publishing, 2004). Éste es su libro más reciente; ver además la nota 7 del capítulo 14.

2. La canción "The Children", de Chris Van Cleave pronto estará en uno de sus CD. Puede adquirir su música a través de www.vancleavemusic.com, o enviando un mensaje electrónico a seebeyond@mindspring.com. Es posible contactarlo a través de su agente, Carolyn Amundson, Amundson Initiatives, 1045 Selma Blvd., Staunton, VA 24401; (540) 885-7439; dirección electrónica: initiatives@mindspring.com.

3. Muchos psíquicos indican en sus sitios web los "síntomas del ascenso". Entre los más provechosos, sugiero explorar los materiales de Karen Bishop. Puede bajar copias electrónicas de éstos en el sitio web http://whatsuponplanetearth.com/index.html.

4. "El centro de mensajes" fue desarrollado por Janet Gaddie Grimm y Patricia K. Manthey como meditación guiada para niños. Su propósito es promover las acciones y expresiones de compasión y solidaridad en los niños. Agradezco a las dos que me hayan autorizado a usar su material.

Sitio web de la autora

www.pmhatwater.com

La sección de "Notas" que figura en las páginas 235 a 263 de este libro incluye información ampliada y numerosos recursos que podrían ser de interés para los lectores. Sin embargo, no fue posible incluir en esas páginas todo lo que podría ser útil. Por eso he añadido una sección especial en mi sitio web (que es uno de los más exhaustivos sobre las experiencias cercanas a la muerte). Incluye información actualizada sobre los temas tratados en este libro: ideas adicionales, sugerencias, libros y sitios web. Busque el enlace "Beyond the Indigo Children Extras" para entrar en esa página.

Otros recursos recomendados en el sitio web para las personas que han tenido experiencias cercanas a la muerte también se aplican a los nuevos niños. Van desde los tipos de terapias que realmente funcionan hasta los hospitales que son sensibles a las necesidades de estas personas. También podrán ver en el sitio web mi calendario de actividades, libros electrónicos, servicios, charlas y talleres.

No dejen de visitar también el Mercado (Marketplace) del sitio web. Está lleno de personas, servicios, productos e ideas, todos orientados a las personas que prefieren formas holísticas de vivir. El Mercado se ofrece como servicio público.

Encontrará muchas sorpresas en el sitio web; disfrútelas.

Otras recomendaciones de lectura

La vida no se mide por el número de veces que recuperamos el aliento, sino por los momentos que nos dejan sin él.

GEORGE CARLIN

Los libros que figuran en la siguiente lista tienen por objeto servir de complemento a los mencionados en el presente volumen y en las notas que lo acompañan. La mayoría de los libros enumerados no han sido traducidos al español, pero no deje de dar un vistazo a la sección de notas: contiene verdaderos tesoros.

LECTURAS INFANTILES

The Birth Called Death, Kathie Jordan (Ashland, OR: RiverWood Books, 2003).

Children of Light, Jan Royce Conant (Dryden, NY: Ithaca Press, 2005). Available online at Books@IthacaPress.com. Or www.JanRoyceConant.com.

The Children of Vision-Peace, Arupa Tesolin (An Intuita.com Publication, available through www.intuita.com)

The Children's Illustrated Encyclopedia of Heaven, Anita Ganeri (Boston: Element Books, 1999).

Dream House, Fu-Ding Cheng (Charlottesville, VA: Hampton Roads, 2000).

The Element Illustrated Encyclopedia of Mind, Body, Spirit & Earth: A Unique Exploration of Our Place in the Universe, Joanna Crosse (Rockport, MA: Element Books, 1998).

Herman's Magical Universe, Becky McCarley (Charlottesville, VA: Hampton Roads, 1999).

The Kids' Book about Death and Dying, Eric E. Rofes and The Unit at Fayerweather Street School (Boston: Little Brown, 1985).

Little World, Mary Duty (Xlibris Corporation). Contact: Orders@Xlibris.com.

The Magic Seed, Sharon Price (Del Mar, CA: PowerPartners USA Inc., 2002).

Penny Bear's Gift of Love, Penny Wigglesworth (Marblehead, MA: Penny Bear Publishing, 2003). Check with www.pennybear.org.

Sonny's Dream, Noriko Senshu (Charlottesville, VA: Hampton Roads, 2001).

A Spirited Alphabet, Morgan Simone Daleo and Frank Riccio (Charlottesville, VA: Hampton Roads, 1999).

The Sunbeam and the Wave, Harriet Elizabeth Hamilton (Unity Village, MO: Unity Books, 2000). A Wee Wisdom book.

A Walk in the Rain with a Brain, Edward M. Hallowell, M.D., and Bill Mayer (Scranton, PA: Regan Books, 2004).

What's Happening to Grandpa? Maria Shriver (New York: Little, Brown, 2004).

What's Wrong with Timmy? Maria Shriver (New York: Little, Brown, 2001).

LECTURAS PARA ADOLESCENTES

Conversations with God for Teens, Neale Donald Walsch (Charlottesville, VA: Hampton Roads, 2001).

The Energy of Money, Maria Nemeth, Ph.D. (New York: Wellspring/Ballantine, 2000). For all ages, but especially teens.

Fire in the Heart: A Spiritual Guide for Teens, Deepak Chopra, M.D. (New York: Simon & Schuster, 2004).

The Laws of Money, the Lessons of Life, Suze Orman (New York: Free Press, 2003). The new kids are into money and business, big time.

Natural Capitalism: Creating the Next Industrial Revolution, Paul Hawken, Amory Lovins, and L. Hunter Lovins (New York: Little, Brown, 1999).

Planetary Citizenship: Your Values, Beliefs and Actions Can Shape a Sustainable World, Hazel Henderson and Daisaku Ikeda (Santa Monica, CA: Middleway Press, 2004).

The Primal Teen: What the New Discoveries about the Teenage Brain Tell Us About Our Kids, Barbara Strauch (New York: Doubleday, 2003).

Teen Psychic: Exploring Your Intuitive Spiritual Powers, Julie Tallard Johnson (Rochester, VT: Bindu Books, 2003).

There is Nothing Wrong with You—For Teens, Cheri Huber (Mountain View, CA: Keep-It-Simple, 2001).

The Thundering Years: Rituals and Sacred Wisdom for Teens, Julie Tallard Johnson (Rochester, VT: Bindu Books, 2001).

OTROS MATERIALES PARA PADRES Y MAESTROS

Clark Smart Kids, Clark Smart Parents, Clark Howard (New York: Hyperion, 2005).

The Family Virtues Guide: Simple Ways to Bring Out the Best in Our Children and Ourselves, Linda Kavelin Popov (New York: Plume Books, 1997).

From Magical Child to Magical Teen: A Guide to Adolescent Development, Joseph Chilton Pearce (Rochester, VT: Park Street Press, 1985). Reissued, 2003.

The Gift of Fear, Gavin DeBecker (New York: Dell, 1998).

Guiding the Gifted Child: A Practical Source for Parents and Teachers, James T. Webb, Ph.D., Elizabeth A. Meckstroth, M.S.W., and Stephanie S. Tolan, M.A. (Scottsdale, AZ: Gifted Psychology Press, 1994).

Mind Power for Children: The Guide for Parents and Teachers, John Kehoe and Nancy Fischer (Vancouver, British Columbia: Zoetic, Inc., 2002).

Parenting the Enlightened Child, Alyce Bartholomew Soden (Chapel Hill, NC: Professional Press, 1997).

Parenting Well in a Media Age: Keeping Our Kids Human, Gloria DeGaetano (Torrance, CA: Personhood Press, 2004).

A Practical Guide for Crisis Response in Our Schools, Mark D. Lerner, Ph.D., Joseph S. Volpe, Ph.D., and Brad Lindell, Ph.D. (Commack, NY: American Academy of Experts in Traumatic Stress, 2004).

The Soul of Education, Rachael Kessler (Alexandria, VA: Association for Supervision and Curriculum Development, 2000).

EL MUNDO DE LA INTUICIÓN Y LA ESPIRITUALIDAD

Abraham: A Journey to the Heart of Three Faiths, Bruce Feiler (New York: Perennial, 2004).

Animals as Guides for the Soul, Susan Chernak McElroy (New York: Ballantine/Wellspring, 1998).

Animal Speak: The Spiritual and Magical Powers of Creatures Great and Small, Ted Andrews (St. Paul, MN: Llewellyn, 1997).

The Art of Forgiveness, Lovingkindness, and Peace, Jack Kornfield (New York: Bantam, 2002).

Awakening Intuition: Using Your Mind-Body Network for Insight and Healing, Mona Lisa Schulz, M.D., Ph.D. (New York: Three Rivers Press, 1999).

The Beethoven Factor: The New Positive Psychology of Hardiness, Happiness, Healing and Hope, Paul Pearsall, Ph.D. (Charlottesville, VA: Hampton Roads, 2003).

Behaving as if the God in All Life Mattered, Machaelle Small Wright (Warrenton, VA: Perelandra Ltd., 1997).

The Best Guide to Meditation, Victor N. Davich (New York: St. Martin's Press, 1998).

Children of the Earth . . . Remember, Schim Schimmel (Minnetonka, MN: North Wood Press, 1997).

Dear Children of the Earth: A Letter from Home, Schim Schimmel (Minnetonka, MN: North Wood Press, 1994).

Healing the Hurts of Nation—The Human Side of Globalization, Palden Jenkin (Glastonbury, United Kingdom: Gothic Image Publications, 2003). Also available in the United States.

Dogs That Know When Their Owners Are Coming Home, Rupert Sheldrake (New York: Crown, 1999).

Enchantment of the Faerie Realm, Ted Andrews (St. Paul, MN: Llewellyn, 1993).

Excuse Me, Your Life is Waiting—The Power of Feelings, Lynn Grabhorn (Charlottesville, VA: Hampton Roads, 2000).

How Psychic Are You? 76 Techniques to Boost Your Innate Power, Julie Soskin (New York: Penguin Books, 2002).

The Mind of the Soul, Gary Zukav (New York: Free Press, 2004).

Lake of Memory Rising: Return of the Five Ancient Truths at the Heart of Religion, William Fix (San Francisco: Council Oak Books, 2000).

The Last Ghost Dance: A Guide for Earth Mages, Brooke Medicine Eagle (New York: Wellspring/Ballantine, 2000).

The Magic Formula, Michael J. Roads (Cleveland, OH: Silver Roads, 2003).

Messiah's Handbook, Richard Bach (Charlottesville, VA: Hampton Roads, 2004).

Natural Born Intuition: How to Awaken and Develop Your Inner Wisdom, Lauren Thibodeau, Ph.D. (Kansas City, MO: New Page Books, 2004).

A New Christianity for a New World: Why Traditional Faith is Dying and How a New Faith is Being Born, Bishop John Shelby Spong (San Francisco: HarperSanFrancisco, 2002).

One River, Many Wells, Matthew Fox (Los Angeles: Jeremy P. Tarcher, 2004).

Opening the Inner Eye, William H. Kautz (Lincoln, NB: Writers Club Press [iUniverse.com], 2003).

The Power of Intention: Learning to Co-Create Your World Your Way, Wayne W. Dyer, Ph.D. (Carlsbad, CA: Hay House, 2004).

The Power of Now: A Guide to Spiritual Enlightenment, Echart Tolle (Los Altos, CA: New World, 1999).

Practical Intuition: How to Harness the Power of Your Instinct and Make It Work for You, Laura Day (New York: Broadway Books, 1996).

Practical Psychic Self-Defense: Understanding and Surviving Unseen Influences, Robert Bruce (Charlottesville, VA: Hampton Roads, 2002).

Prayers: A Communion with Our Creator, Don Miguel Ruiz (San Rafael, CA: Amber Allen, 2001).

Prayers to an Evolutionary God, William Cleary and Diarmuid O'Murchu (Woodstock, VT: Skylight Paths, 2004).

The Quantum Self, Dana Zohar (New York: HarperCollins, 1991).

The Quantum Society, Dana Zohar (New York: William Morrow, 1994).

The Second Coming of Christ: The Resurrection of the Christ Within You, Paramahansa Yogananda (Los Angeles: Self-Realization Fellowship, 2004).

The Sense of Being Stared At: And Other Unexplained Powers of the Human Mind, Rupert Sheldrake (New York: Three Rivers Press, 2004).

The Sixth Sense of Children, Litany Burns (New York: New American Library, 2002).

The Soul's Religion, Thomas Moore (New York: Perennial, 2001).

Stories and Poems for Extremely Intelligent Children of All Ages, Harold Bloom, ed. (New York: Scribner, 2002).

Talking with the Animals, Patty Summers (Charlottesville, VA: Hampton Roads, 1998).

Teaching Children to Love: 80 Games & Fun Activities for Raising Balanced Children in Unbalanced Times, Doc Lew Childre (Boulder Creek, CA: Planetary Publications, 1996).

Thinking from the Infinite, Carell Zaehn (Marina del Rey, CA: DeVorss, 2004).

Thinking with Your Soul: Spiritual Intelligence and Why It Matters, Richard N. Wolman, Ph.D. (New York: Harmony, 2001).

The Third Appearance: A Crisis of Perception, Walter Starcke (Boerne, TX: Guadalupe Press, 2004).

Totems: The Transformative Power of Your Personal Animal Totem, Brad Steiger (San Francisco: HarperSanFrancisco, 1997).

Venture Inward: A Guide to the Doorways to Inner Exploration, Hugh Lynn Cayce (Virginia Beach, VA: A.R.E. Press, 1995).

The Wise Child: A Spiritual Guide to Nurturing Your Child's Intuition, Sonia Choquette, Ph.D. (New York: Three Rivers Press, 1999).

The World Café: Shaping Our Futures Through Conversations That Matter, Juanita Brown and David Isaacs (San Francisco: Berrett-Koehler, 2005).

VIDAS ANTERIORES, REENCARNACIÓN Y ESPECTROS

The Afterlife Experiments: Breakthrough Scientific Evidence of Life After Death, Gary E. Schwartz, Ph.D. (New York: Pocket Books, 2002).

Babies Remember Birth, David Chamberlain, Ph.D. (Los Angeles: Jeremy Tarcher, 1988).

Children's Past Lives: How Past Life Memories Affect Your Child, Carol Bowman (New York: Bantam, 1997).

Cosmic Cradle: Souls Waiting in the Wings for Birth, Elizabeth M. Carman, Ph.D., and Neil J. Carman, Ph.D. (Fairfield, IA: Sunstar Publishing Ltd., 1999).

Old Souls: The Scientific Evidence for Past Lives, Tom Shroder (New York: Simon & Schuster, 1999).

Relax, It's Only a Ghost: My Adventures with Spirits, Hauntings and Things That Go Bump in the Night, Echo Bodine (Boston: Element Books, 2000).

Remembering Your Life Before Birth, Michael Gabriel, M.A., and Marie Gabriel (Fairfield, CT: Aslan Publishing, 1995).

Return from Heaven, Carol Bowman (New York: HarperCollins, 2001).

Return of the Revolutionaries: The Case for Reincarnation and Soul Groups Reunited, Walter Semkiw, M.D. (Charlottesville, VA: Hampton Roads, 2003).

Many Mansions: The Edgar Cayce Story of Reincarnation, Gina Cerminara (New York: Signet Books, 1990).

LOS CHAKRAS, LA SALUD Y LA SANACIÓN

Chakra Therapy: For Personal Growth and Healing, Keith Sherwood (St. Paul, MN: Llewellyn, 1988). Reissued.

Eastern Body, Western Mind: Psychology and the Chakra System, Anodea Judith, Ph.D. (Berkeley, CA: Celestial Arts, 2004).

Energy Medicine, Donna Eden (New York: Putnam, 1999).

Essential Musical Intelligence: Using Music as Your Path to Healing, Creativity, and Radiant Wholeness, Louise Montello (Wheaton, IL: Quest Books, 2002).

The Healing Energies of Water, Charlie Ryrie (Boston: Tuttle Publishing, 1999).

The Healing Power of Light, Primrose Cooper (York Beach, ME: Weiser Books, 2001).

How People Heal: Exploring the Scientific Basis of Subtle Energy in Healing, Diane Goldner (Charlottesville, VA: Hampton Roads, 2003).

Prayer is Good Medicine, Larry Dossey, M.D. (San Francisco: HarperSanFrancisco, 1997).

Secret Teachings of Plants: The Intelligence of the Heart in the Direct Perception of Nature, Stephen Harrod Buhner (Rochester, VT: Bear & Co., 2004).

Wheels of Life: A User's Guide to the Chakra System, Anodea Judith, Ph.D. (St. Paul, MN: Llewellyn, 1987). Reissued.

Yoga Baby, DeAnsin Goodson Parker, Ph.D. (New York: Broadway Books, 2000).

PREGUNTAS SOBRE NUESTROS ORÍGENES Y LA GENÉTICA

Adam's Curse, A Future Without Men, Brian Sykes (New York: W. W. Norton, 2004).

The Genesis Race: Our Extraterrestrial DNA and the True Origins of the Species, Will Hart (Rochester, VT: Bear & Co., 2003).

Gods, Genes, and Consciousness: Nonhuman Intervention in Human History, Paul Von Ward (Charlottesville, VA: Hampton Roads, 2004).

Hidden History of the Human Race, Michael A. Cremo and Richard L. Thompson (Badger, CA: Govardhan Hill, 1994).

Lost Book of Enki: Memories and Prophecies of an Extraterrestrial God, Zecharia Sitchin (Rochester, VT: Bear & Co., 2002).

Watermark: The Disaster That Changed the World and Humanity 12,000 Years Ago, Christy Vitale (New York: Pocket Books, 2004).

UN POCO MÁS SOBRE LA HISTORIA DE LA CREACIÓN

The Dreaming Universe, Fred Alan Wolf, Ph.D. (New York: Touchstone, 1995).

Forbidden Archeology, Michael A. Cremo and Richard L. Thompson (Badger, CA: Govardhan Hill, 1993).

Forbidden Science, Jacques Vallee, Ph.D. (Berkeley, CA: North Atlantic Books, 1992).

Genesis of the Cosmos: The Ancient Science of Continuous Creation, Paul A. LaViolette, Ph.D. (Rochester, VT: Bear & Co., 2004).

The Living Energy Universe: A Fundamental Discovery That Transforms Science & Medicine, Gary Schwartz, Ph.D. and Linda Russek, Ph.D. (Charlottesville, VA: Hampton Roads, 1999).

Matrix of Creation: Sacred Geometry in the Realm of the Planets, Richard Heath (Rochester, VT: Inner Traditions, 2004).

Maya Cosmogenesis 2012, John Major Jenkins (Rochester, VT: Bear & Co., 1998).

The Synchronized Universe: New Science of the Paranormal, Claude Swanson, Ph.D. (Tuscon, AZ: Poseidia Press, 2003).

Índice

Los números de páginas seguidos de la notación "n" indican notas al final del libro. Los números de páginas seguidos de la notación "np" indican notas al pie de la página.

quinto chakra y, 224
Véase además ascensión del quinto
mundo

radiestesia, 188, 256n9
Ravitch, Diane, 147–48, 250n1
raza azul, 39
Véase además azules ascendidos;
quinta raza raíz
raza humana, 5, 15, 18, 21, 31, 159, 165
razas raíz
chakras y, 36, 37
color de su patrón vibratorio general,
37
como corrientes u ondas de vida, 16,
17
descripción del, 11, 14–19
Edgar Cayce acerca de, 21–22
entrecruzamiento de nuestro estado
presente de conciencia, 63–64
origen de, 19–26
subrazas de, 16, 17
Véase además raza raíz específica
Reagan, Ronald, 183–84
recién nacido, 73, 74, 109, 136, 154
recordar el nacimiento, 75–76, 89, 136
recordar vidas anteriores, 101
recuerdo
de la vida antes del nacimiento, 75,
100, 136–37
del nacimiento, 75–76, 89, 136
de vidas anteriores, 101
memoria celular, 144
recursos, 96–97, 265–71
Red Digital de Dakota, 155
Redford, Linda, 155, 251n14
Reed, Henry, 96, 243n4
reencarnación, 160, 269–70
refrescos, 126, 129, 167, 170
regla de oro, 116, 171
Reich, Wilhelm, 257n14
Reiki, 88, 121, 246n6
reino imaginario, 93
relaciones, 187
religión en comparación con la
espiritualidad, 99
revoluciones, 115
Rifkin, Jeremy, 221, 258–59n19, 262n11
Roberts, Jimmy, 122
Rosemergy, Jim, 98
Rowling, J. K., 94–95, 242n2
rueda de medicina, 105–6

Ruiz, Don Miguel, 227, 254n7, 262n1,
268
runas, 245–46n10

sabelotodo, 160, 162, 163, 164
sabiduría, 67–69, 76–77
Salomon, Mary, 75
sanación a nivel planetario, 229–30
Sandoz, Bobbie, 90–91, 158, 242n1,
253n25
Satin, Mark, 178, 255n2
Saturno, 55, 201
Saville, Philip, 99
Sawyer, Laura, 158, 253n24
Scallion, Gordon-Michael, 9, 39, 236n4,
238n3
Schauberger, Viktor, 258n15
segundo chakra, 37
segunda raza raíz, 16, 22
Seminario Santa Sofía, 17
seminarios, 106, 245n9
séptimo chakra, 37
séptima raza raíz, 16, 165
servir al mundo, 101–2, 191–92
sexta raza raíz, 16, 33, 38, 59, 61, 63,
64, 220
sexto chakra, 37, 38
sexto mundo, 32
sexualidad, 54
signo astrológico de Aries, 207, 209
signo astrológico de Leo, 49, 50, 211
Silverman, Linda Kreger, 151, 152,
250n6, 251n9
Simon, Stephen, 256n6
sincronía, 37–38, 42, 107, 219, 225,
226, 227, 238n9
sistema de castas en las escuelas, 164
socialización, 173–75
sol, 201
sonido, 2, 39, 73, 120, 121, 125, 130,
131, 146, 150, 154, 202, 230–31
Spiritual Cinema Circle, 256n6
Stamets, Paul, 258n18
Steiner, Rudolf, 142, 156, 252n17
Stepanek, Mattie J. T., 68, 72, 162,
241n10
Stortz, Margaret, 191
Strauss, William, 45, 52, 134, 208–9,
230, 238n1, 238n2, 248n1, 261n10
subcontratación, 179
subrazas, 15, 18
Summer Rain, Mary, 96, 242–43n3